AMÉLIE VIOUX
de commentairecompose.fr

Le livre du site N°1 du bac de français

1re STMG STI2D ST2S STL STD2A STHR

RÉUSSIS ton BAC de FRANÇAIS 2025 !

Séries Techno

Amélie Vioux
Professeure créatrice de commentairecompose.fr
Le bac de français facile et efficace

hachette
ÉDUCATION

SOMMAIRE

ISBN : 978-2-01-726708-9

AVANT-PROPOS

Mon site commentairecompose.fr reçoit de nombreux visiteurs chaque mois et compte des milliers d'abonnés.

J'y mets en ligne des cours simples et des conseils pragmatiques pour vous faire gagner des points au bac de français. Je vous donne également des conseils sur Youtube et TikTok.

Pourquoi un livre maintenant ?

Commentairecompose.fr a grandi et son contenu s'est étoffé. Sur les réseaux sociaux, mes vidéos sont nombreuses et présentées dans le désordre. Pour toi qui es en Première, il n'est pas toujours évident de savoir par où commencer ni de repérer sur mon site les conseils les plus importants.

Ces dernières années, de plus en plus d'élèves m'ont ainsi demandé de réaliser un « livre de commentairecompose.fr » pour les aider à saisir rapidement l'essentiel.

C'est dans cette perspective que j'ai écrit cet ouvrage.

Tu y trouveras des explications claires et simples sur mes méthodes pour l'écrit et l'oral, sur les œuvres au programme, ainsi que de nombreuses astuces inédites qui n'ont jamais été publiées sur mon site.

Et ce n'est pas tout.

Tu te poses certainement des questions sur la façon d'organiser au mieux ton travail : comment faire une fiche ? Comment mémoriser un cours ? Comment être moins stressé(e) le jour de l'examen ?, etc.

Ces questions n'ont pas le temps d'être abordées en cours alors qu'elles sont au cœur de ta réussite.

J'ai donc décidé d'y consacrer une section entière dans cet ouvrage. Ces conseils t'aideront à travailler plus sereinement et à réussir tes études sur le long terme.

Si tu as des questions ou si tu souhaites simplement m'écrire, n'hésite pas à m'envoyer un email sur amelie@commentairecompose.fr. Je lis et prends en compte tous vos messages.

Je te souhaite une bonne lecture et toute la réussite possible pour le mois de juin !

Amélie

1

LE BAC DE FRANÇAIS : COMMENT ÇA SE PASSE ?

1 La réforme du bac de français : qu'est-ce qui change ?

Pas mal de choses !

Parmi les changements majeurs pour les élèves en séries technologiques :

- L'épreuve écrite se resserre désormais autour de deux exercices au choix : **le commentaire et la contraction de texte suivie d'un essai.**
- À chacun des quatre objets d'étude (poésie, littérature d'idées, récit, théâtre) sont désormais associés **une œuvre intégrale et un parcours** qui seront travaillés plus en profondeur durant l'année.
- **À l'oral,** tu présenteras **au minimum douze textes** pour la première partie de l'épreuve (l'explication linéaire).
- L'entretien à l'oral de français porte désormais sur l'une des **œuvres intégrales lues dans l'année :** tu devras la présenter avant de répondre aux questions de l'examinateur sur cette œuvre.

Les objectifs de la réforme sont clairs :

1 Te faire lire des œuvres intégrales

Entre les quatre œuvres intégrales associées à chaque objet d'étude et les lectures cursives, **tu vas donc lire au moins huit œuvres intégrales** dans l'année. Pas de panique ! Je te rappelle que certaines œuvres (comme les pièces de théâtre) sont courtes. Et je te donne plein de conseils dans cet ouvrage pour organiser tes lectures.

2 T'amener à réussir le commentaire

Tu as désormais **4 heures** pour réussir un commentaire, contre 3 heures auparavant. Tu bénéficies donc désormais du temps nécessaire pour réaliser cet exercice avec succès. Le commentaire est par ailleurs **guidé :** deux axes de lecture te sont proposés pour t'aider à élaborer un plan.

3 T'apprendre à développer tes capacités de compréhension et d'argumentation

Un nouvel exercice fait son entrée au programme des séries technologiques : **la contraction de texte suivie d'un essai.**
La contraction de texte fait appel à tes capacités de compréhension et de synthèse, tandis que l'essai t'apprend à développer tes capacités d'argumentation.

4 Renforcer ton expression écrite et orale

C'était déjà le cas avant, mais le nouveau programme insiste encore davantage sur l'exigence de **maîtrise de la langue** par les élèves. Signe de ce changement : tu as désormais **une question de grammaire à l'oral.**

Le mémo d'Amélie

- **À l'écrit, deux exercices te sont proposés :** le commentaire littéraire guidé et la contraction de texte suivie d'un essai.
- **8 œuvres intégrales au minimum** seront travaillées dans l'année (4 œuvres au programme et 4 œuvres au titre des lectures cursives).
- **À l'oral, tu présenteras au moins 12 textes** pour la première partie, et l'entretien portera sur l'**œuvre intégrale de ton choix.**

2 Quel est le programme pour l'année 2024-2025 ?

Le programme de français comprend **quatre objets d'étude** et propose **douze œuvres intégrales et parcours** (trois par objet d'étude).

Ton professeur vous fera étudier **une œuvre intégrale et son parcours par objet d'étude,** soit quatre œuvres et parcours au total puisqu'il y a quatre objets d'étude.

La liste des œuvres et parcours est renouvelée par quart tous les ans.

Voici les 12 œuvres et parcours au programme du bac 2025 :

Objet d'étude : La poésie du XIXe au XXIe siècle

- Rimbaud, *Cahiers de Douai*
  Parcours associé : Émancipations créatrices
- Ponge, *La Rage de l'expression* (de « Berges de la Loire » à « Le Mimosa » inclus)
  Parcours associé : Dans l'atelier du poète
- Hélène Dorion, *Mes forêts*
  Parcours associé : La poésie, la nature, l'intime

Objet d'étude : La littérature d'idées du XVIe au XVIIIe siècle

- Rabelais, *Gargantua* (chapitres XI à XXIV)
  Parcours associé : La bonne éducation
- La Bruyère, *Les Caractères* (livre XI)
  Parcours associé : Peindre les Hommes, examiner la nature humaine
- Olympe de Gouges, *Déclaration des droits de la femme et de la citoyenne*
  Parcours associé : Écrire et combattre pour l'égalité

Objet d'étude : Le roman et le récit du Moyen Âge au XXIe siècle

- Abbé Prévost, *Manon Lescaut*
  Parcours associé : Personnages en marge, plaisirs du romanesque
- Honoré de Balzac, *Mémoires de deux jeunes mariées*
  Parcours associé : Raison et sentiments
- Colette, *Sido* suivi de *Les Vrilles de la vigne*
  Parcours associé : La célébration du monde

Objet d'étude : Le théâtre du XVIIe au XXIe siècle

- Corneille, *Le Menteur*
  Parcours associé : Mensonge et comédie
- Musset, *On ne badine pas avec l'amour*
  Parcours associé : Les jeux du cœur et de la parole
- Nathalie Sarraute, *Pour un oui ou pour un non*
  Parcours associé : Théâtre et dispute

Ton professeur t'indiquera l'œuvre qu'il a choisie pour chaque objet d'étude.

Par exemple, pour l'objet d'étude « Le roman et le récit du Moyen Âge au XXIe siècle », ton professeur choisira d'étudier en classe *Manon Lescaut* de l'Abbé Prévost ou les *Mémoires de deux jeunes mariées* de Balzac ou *Sido* de Colette.

Le programme ne se cantonne pas à ces quatre œuvres. Les objets d'étude restent larges (par exemple « Le théâtre du XVIIe siècle au XXIe siècle » ou « Le roman et le récit du Moyen Âge au XXIe siècle »). Tu continueras donc aussi en classe à étudier l'histoire et les genres littéraires.

Aux œuvres au programme s'ajoutent également 4 œuvres au titre des lectures cursives obligatoires (une par objet d'étude), à sélectionner parmi celles qui te seront proposées par ton enseignant(e).

Le mémo d'Amélie

Le programme de Première comprend 4 objets d'étude.

Pour chaque objet d'étude, ton professeur choisira, parmi les œuvres fixées par le programme national, une œuvre intégrale et son parcours associé.

Il te proposera également un choix de lectures cursives.

Tu auras donc au final 8 œuvres à lire et à étudier dans l'année.

3 L'épreuve écrite : comment ça se passe ?

Coup d'œil sur l'épreuve écrite

Coefficient : 5

Durée : 4 heures

Exercice : au choix, un commentaire littéraire guidé ou une contraction de texte suivie d'un essai

Note : 20 points

L'épreuve écrite de 4 heures t'offre le choix entre deux exercices :

- **Le commentaire d'un texte littéraire** issu de l'un des trois objets d'étude suivants : poésie, roman et récit ou théâtre. Deux axes de lecture te seront proposés pour guider ton analyse.
- **Une contraction de texte suivie d'un essai portant sur l'objet d'étude littérature d'idées.** Trois sujets de contraction de texte et essai te seront proposés à l'examen, un en rapport avec chacune des trois œuvres au programme de l'objet d'étude. Tu pourras ainsi choisir le sujet en lien avec l'œuvre intégrale et le parcours étudiés en classe.

À ce stade, voici déjà trois conseils.

1. **Compte tenu du barème (20 points, coefficient 5),** travaille dès le début de l'année la méthode du commentaire, de la contraction de texte et de l'essai. Cet ouvrage est là pour t'aider !

2. **Les exercices proposés sont tous différents.** Entraîne-toi au commentaire et à la contraction de texte suivie d'un essai. Si tu as une préférence pour l'un des deux sujets, n'hésite pas à t'y entraîner plus assidûment les derniers mois qui précèdent l'épreuve.

3. **Le sujet de l'essai est étroitement lié à l'une des œuvres intégrales au programme et son parcours associé.** Pour y répondre, tu pourras t'appuyer sur l'œuvre intégrale, mais aussi sur les textes étudiés en classe dans le cadre du parcours, sur tes lectures personnelles et sur ta culture générale.

Le mémo d'Amélie

L'épreuve écrite dure 4 heures et te donne le choix entre deux sujets :

- **Un commentaire guidé** sur un texte en lien avec l'un des objets d'étude suivants : poésie, roman et récit ou théâtre.
- **Une contraction de texte suivie d'un essai** sur l'œuvre étudiée en classe dans le cadre de l'objet d'étude littérature d'idées.

4 L'épreuve orale : comment ça se passe ?

Coup d'œil sur l'épreuve orale

Coefficient : 5

Durée : 20 minutes d'épreuve et 30 minutes de préparation

Contenu : la première partie (12 minutes) consiste en une lecture du texte, une explication linéaire et une question de grammaire. La seconde partie (8 minutes) consiste en une présentation d'une œuvre intégrale et un entretien avec l'examinateur sur cette œuvre.

Note : 20 points (12 points pour la première partie, 8 points pour la seconde partie).

L'épreuve orale se fonde sur le « descriptif des activités » réalisé par ton professeur.

Ce descriptif précise :

- **Pour chaque objet d'étude, au moins trois textes à présenter pour la première partie de l'épreuve** (deux extraits au minimum pour chaque œuvre intégrale et un extrait au minimum pour le parcours associé).
- **L'œuvre que tu as choisie** pour l'entretien.

Ton oral en lui-même dure 20 minutes. Tu auras 30 minutes pour le préparer.

À ton entrée en salle d'examen, l'examinateur t'accueille et te donne **une fiche** sur laquelle figurent :

- **Le texte de ton descriptif retenu** (si le texte est long, l'examinateur peut te demander d'étudier uniquement un passage du texte d'une vingtaine de lignes).
- **Une question de grammaire** sur une phrase du texte retenu.

Tu as alors 30 minutes de préparation.

Une fois tes 30 minutes écoulées, ton oral de 20 minutes commence et se déroule en deux temps.

A L'exposé sur un texte de ton descriptif (12 minutes)

Cette première partie de l'oral comprend trois étapes.

1 La lecture du texte à voix haute (2 points)

Après avoir présenté le texte en le situant dans l'œuvre ou le parcours, tu en proposeras une lecture à voix haute. Cette lecture est notée sur 2 points.

2 L'explication linéaire (8 points)

Tu feras ensuite une explication linéaire du texte retenu. Cette explication est notée sur 8 points.

3 La question de grammaire (2 points)

Tu répondras à la question de grammaire sur une phrase ou partie de phrase du texte étudié. La question de grammaire porte sur le programme de Première (la négation, l'interrogation et les propositions subordonnées conjonctives circonstancielles) ou de Seconde (les temps verbaux, la phrase complexe et la proposition subordonnée relative). Elle est notée sur 2 points.

B La présentation d'une œuvre intégrale et l'entretien avec l'examinateur (8 minutes)

La seconde partie de l'oral est notée sur 8 points et porte sur une œuvre que tu as choisie parmi celles lues dans l'année.

Durant l'année, tu vas en effet choisir une œuvre parmi celles étudiées en classe ou proposées par ton professeur au titre des lectures cursives obligatoires.

Cette seconde partie de l'oral se déroule en deux temps.

1 La présentation synthétique de l'œuvre choisie

Tu vas **présenter brièvement l'œuvre** retenue et exposer **les raisons de ton choix :** pourquoi as-tu choisi cette œuvre parmi celles lues dans l'année ?

Cette courte présentation n'est qu'un point de départ pour l'entretien qui constitue l'essentiel de l'épreuve.

2 L'entretien avec l'examinateur

Ton examinateur va rebondir sur ta présentation en te posant quelques questions.

Tu vas être amené(e) à étoffer ta réflexion sur l'œuvre, argumenter ton point de vue, défendre ton choix de lecture.

On attend de toi un véritable **engagement vis-à-vis de ta lecture** et une capacité à dialoguer avec l'examinateur.

Une fois cet entretien fini, ton oral est terminé !

Le mémo d'Amélie

L'épreuve orale de 20 minutes se déroule en deux temps :

- **La lecture à voix haute du texte retenu, son explication linéaire et ta réponse à la question de grammaire.**
- **La présentation d'une œuvre issue de tes lectures cursives ou des œuvres étudiées en classe et l'entretien avec l'examinateur.**

5 Quel sujet choisir à l'écrit ?

À l'écrit, tu as le choix entre un commentaire et une contraction de texte suivie d'un essai.

Quel sujet choisir ?

Même si tu as une préférence pour l'un ou l'autre exercice, je te conseille dans un premier temps d'aborder ces deux sujets sans préjugés, en essayant de faire de ton mieux.

Puis, vers décembre-janvier, évalue si l'un de ces exercices te correspond mieux ou te semble plus accessible.

Entraîne-toi alors plus intensément sur l'exercice que tu préfères durant les derniers mois qui précèdent l'épreuve.

Pour t'aider à y voir plus clair, voici les avantages et dangers de chacun de ces deux sujets.

A Le commentaire

1 Ses avantages

Le risque de hors-sujet n'existe pas puisque tu as un texte qui te sert de support et auquel tu dois systématiquement te référer.

De plus, en séries technologiques, le commentaire est guidé : on te propose deux axes de lecture pour aiguiller ton analyse. Les deux idées directrices proposées te font gagner un temps précieux lors de l'élaboration du plan et te permettent d'éviter un contresens sur le texte.

La réussite du commentaire repose avant tout sur la méthode et la maîtrise des outils d'analyse que tu utilises déjà tout au long de l'année pour préparer l'oral (champs lexicaux, figures de style, syntaxe...). Le commentaire est donc un **exercice qui t'est plus familier.**

Le commentaire ne nécessite pas une culture littéraire aussi étendue que l'essai. On te demande d'analyser un seul extrait avec les outils d'analyse à ta disposition. C'est un **exercice pratique.**

2 Le danger du commentaire

Tu dois **éviter la paraphrase,** qui consiste à répéter ce que dit le texte au lieu de l'analyser. Mais la paraphrase n'est pas une fatalité. Je t'explique comment l'éviter dans cet ouvrage.

B La contraction de texte suivie d'un essai

1 Ses avantages

Tu réalises **deux exercices** – une contraction de texte et un essai – chacun étant noté sur 10 points. Si tu rates l'un des exercices, l'autre peut t'aider à te rattraper pour **équilibrer la note.**

Si tu as travaillé sérieusement l'œuvre et le parcours lié à l'objet d'étude littérature d'idées, tu devrais avoir une **culture littéraire et générale** suffisante pour réussir l'essai.

2 Le danger de la contraction de texte suivie d'un essai

Comme tu effectues deux exercices en 4 heures, il te faut être organisé(e) et **bien gérer ton temps.**

Pour la contraction, n'oublie pas qu'il faut résumer le texte **en le reformulant avec tes propres mots et ta propre syntaxe.** C'est donc plus difficile qu'il n'y paraît car tu n'as pas le droit de recopier des phrases du texte étudié.

Quant à l'essai, tu dois veiller à deux points :

- **Répondre à la question posée** (et ne surtout pas glisser vers une autre question, ce qui te mènerait à un hors-sujet).
- **Développer des arguments et des exemples convaincants,** grâce à une culture littéraire et générale solide sur le sujet abordé. Mais rassure-toi : tu peux acquérir la culture nécessaire grâce à la préparation réalisée en classe et chez toi sur le parcours.

Le mémo d'Amélie

Privilégie le commentaire si tu souhaites réinvestir la méthode d'analyse de texte que tu utilises déjà pour préparer les textes à l'oral. Le commentaire est également un bon choix si tu as des difficultés à mobiliser ta culture littéraire et générale dans une argumentation.

Privilégie la contraction de texte suivie de l'essai si tu es à l'aise en compréhension de texte, si tu possèdes un bon vocabulaire, si tu aimes argumenter et que tu as acquis une culture générale solide autour de l'œuvre et du parcours associé à l'objet d'étude littérature d'idées.

6 Comment m'organiser dans l'année ?

Le programme de français est étendu mais pas insurmontable !

Voici le mode d'emploi pour t'organiser au mieux dans l'année.

A Lis les œuvres intégrales dès le début de l'année

Tu as au moins huit œuvres intégrales à lire : quatre œuvres au programme et quatre lectures complémentaires.

N'attends pas le dernier trimestre pour t'y mettre, au risque d'y passer tes nuits et d'arriver à l'examen avec des cernes de panda. **Lis au moins une œuvre par mois.**

Fais une **fiche de lecture** sur chaque œuvre immédiatement après l'avoir lue : c'est le meilleur moyen de l'ancrer dans ta mémoire. Je te montre comment faire tes fiches dans le chapitre « Comment faire une fiche de lecture ? », p. 228.

Si tu as du mal à lire une œuvre intégrale jusqu'au bout, va voir mes conseils p. 244.

B Entraîne-toi à l'écrit toute l'année

L'écrit du bac de français n'est pas un examen théorique où l'on te demande de restituer un cours.

C'est un **examen pratique**, pour mettre en application tes connaissances dans le cadre d'un exercice (commentaire ou contraction de texte suivie d'un essai).

Or c'est la méhode et les entraînements qui te permettent de réussir l'épreuve (et non l'apprentissage par cœur).

Profite de chaque opportunité offerte par les bacs blancs et les devoirs maison pour t'entraîner.

C Répartis ta préparation pour l'oral sur l'année

Les textes à présenter à l'oral font l'objet d'une étude en classe avec ton professeur. Sois le (la) plus attentif(ve) possible en cours. Ce sera autant de travail en moins à effectuer tout(e) seul(e) chez toi !

Le week-end ou pendant les vacances scolaires, fiche les textes étudiés durant le trimestre et apprends tes fiches avec la méthode de réactivation des connaissances que je t'explique p. 241.

Si tu réalises ce travail régulièrement, tu seras beaucoup plus serein(e) au mois de juin.

Le mémo d'Amélie

Voici comment t'organiser efficacement tout au long de l'année :

- **Lis les œuvres intégrales au fur et à mesure** (une œuvre par mois) et fiche tes lectures cursives dès que tu les as terminées (aide-toi de ma méthode de fichage p. 228).
- **Fais sérieusement tous tes bacs blancs et devoirs :** il n'y en a pas beaucoup dans l'année et ce sont des opportunités de t'entraîner et de progresser.
- **Pour l'oral, réalise au fur et à mesure tes fiches sur les textes à présenter** et apprends-les en suivant mes conseils du chapitre 6 « Au secours, je suis stressé(e) ! », p. 231.

2

ŒUVRES ET PARCOURS DU PROGRAMME

Poésie

œuvre 1 *Cahiers de Douai,* Rimbaud
Parcours : Émancipations créatrices

Rimbaud à 17 ans

Vidéo de présentation de l'œuvre :

Fiche d'identité de l'œuvre

Titre : *Cahiers de Douai* (aussi appelés *Recueil Demeny* ou *Recueil de Douai*)

Auteur : Arthur Rimbaud

Date : Poèmes écrits entre mars et octobre 1870, publiés en 1895, à titre posthume.

Mouvement littéraire : Un recueil précurseur du symbolisme.

Thèmes principaux : La nature, le désir amoureux, la liberté, la critique de la bourgeoisie.

Particularités de l'écriture : Une tonalité à la fois lyrique et satirique.

Parcours associé : Émancipations créatrices.

ŒUVRES ET PARCOURS

A Qui est Arthur Rimbaud ?

Arthur Rimbaud naît à Charleville, dans les Ardennes, en 1854. En 1870, à seulement 16 ans, il **fugue** à deux reprises et remet 22 poèmes à Paul Demeny, un ami : ce sont ces **textes de jeunesse** qui seront publiés à titre posthume dans ***Cahiers de Douai.***

En 1871, Rimbaud noue une relation passionnée et orageuse avec un autre poète, **Paul Verlaine,** puis publie *Une saison en enfer* en 1873. À l'âge de 20 ans, il s'arrête d'écrire pour mener une **vie d'aventure et de négoce** à travers le monde. En 1886, Verlaine fait publier le recueil *Illuminations* composé de poèmes en prose et en vers libres rédigés entre 1871 et 1875. Souffrant d'une tumeur au genou, Rimbaud rentre à Marseille en 1891 où il meurt à l'âge de 37 ans.

B Pourquoi me fait-on étudier *Cahiers de Douai* ?

Rimbaud n'a que **16 ans** lorsqu'il écrit les poèmes rassemblés dans les *Cahiers de Douai*. À côté de textes évoquant les **premiers émois amoureux** et le **désir d'errance et de liberté,** on ne peut être que frappé par l'**engagement politique et social** du jeune poète qui fait aussi entendre sa **révolte** et son **désir de changement.**

C Comment résumer *Cahiers de Douai* ?

Le recueil est composé de deux cahiers, de respectivement 15 et 7 poèmes, présentés dans l'ordre chronologique.

Une partie de ces poèmes relate **l'éveil des sens et de l'adolescence** comme « Sensation », « Roman », « Au Cabaret-Vert » et « La Maline ».

D'autres textes ont une visée politique. Ils évoquent **l'univers militaire de la guerre franco-prussienne** des années 1870 comme « Le Mal » ou « Le Dormeur du val » qui dénoncent l'irruption délétère de la guerre dans la vie des jeunes gens. Rimbaud se dresse **contre la tyrannie** et n'hésite pas à **vilipender Napoléon III,** dans « Rages de Césars » ou « L'Éclatante Victoire de Sarrebrück ».

L'adolescent manie également une **plume satirique** comme le montre la **critique de la bourgeoisie** dans « À la musique » ou « Roman ».

Les poèmes « Ophélie », « Bal des pendus », « Le Châtiment de Tartufe », « Vénus anadyomène » effectuent, quant à eux, un **voyage dans la littérature :** avec « Ophélie », Rimbaud nous offre son regard sur un personnage d'*Hamlet* de Shakespeare ; le « Bal des pendus » constitue une **réécriture parodique** de la « Ballade des pendus » de François Villon ; dans « Le Châtiment de Tartufe », le poète convoque le personnage créé par Molière tandis que « Vénus anadyomène » constitue **un contre-blason** conformément à la tradition littéraire du XVIe siècle.

Enfin, dans « Ma Bohème », le poète s'affranchit des règles poétiques traditionnelles et construit **son propre mythe du poète vagabond,** à mi-chemin entre Orphée, qui anime la nature de sa lyre, et le Petit-Poucet, figure errante qui sème des rimes.

D Quels sont les thèmes importants dans *Cahiers de Douai* ?

1 La nature

La nature est l'occasion pour Rimbaud d'une **rencontre sensuelle avec le monde,** d'où l'important champ lexical de la perception, qui souligne la symbiose du poète avec la nature : « Picoté », « fouler », « j'en sentirai la fraîcheur », « baigner ma tête nue » (« Sensation »).

La nature apparaît souvent comme une **figure féminine maternelle, bienveillante et protectrice,** comme dans « Ma Bohème » (« Mon auberge était à la Grande-Ourse ») ou « Le Dormeur du val » (« Nature, berce-le chaudement »). Elle prend une dimension presque érotique dans « Sensation » où Rimbaud se sent avec elle « heureux comme avec une femme ».

Dans « Soleil et Chair », la nature **divinisée** acquiert le statut de Déesse-Mère de la mythologie, incarnation de la profusion et de l'abondance.

2 Le désir amoureux

Dans « Roman », « Première Soirée », « Sensation » et « Les Reparties de Nina », Rimbaud évoque les **premiers émois amoureux,** envisagés sous le prisme de la **sensualité.** L'atmosphère de ces poèmes est **intimiste ;** la jeune fille aimée se montre réceptive et complice (« Elle jeta sa tête mièvre / En arrière » dans « Première Soirée » ou « Rieuse » dans « Au Cabaret-Vert »).

On note toutefois que l'initiation amoureuse reste souvent **fantasmée.** Ainsi, si « Rêvé pour l'hiver » dégage une atmosphère libertine, le titre suggère qu'il ne s'agit que d'une scène « rêvée » que le futur (« nous irons », « tu me diras ») déréalise. Dans « Au Cabaret-Vert », « la fille aux tétons énormes, aux yeux vifs » disparaît de la fin du poème pour laisser place aux mets et à la boisson, qui semblent suffire au plaisir épicurien de Rimbaud. On constate donc dans le recueil une **hésitation permanente entre la réalité et la fiction de l'amour.**

3 La liberté

Les *Cahiers de Douai* constituent une **ode à la liberté** comme en témoignent les nombreuses allusions au **voyage** et à **l'errance** (« Au Cabaret-Vert », « Ma Bohème »).

La liberté est également envisagée dans une **perspective sociale et politique.** Avec « Le Forgeron », l'ouvrier devient une allégorie du peuple qui défie l'aristocratie et Louis XVI. Dans *« Morts de Quatre-vingt-douze et de Quatre-vingt-treize... »*, Rimbaud fait l'éloge de la **Révolution.** Le Second Empire et Napoléon III sont attaqués dans « Rages de Césars ». « L'Éclatante Victoire de Sarrebrück » tourne en dérision les titres laudateurs des journaux à l'égard de l'empereur.

4 La critique de la bourgeoisie

Rimbaud raille la bourgeoisie, empesée dans ses certitudes et son confort. Dans « À la musique », le champ lexical de l'étouffement (« poussifs », « étranglent », « chaleurs », « bouffis ») dresse le portrait d'une **élite pédante et autosatisfaite.** Les termes relatifs au commerce (« rentiers », « bureaux », « airs de réclames », « en argent », « "En somme !..." ») envahissent la langue bourgeoise et suggèrent que la recherche du gain financier empêche l'expression du lyrisme et de la beauté.

E Quelles sont les caractéristiques de l'écriture de Rimbaud ?

Cahiers de Douai est une œuvre profondément **lyrique.** L'omniprésence de la **première personne du singulier** place le **moi** au centre de la démarche du poète. La **forme exclamative** traduit le surgissement de **l'émotion** (« Nuit de Juin ! Dix-sept ans ! » dans « Roman »). **L'écriture hyperbolique et les apostrophes,** comme dans « Soleil et Chair », relèvent également d'une écriture lyrique traditionnelle : « Et <u>tout</u> croît, et <u>tout</u> monte ! / – <u>Ô</u> Vénus, <u>ô</u> déesse ! ».

Néanmoins, impossible de passer à côté de la **verve satirique** de Rimbaud. Le jeune poète **s'en prend à Napoléon III** dans « Rages de Césars » et « L'Éclatante Victoire de Sarrebrück » où l'empereur apparaît comme un vulgaire personnage burlesque, « raide, sur son dada ». Dans « À la musique », Rimbaud cible les **bourgeois,** bafoués pour leur pesante fatuité et leur appât du gain.

Plus étonnant encore, la plume satirique de Rimbaud s'étend jusqu'à lui-même si l'on considère que le poète se présente souvent avec **autodérision.** Dans « Au Cabaret-Vert », par exemple, le style épique du vers « J'entrais à Charleroi » est ironique : la solennité de cette annonce, qui fait songer au triomphe d'un empereur, porte un **regard amusé de Rimbaud sur ses propres espoirs de voyage.**

Le parcours : Émancipations créatrices

Introduction

Pour bien comprendre ce parcours, il faut tout d'abord éclaircir le sens du terme « émancipation ». L'émancipation, c'est l'affranchissement d'une autorité, d'une dépendance morale, d'un préjugé.

Pourquoi ce terme est-il au pluriel dans le parcours ?

Tout simplement parce que **Rimbaud s'affranchit de plusieurs types d'autorité : familiale, sociale, politique, poétique.**

Les multiples émancipations de Rimbaud sont donc bien au cœur de sa création poétique.

Pour aller plus loin sur Rimbaud, lis mes nombreuses analyses des poèmes de ce recueil en allant sur **https://commentairecompose.fr/cahiers-de-douai-rimbaud** ou en flashant ce QR Code :

Cahiers de Douai peut se lire comme l'histoire abrégée des émancipations créatrices d'Arthur Rimbaud.

La première émancipation du jeune poète se fait à l'égard du **foyer familial** et de la **pression maternelle** à laquelle il échappe lors de ses **fugues.** Les haltes heureuses « Au Cabaret-Vert », ou dans la « salle à manger brune » de « La Maline », constituent pour l'adolescent une libération. Les femmes rencontrées incarnent le contre-modèle de sa mère : nourricières, inspirantes, elles dégagent chaleur et hospitalité. Si le foyer familial est une prison, un lieu austère, les **auberges** dans lesquelles Rimbaud fait halte en Belgique représentent un **espace de sensualité, de liberté et d'émancipation.**

Le recueil retrace aussi **l'émancipation de l'enfance et la découverte de l'adolescence.** Dans « Sensation » ou « Ma Bohême », Rimbaud découvre la sensualité et le désir amoureux, partagé dans « Première Soirée », à sens unique dans « Les Reparties de Nina ».

La **libération** de Rimbaud est également **sociale.** Le jeune poète se forge, en effet, l'image d'un **personnage en marge de la société,** comme en témoigne sa désinvolture dans « À la musique » : « – Moi, je suis, débraillé comme un étudiant ». Cette tenue vestimentaire impertinente symbolise une émancipation morale et sociale : le poète revendique le fait d'évoluer en marge des codes étouffants de la société des années 1870.

Mais Rimbaud rêve aussi d'**émancipation collective et politique.** Le thème de la **Révolution** est très présent dans les *Cahiers de Douai* (comme dans « Le Forgeron »). Le ton sarcastique envers Napoléon III, « raide, sur son dada », s'inscrit dans une perspective de **lutte contre les régimes oppressifs.**

Les *Cahiers de Douai* donnent enfin à voir **l'émancipation poétique de Rimbaud.** Avant de s'en affranchir, le jeune poète imite les modèles littéraires qui lui sont chers. Certains poèmes s'apparentent ainsi à des **exercices de style** où Rimbaud réécrit François Villon (le « Bal des pendus » est un pastiche de la « Ballade des pendus »), Clément Marot (« Vénus anadyomène » s'inspire du blason « Du laid tétin »), Victor Hugo (« Soleil et Chair » fait songer aux *Contemplations*). Si les poèmes des *Cahiers de Douai* sont assez traditionnels dans leur forme – nombre d'entre eux sont des sonnets en alexandrins ou en octosyllabes – Rimbaud, qui joue sur les rythmes et disloque le vers traditionnel, montre déjà un profond **désir de renouvellement de la tradition,** qui sera confirmé par ses recueils ultérieurs.

Prolongement artistique

Paul Verlaine, *Arthur Rimbaud*, illustration de juin 1872

En 1872, Paul Verlaine réalise ce croquis d'Arthur Rimbaud. Les mains dans les poches, fumant une pipe, l'adolescent dégage l'image d'un **jeune homme en rupture avec les conventions sociales** et les mœurs bourgeoises de l'époque.

Son allure rappelle le premier vers du poème « Ma Bohême » : « Je m'en allais, les poings dans mes poches crevées ; ». Cette attitude nonchalante traduit une **posture poétique :** celle d'une **vie de bohème désintéressée, portée vers la beauté.** La fumée de la pipe, ascendante, semble représenter le souffle de l'esprit qui vagabonde.

On remarque que la silhouette de Rimbaud n'est pas statique : Verlaine a représenté les jambes du poète de manière dynamique, impression renforcée par la technique du trait hachuré. Comme dans sa poésie, **Rimbaud est toujours en mouvement** voire en errance. Ce vagabondage géographique, que Verlaine a partagé un temps avec Rimbaud, est aussi, et surtout, une errance ou un voyage poétique.

Poésie

œuvre 2 *La Rage de l'expression*, Ponge
Parcours : Dans l'atelier du poète

Francis Ponge

Vidéo de présentation de l'œuvre :

Fiche d'identité de l'œuvre

Titre : *La Rage de l'expression* (de « Berges de la Loire » à « Le Mimosa » inclus)

Auteur : Francis Ponge

Date : 1952

Mouvement littéraire : Aucun.

Thèmes principaux : La primauté de l'objet, la recherche de l'expression vraie, la remise en cause de la poésie traditionnelle, la figure du poète.

Particularités de l'écriture : Une écriture métalinguistique (c'est-à-dire qui réfléchit sur le langage lui-même), qui s'inspire de la démarche scientifique mais reste teintée d'humour.

Parcours associé : Dans l'atelier du poète.

A Qui est Francis Ponge ?

Francis Ponge, né à Montpellier en 1899, est **l'un des poètes français les plus importants de la seconde moitié du XXe siècle.** Membre du parti communiste dès 1937, résistant pendant la Seconde Guerre mondiale, il publie ***Le Parti pris des choses,*** un recueil de poèmes en prose, qui lui assure une reconnaissance soudaine en 1942. Commence alors une vie consacrée à l'enseignement, aux conférences et à l'écriture avec la publication notamment de *Proêmes* (1948), *La Rage de l'expression* (1952), *Le Grand Recueil* (1961), *Pour un Malherbe* (1965) et *Le Savon* (1967). Il reçoit de nombreuses récompenses, dont le Grand Prix de poésie de l'Académie française en 1984, avant de s'éteindre en 1988.

B Pourquoi me fait-on étudier *La Rage de l'expression* ?

Dix ans après *Le Parti pris des choses*, *La Rage de l'expression* ne se contente pas d'expérimenter de nouveaux objets à décrire. Ce recueil propose en effet une **véritable réflexion sur l'écriture poétique elle-même.** Francis Ponge questionne les représentations traditionnelles de la poésie, l'exercice de la description littéraire, le piège des images poétiques qui tendent à embellir leur objet parfois jusqu'à l'effacer. C'est un **recueil fascinant** car, loin de l'image habituelle du poète, l'écrivain **se présente en scientifique** qui observe, expérimente, doute et remet en question son projet poétique et linguistique.

C Comment résumer *La Rage de l'expression* ?

Dans « Berges de la Loire », première section du recueil, Francis Ponge pose le principe qui va présider à son écriture : « une rectification continuelle de mon expression [...] en faveur de l'objet brut ». Le poète est donc **au service de l'objet et non de la forme ou de la beauté des phrases.**

Dans « La Guêpe », Francis Ponge réalise une **description humoristique et scientifique** de l'insecte. L'écrivain tente d'approcher son sujet par de **nombreuses analogies :** « danseuse », « brasier pétillant », « balle de fusil », « forme musicale ».

Dans « Notes prises pour un oiseau », le poète s'évertue à trouver les caractères communs à tous les spécimens de cette classe d'animaux. Il analyse les déviances symboliques qui ont été imposées à l'oiseau et souhaite **revenir à l'essentiel :** non ce que nous évoque l'oiseau, mais ce qui fait sa « qualité ». Dans les deux sous-sections suivantes, « Notes prises pour un oiseau » et « Nouvelles notes pour mon oiseau », il écrit contre toute attente un texte poétique plus traditionnel, dans une alternance de décasyllabes et d'alexandrins.

Dans « L'Œillet » et « Le Mimosa », Francis Ponge s'efforce d'aboutir à l'évocation la plus juste possible de chacune de ces deux plantes. Il **consulte le *Littré*** (dictionnaire de la langue française publié pour la première fois en 1863 par Émile Littré), **s'essaie à des styles ou registres différents.** Il use souvent de variantes pour montrer la multiplicité des expressions possibles et n'hésite pas à relire et commenter ses textes, comme dans « Le Mimosa » : « Disons mieux. »

D Quels sont les thèmes importants dans *La Rage de l'expression* ?

1 La primauté de l'objet

Francis Ponge veille dans son recueil à « En revenir toujours à l'objet lui-même, à ce qu'il a de brut, de *différent* » (« Berges de la Loire »). **L'objet est donc placé au premier plan.** Il prime sur toute forme verbale ou poétique. L'auteur reproche en effet

ŒUVRES ET PARCOURS

à la poésie traditionnelle de contourner l'objet, de l'invisibiliser en l'exploitant ou en l'embellissant. Pour Francis Ponge, il convient de **rendre à l'objet sa liberté :** « Reconnaître le plus grand droit de l'objet, son droit imprescriptible, opposable à tout poème… » (« Berges de la Loire »). Par cette **formulation humoristique,** qui parodie la *Déclaration des droits de l'homme et du citoyen,* le poète confère à l'objet un **statut autonome** qui impose un **devoir à l'auteur :** celui de ne pas le dénaturer.

2 La recherche de l'expression vraie

L'objectif de Ponge est d'**aboutir à l'expression juste, vraie,** qui donne une représentation complète et objective de la réalité de l'objet. Mais cette recherche est une *« conquête »* car le poète se heurte au « mutisme habituel de l'objet » (« L'Œillet »). Sa tâche est donc complexe : « Oh ! qu'il est difficile d'approcher de la caractéristique des choses ! », s'écrit-il dans « Le Mimosa ». Cet aveu nous fournit des pistes pour interpréter le titre du recueil, *La Rage de l'expression* : **l'expression est-elle rageuse elle-même ou le poète est-il rageur parce que l'expression juste finit toujours par lui échapper ?**

3 La remise en cause de la poésie traditionnelle

Francis Ponge cherche à renouveler l'art de la poésie.

Il **se méfie tout d'abord de la forme poétique** qu'il perçoit comme un piège, au point de se donner comme consigne de « ne jamais [s']arrêter à la forme *poétique* » (« Berges de la Loire »). Cela ne signifie pas que l'auteur refuse toute forme poétique, mais il la **désacralise,** la considère comme un outil, parmi d'autres, pour saisir l'essence des choses.

Francis Ponge **se méfie aussi des images poétiques** qui viennent s'interposer entre le poète et l'objet. Aussi, choisit-il volontairement des sujets qui ne l'inspirent pas : « Tout d'abord, il faut noter que le mimosa ne m'inspire pas du tout. » (« Le Mimosa »). Le poème devient ainsi le fruit d'un travail difficile et non de l'inspiration.

4 La figure du poète

Francis Ponge **rompt avec la représentation traditionnelle du poète,** être romantique et passionné, capable de capturer la beauté du monde dans des moments de fulgurance. Il privilégie au contraire une **approche objective et scientifique de la poésie.** Par exemple, il part du dictionnaire, le *Littré*, qu'il utilise abondamment et dont il reporte scrupuleusement les définitions comme dans « Le Mimosa ». Il n'hésite pas à utiliser l'*Encyclopédie* ou tout ouvrage à caractère scientifique ou informatif, s'éloignant ainsi de l'inspiration par les Muses attribuée aux poètes classiques. « Je ne me prétends pas poète », écrit-il dans « L'Œillet ».

E Quelles sont les caractéristiques de l'écriture de Francis Ponge ?

Le poète se livre dans ce recueil à une **réflexion littéraire sur son art,** d'où l'omniprésence du champ lexical de la langue dans ses poèmes : « trouvaille verbale », « propos », « arrangement », « expression »... Francis Ponge se fait même **critique littéraire de lui-même,** en commentant ses écrits : « Tout cela est trop grossier » (« Notes prises pour un oiseau ») ou « Il est fort possible que je ne possède pas les qualités requises pour mener à bien une telle entreprise » (« L'Œillet »). Cette **distance avec sa propre écriture** relève de la **fonction métalinguistique du langage :** ce dernier est utilisé pour porter une réflexion sur lui-même.

C'est que l'écriture de Francis Ponge se rapproche ainsi de celle d'un scientifique, comme le montre la section « La Guêpe » qui s'ouvre sur une **terminologie savante** avec le terme « Hyménoptère ». Afin de définir la guêpe, le poète procède comme un laborantin : par approximation (« Elle semble vivre »), hypothèse, supposition, analogie (« Analogie de la guêpe et du tramway électrique »). Le **champ lexical de la physique** (« choc », « mécanique », « contact électrique », « vibration ») dévoile **un imaginaire et une exigence scientifiques.** Dans « Le Mimosa », Francis Ponge explore de multiples « variantes » du même poème, avec différentes **dispositions des vers, comme si le poème suivait une loi mathématique.**

La rigueur scientifique de Francis Ponge n'empêche pas **l'humour ni les jeux de mots,** très présents dans le recueil, allant parfois jusqu'aux calembours : « Pantomime, mimosa. / Un fervent de la pantomime osa / Enfer ! Vendre la pente aux mimosas. » (« Le Mimosa »).

Le parcours : Dans l'atelier du poète

Introduction

Dans ce parcours, le terme « atelier » peut surprendre...

En effet, n'est-il pas paradoxal de parler d'un « atelier du poète », alors que la création poétique est habituellement considérée comme une activité spontanée et inspirée ?

Et pourtant ! C'est bien dans son « atelier » que Francis Ponge nous fait pénétrer. À rebours des poètes traditionnels, il dévoile ses efforts et ses difficultés à **trouver le mot juste,** ses multiples essais de formulations et ses renoncements. C'est donc bien un **poète à l'œuvre, en plein travail,** que nous découvrons dans ce recueil.

Pour aller plus loin, profite des nombreuses analyses des poèmes de ce recueil que j'ai publiées sur https://commentairecompose.fr/la-rage-de-l-expression-ponge ou en scannant directement ce QR Code :

Dans *La Rage de l'expression*, Francis Ponge nous fait pénétrer dans son atelier de poète.

On l'a vu, l'auteur **remet en cause les images et conventions poétiques traditionnelles** : il souhaite « écrire contre » ce qui a été dit auparavant. On pourrait en déduire qu'il fait table rase de toute tradition littéraire. Mais il n'en est rien... On retrouve dans son recueil de nombreux jeux d'intertextualité avec les grands poètes des siècles passés. L'écrivain se livre par exemple à des exercices de réécriture : le 10e poème de la section « L'Œillet » (« Ainsi aux approches de juillet / Se déboutonne l'œillet ») s'inspire de Ronsard ; le 14e (« O fendu en Œ ») est une réécriture du célèbre poème « Voyelles », de Rimbaud. Francis **Ponge, en nous invitant dans son atelier, nous emmène donc tout d'abord dans sa bibliothèque.** Il nous montre les grandes voix de la poésie française qui l'ont nourri, inspiré et aidé à trouver sa propre voix poétique.

Ensuite, le poète nous **livre sa méthode pour écrire un poème.** À bien des égards, sa démarche s'apparente à celle d'un scientifique.

Comme un savant délimitant son sujet d'étude, le poète énonce d'abord ce que doit rechercher un écrivain : « En revenir toujours à l'objet lui-même, à ce qu'il a de brut, de *différent* » (« Berges de la Loire »).

Si le scientifique part toujours d'hypothèses, Francis Ponge s'appuie quant à lui sur un **matériau objectif**, le dictionnaire *Littré*, afin d'élaborer son poème à partir de définitions précises. Pour cela, il rédige des notes qui apparaissent sous forme de fragments comme dans « L'Œillet », ou de variantes comme dans « Le Mimosa » qui donnent à lire plusieurs versions d'un même poème. L'écrivain nous ouvre ainsi les portes de son esprit puisqu'il reconstitue ses hésitations, ses choix possibles, ses éventuels renoncements.

Tel un scientifique, **Francis Ponge analyse et évalue le résultat de ses expériences.** On peut être surpris par la distance critique avec laquelle il aborde sa propre écriture : « Je croyais pouvoir écrire mille pages sur n'importe quel objet, et voici qu'à moins de cinq je suis essoufflé, et me tourne vers la compilation ! » (« Notes prises pour un oiseau »).

En définitive, **l'atelier de Francis Ponge s'apparente à un véritable laboratoire de recherche.** Pour lui, le poète est un « savant » qui étudie, observe, définit, classifie, expérimente son objet, et cherche à faire disparaître les marques de subjectivité de son auteur.

Prolongement artistique

Paul Cézanne, *Pommes et Oranges*, vers 1899

Paul Cézanne et Francis Ponge ont ceci en commun qu'ils **tendent à vouloir laisser l'objet s'exprimer lui-même dans leurs œuvres,** sans la médiation de la stylisation, de la mise en scène et de la subjectivité de l'auteur.

Ainsi, on retrouve dans ce tableau de Cézanne, *Pommes et Oranges*, cette **exigence d'exactitude dans la représentation du sujet,** avec le souci de distinguer les différentes variétés de pommes et leurs couleurs dans la corbeille du premier plan.

Néanmoins, on ne peut s'empêcher de voir dans cette nature morte une **composition visant à aider l'objet à parler.**

En effet, la nappe blanche qui sert d'écrin aux corbeilles de fruits, elle-même posée sur un arrière-plan décoratif, rappelle, par le travail des plis, un drapé classique ou même un rideau de théâtre. Les échos entre les couleurs chaudes des fruits et celles des étoffes en arrière-plan (le rouge et le jaune notamment) encouragent le regard à errer autour des fruits qui deviennent le **prétexte d'une mise en scène de couleurs.** Or, c'est exactement ce que Francis Ponge voulait éviter et c'est ce qui provoque la « rage de l'expression » : **voulant décrire l'objet dans sa nudité, dans sa vérité, la parole se laisse prendre à son propre piège.** Irrésistiblement, elle met en scène, elle ajoute des sentiments, des impressions, opposant ainsi une barrière à l'« objet lui-même, à ce qu'il a de brut » (« Berges de la Loire »).

ŒUVRES ET PARCOURS

Poésie

œuvre 3 — *Mes forêts*, Hélène Dorion
Parcours : La poésie, la nature, l'intime

Hélène Dorion

▶ Vidéo de présentation de l'œuvre :

Fiche d'identité de l'œuvre

Titre : *Mes forêts*

Auteur : Hélène Dorion

Date : 2021

Mouvement littéraire : Aucun.

Thèmes principaux : La nature, le temps, la faille et la réparation, le monde numérique.

Particularités de l'écriture : Une écriture lyrique aux accents litaniques.

Parcours associé : La poésie, la nature, l'intime.

A Qui est Hélène Dorion ?

Hélène Dorion est une **poétesse québécoise** née en 1958. Elle s'oriente vers une carrière littéraire à partir de 1983 à travers des œuvres poétiques comme *L'Intervalle prolongé* suivi de *La Chute requise* (1983), *Les Corridors du temps* (1988), *L'Issue, la résonance du désordre* (1993), *Fenêtres du temps* (2000), *Le Hublot des heures* (2008), *Cœurs, comme livres d'amour* (2012), *Comme résonne la vie* (2018) et *Mes forêts*, publié en 2021. Outre son œuvre poétique, Hélène Dorion est essayiste et romancière, auteure du roman *Pas même le bruit d'un fleuve* en 2020.

B Pourquoi me fait-on étudier *Mes forêts* ?

Ce recueil est fascinant car Hélène Dorion y interroge notre **modernité,** celle des algorithmes, des réseaux sociaux, de « *facebookinstagramtwitter* », du « made in China » et nous rappelle notre **besoin de beauté, de poésie et d'unité** dans ce monde contemporain qui favorise l'éclatement et l'éparpillement. La voix de la poétesse n'évolue pas en dehors du monde ; au contraire, elle se met à son écoute pour en exprimer la fragilité et la beauté et tenter de faire cicatriser nos blessures.

C Comment résumer *Mes forêts* ?

Le recueil *Mes forêts* est composé de **quatre sections** dans l'intervalle desquelles apparaissent des **poèmes intitulés « Mes forêts ».** Ces poèmes, commençant tous par « Mes forêts sont... », font songer aux **chants du chœur dans les tragédies grecques** ou aux **intermèdes** entre les actes d'une pièce de théâtre.

La première section, **« L'écorce incertaine »,** est élaborée comme une **promenade en forêt** dont la poétesse marque les étapes : après « L'horizon », Hélène Dorion évoque « L'arbre », « Le ruisseau », « Le rocher », « Le tronc », « La branche », « Les feuilles », « L'écorce », « L'humus », « Les racines »... À la fin de la section, avec « Le feu » et « Les vents », la poétesse plonge dans les **quatre éléments,** c'est-à-dire dans un monde essentiel, premier.

La deuxième section, **« Une chute de galets »,** évoque l'écoute du « bruit du monde » et de « l'écoulement du temps ». La poétesse retrace dans un raccourci saisissant la **naissance du monde,** de « l'œuf » à la « chute ».

La troisième section, **« L'onde du chaos »,** fait allusion aux menaces qui mettent en péril la nature : les « guerres », les « famines », les « tristes duretés » (p. 67[1]), les orages des chiffres qui ne disent rien, les acronymes vides de sens (« pib » / « nip fmi »), et le chaos des pixels et de l'algorithme. Hélène Dorion s'interroge ici sur la possibilité d'existence de la poésie dans un tel environnement. Y a-t-il encore une place pour le lyrisme dans un **univers profondément « illyrique »** où « chutent nos poèmes » ? La réponse est affirmative : le monde est réparable et cette **réparation** est la tâche essentielle du poète.

La quatrième section, **« Le bruissement du temps »,** explore **l'histoire collective** de l'humanité et propose une réécriture de la Genèse (premier livre de l'Ancien Testament, dans la Bible, qui fait le récit de la création du monde). Dans « Avant la nuit », la poétesse explore également son **histoire personnelle** en évoquant par touches impressionnistes des épisodes autobiographiques.

D Quels sont les thèmes importants dans *Mes forêts* ?

1 La nature

La nature est un thème fondamental du recueil, comme l'illustre son titre, *Mes forêts*. Elle apparaît sous les traits du **monde végétal,** omniprésent. La poétesse décrit chaque aspect de la forêt, passant de l'« arbre » (p. 14) au « tronc » (p. 17), à la « branche » (p. 19), aux « feuilles » (p. 20), à l'« écorce » (p. 22), à l'« humus » (p. 23), à la « cime » (p. 25), puis aux « racines » (p. 27). Elle en relève la **sensualité** et la **musicalité** mises en relief par les nombreux **effets rimiques,**

1. Les références de pagination correspondent à l'édition poche de *Mes forêts*, parue en mars 2023 aux éditions Bruno Doucey, collection « Sacoche ».

ŒUVRES ET PARCOURS

comme cette assonance en [i] et cette allitération en [f] : « toute *f*euille est dés*i*r / de *f*leur et *f*ru*i*t / avec lu*i* / le monde surg*i*t » (p. 85).

Dans la section « Une chute de galets » et les poèmes « Avant l'aube » et « Avant l'horizon » (section « Le bruissement du temps »), la poétesse reprend les étapes de la **création du monde** et parsème ses textes de **références bibliques** évoquant la faute originelle (« reptile », « poisson », « créature », « femme », « souffle », « fissure », « chute », p. 48). Ainsi, la nature devient un **lieu sacré,** un **espace spirituel,** mythologique, habité par une force qui la dépasse.

La nature est aussi un **lieu paradoxal,** à la fois **paisible et violent,** menaçant et réconfortant, obscur et lumineux. Elle héberge à la fois la **barbarie,** symbolisée chez la poétesse par « La bête » qui « bondit avec sa soif / un goût de froid / dans la gueule » (p. 26) et la possibilité d'exploration et de **régénération :** « et quand je m'y promène / c'est pour prendre le large / vers moi-même » (p. 114).

2 Le temps

Le temps est un thème qui traverse tout le recueil.

Il apparaît dès le premier poème comme un **temps linéaire,** qui avance inéluctablement : « Mes forêts sont de longues traînées de temps / elles sont des aiguilles qui percent la terre ». Le **chaos du monde moderne accélère le cours du temps,** pris dans un rythme effréné : « C'est le bruit du monde / l'écoulement du temps – [...] sirènes klaxons alarmes du siècle / amas de choses jetables / et tintamarre de nos pas » (p. 45-47). Le temps instantané des écrans, de « *facebookinstagramtwitter* » (p. 51), consomme et consume l'individu.

Mais la **poésie** permet justement de trouver un autre temps, un **temps circulaire,** celui de la **régénération** après la corruption. La « nuit », omniprésente dans le recueil, annonce ainsi la promesse du jour à venir, grâce au « poème / qui soulève l'aube » (p. 91).

Le **temps météorologique** est également central, comme l'illustre la récurrence de l'expression **« Il fait un temps » :** « Il fait un temps de bourrasques et de cicatrices / un temps de séisme et de chute » (p. 62). Le temps climatique est souvent froid, menaçant, glaçant, voire **apocalyptique.** Il est la **métaphore du chaos** qui menace le monde, de la froideur intérieure qui se saisit des hommes dans la vie contemporaine. Mais le calme peut surgir après la tempête comme dans « Le houppier » (p. 30) : « la lumière éblouit la montagne / dessine des espoirs / dans la neige ».

3 La faille et la réparation

L'image de la **faille** apparaît sous diverses formes métaphoriques : la « déchirure » (p. 21 et 68), les « brèches » (p. 31), les « déchirures » (p. 32), une « large rayure » (p. 33), « se fracture » (p. 35), « se fissure » (p. 46), « fissure » (p. 49), « fêlure »

(p. 61), « cicatrices » (p. 62), « je sarcle » (p. 71), le « sillage » (p. 85), la « blessure » (p. 114). Cette faille est d'abord la **métaphore de la blessure du monde :** blessure de la nature saccagée par l'homme, blessure de la guerre, de la haine. Elle symbolise également les **blessures intérieures,** notamment celle du temps qui passe et « jamais ne s'arrête » (p. 110). Mais la faille a aussi sa **fertilité ;** elle est la **ligne de l'écriture :** « elles sont des lignes au crayon / sur papier de temps » (p. 113). La **poésie** porte en elle une **fonction réparatrice.** Elle redonne une âme à un monde matérialiste : « et les premiers mots des phrases / pour dire un monde plus vaste / que celui des maisons » (p. 106).

4 Le monde numérique

Dans ce recueil, le **monde moderne** est un **espace « illyrique »,** codé, chiffré, fait d'**acronymes,** de raccourcis, d'**efficacité :** « il fait un temps d'arn / de ram zip et chus / sdf et vip / il fait triple k / usa *made in China* / un temps de o » (p. 73). À cette langue utilitaire, Hélène Dorion **oppose le vers poétique,** les « mots de travers », les « mots de trop » qui n'ont apparemment rien à faire dans ce monde et qui pourtant le réparent : « nous dénouons nous réparons / ce que nous pouvons » (p. 94).

E Quelles sont les caractéristiques de l'écriture d'Hélène Dorion ?

L'écriture d'Hélène Dorion est profondément **lyrique.** La nature personnifiée qu'elle met en scène offre un reflet à l'âme humaine et un espace d'expression de soi. Ce lyrisme est accentué par un **ton litanique,** parfois proche de celui de la **prière :** « Je me tiens dans le sillage / de la nuit je remonte / vers toi l'unique / présence qui jamais ne s'éteint » (p. 85). Les poèmes sont saturés de **références bibliques,** comme « Avant l'aube » qui réécrit la Genèse : « au commencement / il n'y avait [...] ».

Ce lyrisme n'empêche ni la modernité ni la profonde originalité de l'écriture. **L'absence de ponctuation** ouvre la voie à diverses possibilités de lecture. Par exemple, dans les vers « écoute / le chemin qui s'ouvre / dans ton cœur <u>et</u> ta main / cherchant une autre main » (p. 46), la conjonction de coordination « et » peut coordonner les deux noms « cœur » et « main » mais aussi les deux propositions « le chemin qui s'ouvre dans ton cœur » et « ta main cherchant une autre main ».

Autre originalité : l'utilisation des **espacements entre les mots.** Ces espacements, non conventionnels, semblent illustrer la **fragilité de la parole poétique** menacée par les bruits du monde : « il fait un temps de verre éclaté / d'écrans morts de nord perdu » (p. 62). Ils s'apparentent aussi aux **silences** en musique, comme si le recueil poétique était la retranscription de « cette partition / du temps » (p. 14) que la poétesse écoute. L'auteure a d'ailleurs conçu un concert littéraire autour de ce recueil avec quinze musiciens de l'orchestre I Musici.

Le parcours : La poésie, la nature, l'intime

Introduction

Dans le recueil d'Hélène Dorion, la poésie, la nature et l'intime sont inextricablement mêlés.

La **nature** est en effet un **miroir de l'intime.** C'est en se mettant à son écoute que la poétesse explore toutes les facettes de son intériorité, des plus sombres et effrayantes aux plus lumineuses.

Hélène Dorion retranscrit cette exploration par **l'écriture poétique** qui répare le monde et les blessures intérieures.

Pour aller plus loin, pense à lire mes analyses des poèmes clés de ce recueil en allant sur **https://commentairecompose.fr/mes-forets-dorion** ou en flashant ce QR Code :

Mes forêts est porté par le lien entre la poésie, la nature et l'intime.

Le recueil est d'abord organisé comme une **promenade en forêt** lors de laquelle la poétesse évoque les éléments naturels, du général au particulier : « l'arbre », « le ruisseau » laissent place à l'« écorce », à « l'humus », comme si le regard entrait de plus en plus dans **l'intimité de la nature,** à la façon d'un **microscope.** Le lien entre la poétesse et la nature n'est donc pas que celui d'une émotion artistique. Entrer dans l'intimité de la nature, c'est apprendre à la **connaître** dans ses moindres détails.

C'est à partir de cette connaissance que naît l'émotion, la véritable rencontre intime avec la nature. Cette dernière entre en résonance avec la poétesse, dévoilant un **texte secret à interpréter :** « je déchiffre enfin / le désordre des branches » (p. 14). L'adverbe « enfin » montre l'effort nécessaire pour parvenir à ce démêlement.

Lorsque la nature finit par parler, **l'écriture poétique** devient enfin possible : « les forêts s'embrasent / dans le clair-obscur / révèlent des chemins de sève » (p. 16). La technique picturale du « clair-obscur » suggère le surgissement de la lumière au sein du chaos et rappelle que, dans l'intimité de la nature, se côtoient les **tensions,** l'orage et le temps calme, la fissure et la cicatrice.

Car entrer dans l'intimité de la nature, c'est aussi **descendre en soi** et explorer les multiples facettes de son intériorité : sa **part lumineuse** (« les forêts creusent / parfois une clairière / au-dedans de soi », p. 20) comme sa **part sombre** (« mes forêts sont des greniers peuplés de fantômes », p. 7). Cet effet de miroir entre la nature et l'âme de la poétesse est accentué par la **personnalisation de la nature :** les « nuages chuchotent », « les forêts hurlent » ou « entendent nos rêves ». La promenade dans la nature constitue donc en définitive une promenade intérieure au cœur de l'intime : « et quand je m'y promène / c'est pour prendre le large / vers moi-même » (p. 114). Les **strophes autobiographiques** dans « Avant la nuit » en témoignent : la nature constitue un **chemin vers la vérité de soi**.

Prolongement artistique

Théodore Rousseau, *Paysage de forêt*, 1850

Théodore Rousseau est l'un des précurseurs de l'École de Barbizon, un mouvement pictural du XIXe siècle qui réagit à l'industrialisation naissante afin de revenir à la peinture en plein air, d'après nature. Comme pour Hélène Dorion dans *Mes forêts*, la **nature** est à ses yeux un espace de **ressourcement** en opposition avec le chaos des villes. Dans cette toile, la forêt apparaît dense, fermée, **imposante.** Le personnage en position statique, à droite, comme **recroquevillé** par le froid, est adossé à un tronc coupé dont les reflets rouges rappellent le sang, symbole de la souffrance ou de la cicatrice évoquée par Hélène Dorion. Mais, comme chez la poétesse, les signes négatifs sont réversibles. Les couleurs de cette toile sont à dominante chaude et la lumière du jour dessine une **issue à l'itinéraire du personnage.** Le chaos et l'écrasement ne sont donc qu'apparents. La forêt constitue plutôt un **espace de repli,** de **retour sur soi,** qui permet de retrouver **l'unité intérieure.**

Littérature d'idées

œuvre 4 *Gargantua*, Rabelais
Parcours : La bonne éducation

Rabelais

Vidéo de présentation de l'œuvre :

Fiche d'identité de l'œuvre

Titre : *Gargantua*, chapitres 11 à 24

Auteur : François Rabelais (pseudonyme : Alcofribas Nasier)

Date : Publié en 1534-1535, environ deux ans après *Pantagruel*

Mouvement littéraire : L'humanisme.

Thèmes principaux : L'éducation, le corps, le rire.

Particularités de l'écriture : Une écriture foisonnante mêlant les genres, les tonalités et les niveaux de langue.

Parcours associé : La bonne éducation.

A Qui est Rabelais ?

Né à la fin du XVe siècle, moine puis médecin réputé, Rabelais a effectué de nombreux déplacements et plusieurs séjours en Italie. C'est un érudit **passionné de culture antique.**

Il est connu notamment pour ***Pantagruel*** (1532) et ***Gargantua*** (1534-1535), des œuvres comiques et satiriques relatant les aventures d'une famille de géants et de leurs amis. Mais derrière l'exubérance et le rire de ces œuvres se cache une **réflexion humaniste** sur l'homme.

B Pourquoi me fait-on étudier *Gargantua* (chapitres 11 à 24) ?

Gargantua est une **œuvre comique, inclassable,** qui marque une rupture avec le Moyen Âge et peut être considérée comme un manifeste humaniste. Dans un monde où les méthodes médiévales d'apprentissage règnent encore en maîtresses au sein des universités, Rabelais propose un ouvrage d'une richesse extraordinaire dans lequel il expose une **conception humaniste de l'éducation, de la politique et de la religion.**

C Comment résumer *Gargantua* ?

Gargantua s'ouvre par un prologue qui livre une clé de lecture : derrière le comique et le burlesque, Rabelais nous invite à extraire la **« substantifique moelle »** de l'œuvre, c'est-à-dire à découvrir son **sens profond.**

L'histoire débute par **l'enfance et l'éducation du géant Gargantua :** sa naissance extraordinaire, ses vêtements, son goût démesuré pour la nourriture et les boissons.

Gargantua bénéficie d'abord d'une éducation traditionnelle dispensée par des théologiens qui lui font apprendre les choses par cœur. Mais cette méthode pédagogique est un échec : Gargantua devient « tout rêveur et assoti » (chapitre 15). Son éducation est alors confiée à Ponocrates, un professeur humaniste. Les chapitres 16 à 20 constituent une parenthèse romanesque dans laquelle Gargantua se rend à Paris avec son nouveau maître et vole les cloches de l'église Notre-Dame. Ponocrates reprend ensuite en main l'instruction de Gargantua : il lui fait suivre un programme où l'exercice intellectuel, physique et l'hygiène du corps sont importants. Grâce à cette éducation humaniste, Gargantua est transformé.

À partir du chapitre 25, Rabelais narre les **guerres picrocholines** qui opposent le roi Picrochole à Grandgousier (le père de Gargantua). **Le pacifique Grandgousier** tente par tous les moyens d'éviter la guerre, mais face à la furie belliqueuse de Picrochole, il est contraint de mener une **guerre défensive** pour restaurer la paix. La troupe de Gargantua, aidée par l'énergique Frère Jean des Entommeures, remporte la victoire.

La guerre finie, Gargantua offre en récompense à son ami Frère Jean des Entommeures l'étonnante **abbaye de Thélème.** Cette abbaye s'oppose en tout point aux abbayes de l'époque dans lesquelles régnaient l'ordre, la pauvreté, la chasteté et l'enfermement. À l'inverse, la devise de l'abbaye de Thélème est **« Fais ce que tu voudras »** (chapitre 57). Cette liberté, loin de mener au chaos, permet aux jeunes gens bien éduqués de vivre dans l'harmonie et l'abondance.

D Quels sont les thèmes importants dans *Gargantua* ?

1 L'éducation

Les premiers chapitres de *Gargantua* répondent à la question : « Qu'est-ce qu'une bonne éducation ? » Cette interrogation est fondamentale car, pour les humanistes comme Rabelais, **c'est l'éducation qui permet à l'homme d'exprimer le meilleur de sa nature.**

L'éducation de Gargantua n'a pas été de tout repos ! Il a d'abord subi l'enseignement selon les **méthodes médiévales** fondées sur le par cœur, l'abstraction et le mépris du corps. Les conséquences sont désastreuses. Grandgousier, le père de Gargantua, s'aperçoit que son fils « étudiait très bien et y mettait tout son temps, toutefois qu'en rien il ne profitait, et, qui pis est, en devenait fou, niais, tout rêveur et assoti » (chapitre 15).

Grandgousier choisit alors pour son fils **l'éducation humaniste** de Ponocrates, fondée sur la curiosité scientifique, la lecture des textes anciens, la réflexion, la pratique et l'hygiène du corps. Cette éducation est une réussite.

2 Le corps

Gargantua évoque les fonctions naturelles du corps **sans tabou** : l'accouchement, le fait d'uriner, la défécation... Ces allusions ne sont pas seulement comiques. Rabelais montre le corps comme **une source de réjouissance.**

3 Le rire

Gargantua est une œuvre placée sous le **signe du rire.** Dès l'adresse aux lecteurs, le rire est présenté comme une **consolation au chagrin et aux difficultés de la vie :** « Quand je vois la peine qui vous mine et consume. / Il vaut mieux traiter du rire que des larmes / Parce que le rire est le propre de l'homme. »

Dans ce roman, l'humour est souvent fondé sur la **scatologie** (c'est-à-dire sur des propos en lien avec les excréments). Ainsi, le chapitre 11 liste les occupations obscènes du jeune Gargantua, livré à lui-même : « Il pissait sur ses souliers, il chiait en sa chemise, il se mouchait à ses manches, il morvait dedans sa soupe [...] ». Le chapitre 13 met en scène l'invention d'un torchecul procurant « au trou du cul une volupté mirifique ». Le rire scatologique dans *Gargantua* s'inscrit dans la tradition de la **farce médiévale.**

E Quelles sont les particularités de l'écriture de Rabelais ?

L'écriture de Rabelais est d'une variété et d'une richesse extraordinaires. L'auteur use de **différents niveaux de langue,** mêlant termes techniques et savants, dialectes régionaux, expressions latines, mots vulgaires et mots inventés. Cette **exubérance lexicale** s'exprime particulièrement dans les nombreuses énumérations qui étourdissent le lecteur.

Rabelais multiplie aussi les tonalités (satirique, épique, comique, lyrique...) et ne recule devant aucune forme de **comique** (calembours, situations farcesques, allusions obscènes et scatologiques...).

Le parcours : La bonne éducation

Introduction

Dans le chapitre 8 de *Pantagruel*, publié deux ans avant *Gargantua*, Rabelais évoquait déjà les principes humanistes d'une bonne éducation.

Ce sont ces principes qu'il reprend et approfondit dans *Gargantua*.

Pour aller plus loin, regarde ma vidéo sur l'humanisme en allant sur https://commentairecompose.fr/humanisme ou en flashant le QR Code :

Lis également mes analyses des passages clés de *Gargantua* sur commentairecompose.fr, ainsi que celles du chapitre 8 de *Pantagruel* et du chapitre 26 des *Essais* de Montaigne, « L'institution des enfants » : elles te seront utiles pour approfondir cette séquence !

Rabelais oppose, dans *Gargantua*, une « mauvaise éducation », médiévale, et une « bonne éducation », délivrée par Ponocrates, le précepteur humaniste.

Avant toute chose, essaie d'imaginer le **système éducatif au Moyen Âge.**

À l'époque, l'instruction avait pour but de **former de bons chrétiens :** elle était prise en charge par **l'Église,** dans des écoles monastiques ou dans les universités. L'accent était mis sur la **maîtrise de la langue** – la grammaire, la rhétorique et la dialectique – car il fallait savoir argumenter le « pour » et le « contre » sur tous les sujets, à l'instar des **sophistes** de l'Antiquité. Les **connaissances à apprendre par cœur** étaient **livresques.** Les élèves étudiaient surtout les **textes sacrés** et recevaient des **châtiments corporels** en cas d'indiscipline.

Rabelais se plaît à **ridiculiser** cet enseignement médiéval, dispensé au chapitre 14 par le maître sophiste Thubal Holopherne. Le nom de ce pédagogue est d'ailleurs satirique, **« Thubal »** signifiant **« confusion »** en hébreu. Sa méthode d'apprentissage est fondée sur la **mémoire** au point que Gargantua « récitait par cœur à l'envers » les ouvrages lus. Les **durées hyperboliques** que Gargantua consacre à ces savoirs inutiles (« il fut bien seize ans et deux mois »), outre leur dimension comique, témoignent de la **lourdeur** et de l'**inefficacité** de cette méthode éducative.

Enfin, **l'enseignement médiéval méprise le corps.** On découvre ainsi au chapitre 21 que Gargantua se lève tard, ne se lave pas, mange trop, ne fait pas d'exercice, ne respecte aucune règle de savoir-vivre et, comme un jeune animal, fait ses besoins à la vue de tous.

Ponocrates va corriger cette éducation néfaste, en veillant à l'**équilibre entre le corps et l'esprit,** selon l'idéal humaniste.

Gargantua apprend ainsi à faire sa **toilette** (« il était habillé, peigné, coiffé, accoutré et parfumé »), à équilibrer ses **repas** (« du pain, du vin, de l'eau, du sel, des viandes, poissons, fruits, herbes, racines ») et à **exercer son corps** plusieurs heures par jour. Le cursus humaniste complète l'apprentissage de la grammaire, de la rhétorique et de la dialectique par une **étude des sciences et de la biologie.**

Le pédagogue humaniste vise à développer l'**esprit critique** de son élève par l'**échange** (« ils devisaient des leçons lues au matin »), la **réflexion** et des **« cas pratiques ».** Le savoir passe aussi souvent par le **jeu** car il doit être l'occasion d'un plaisir intellectuel : « on apportait des cartes, non pour jouer, mais pour y apprendre mille petites gentillesses et inventions nouvelles ».

ŒUVRES ET PARCOURS

Grâce à l'éducation humaniste de Ponocrates, Gargantua devient un **homme accompli.** Dans la suite du roman, il sort ainsi victorieux des guerres picrocholines et fonde l'étonnante abbaye de Thélème, un modèle d'éducation idéale selon Rabelais.

Prolongement artistique

Pieter Bruegel, dit l'Ancien, *Le Combat de Carnaval et Carême*, 1559

Dans cette peinture, Bruegel l'Ancien représente une fête paysanne. En bas du tableau, à gauche, tu aperçois le **personnage de Carnaval,** vêtu en bleu et rouge, avec un certain embonpoint, assis sur un tonneau et portant une rôtissoire. Ce personnage incarne le **savoir dionysiaque fondé sur le plaisir de l'âme et du corps,** un savoir où le rire prend une place importante. Le **tonneau** sur lequel est assis Carnaval symbolise **l'ivresse du savoir** que Rabelais recherche dans la pédagogie humaniste.

En face de Carnaval, en bas à droite, tu remarques un personnage antithétique : c'est le **personnage de Carême,** maigre et maladif, portant deux poissons. Carême est une **métaphore du savoir fondé sur l'abnégation.** Il incarne l'enseignement médiéval dont Rabelais critique les méthodes d'apprentissage.

L'opposition de ces personnages, Carnaval et Carême, traduit les **deux conceptions opposées du savoir** que l'on retrouve dans *Gargantua*.

Littérature d'idées

œuvre 5 *Les Caractères*, livre XI, La Bruyère
Parcours : Peindre les Hommes, examiner la nature humaine

La Bruyère

Vidéo de présentation de l'œuvre :

Fiche d'identité de l'œuvre

Titre : *Les Caractères ou les Mœurs de ce siècle* (livre XI)

Auteur : Jean de La Bruyère

Date : 1688

Mouvement littéraire : Le classicisme.

Thèmes principaux : L'inconstance, la vanité, la mort, le théâtre du monde.

Particularités de l'écriture : Une écriture à la fois satirique et moraliste, souvent sous forme de maximes, qui porte un regard acéré sur l'homme et l'âme humaine.

Parcours associé : Peindre les Hommes, examiner la nature humaine.

A Qui est Jean de La Bruyère ?

Né en 1645, Jean de La Bruyère est un **écrivain du XVIIe siècle,** auteur d'une œuvre unique, ***Les Caractères,*** qui rencontre un **succès retentissant** dès sa publication en **1688** et connaît plusieurs éditions augmentées jusqu'en 1696. Moraliste du Grand Siècle qui peint l'âme humaine, il s'inscrit dans le sillage de Montaigne, Pascal et La Rochefoucauld. Dans la célèbre querelle des Anciens et des Modernes, **il prend parti pour les Anciens** dont il prône l'imitation.

B Pourquoi me fait-on étudier *Les Caractères* (livre XI) ?

La Bruyère présente ses *Caractères* comme la simple continuation des *Caractères* de Théophraste, auteur grec du IVe siècle avant Jésus-Christ. Mais La Bruyère **enrichit et dépasse le texte source** pour élaborer un véritable chef-d'œuvre. Comme le souligne le sous-titre « Les Mœurs de ce siècle », ses remarques dressent un **tableau des mœurs et des hommes du XVIIe siècle,** mais elles tendent aussi à l'**universalité** et à l'**intemporalité** car derrière chaque portrait se cache la peinture d'un **type humain.**

C Comment résumer *Les Caractères* (livre XI) ?

Il est difficile de résumer *Les Caractères* car l'œuvre est composée de multiples remarques ou fragments, qui fonctionnent indépendamment les uns des autres. Par exemple, dans les **livres V à X,** La Bruyère s'est attaché à peindre les hommes en fonction de leur **statut social :** les aristocrates, les riches, les courtisans...

Le **livre XI,** au programme des séries technologiques, se distingue des livres précédents car il est composé, comme son titre « De l'homme » l'indique, de **réflexions générales sur la nature humaine.**

La Bruyère s'interroge : qu'est-ce qui caractérise l'homme ? Qu'est-ce qui, au-delà des « combinaisons infinies » de tempéraments, fonde la **nature humaine ?**

Il développe une **vision pessimiste** de l'homme, exposée dès la première remarque : les hommes sont pleins de vices, « ils sont ainsi faits, c'est leur nature ».

De nombreux fragments peignent l'**inconstance** de l'homme, être changeant, inégal, incohérent, mais aussi sa **vanité,** qui le pousse à croire que tout se rapporte à lui. Cela le conduit à la jalousie, à l'égocentrisme et à la coquetterie excessive.

Le moraliste aborde également les **trois âges de la vie :** l'enfance, l'âge adulte et la vieillesse, et se livre à des considérations sur la **mort** (notamment aux remarques 32 à 48). Passant de **regrets en regrets** (remarque 39), l'homme appréhende la mort sans savoir profiter de la vie (remarque 48), telle Irène, dont le portrait est fait à la remarque 35, qui cherche désespérément un antidote à la vieillesse. L'homme finit par regretter le **mauvais emploi des années** (remarque 49).

Même si cette peinture de l'âme humaine est pessimiste, le moraliste fait **l'éloge de la philosophie et de la sagesse** qui nous console de nos maux (remarque 132).

D Quels sont les thèmes importants dans *Les Caractères* (livre XI) ?

1 L'inconstance humaine

L'inconstance est un **thème central du livre XI.** L'homme est **changeant,** capricieux, « il est à chaque moment ce qu'il n'était point » (remarque 6). Le champ lexical de l'**agitation** caractérise ainsi le portrait du distrait **Ménalque** (remarque 7), incapable de stabilité : « Ménalque descend son escalier, ouvre sa porte pour sortir, il la referme : il s'aperçoit qu'il est en bonnet de nuit [...] ».

L'homme **fluctue** également aux différents **âges de la vie,** devenant méconnaissable, une fois adulte, à ceux qui l'ont connu dans sa jeunesse (remarque 99). Soumis aux influences extérieures, l'homme ne sait plus qui il est : « Ainsi tel homme au fond, et en lui-même ne se peut définir ; trop de choses qui sont hors de lui, l'altèrent, le changent, le bouleversent ; il n'est point précisément ce qu'il est, ou ce qu'il paraît être » (remarque 18).

2 La vanité

La Bruyère fustige la vanité, ce **sentiment d'orgueil,** cette satisfaction de soi-même qui pousse chacun à penser que **tout se rapporte à sa personne.** La propension à se croire plus important que les autres est un vice naturel : « L'homme, de sa nature pense hautement et superbement de lui-même » (remarque 69). Ainsi, la modestie est une attitude hypocrite qui ne tend qu'à camoufler en société la haute idée qu'on a de soi-même. La vanité, « vice honteux » (remarque 66), est la **mère de nombreux autres vices** comme la **jalousie** (remarque 85), l'**incivilité** (remarque 8), la **susceptibilité** (remarque 73) ou la **théâtralité** (remarques 74 et 75).

3 La mort

L'homme **craint la mort** au point qu'il tend à « se persuader qu'[il] n'est point du nombre de ceux qui meurent » (remarque 106). L'aversion pour la mort le conduit à des **comportements absurdes,** telle **Irène** qui consulte l'oracle pour guérir de la vieillesse (remarque 35), **Géronte** qui meurt sans avoir rédigé le testament qu'il souhaite écrire depuis trente ans (remarque 105) ou N**, à l'agonie et sans enfant, qui bâtit une maison dont personne ne profitera (remarque 124). La mort est une tragédie car elle **empêche de vivre :** « [L'homme] ne se sent pas naître, il souffre à mourir, et il oublie de vivre » (remarque 48).

4 Le théâtre du monde

La Bruyère représente **le monde comme un théâtre,** thème traditionnel dans la littérature moraliste du XVIIe siècle. Le monde est théâtral car chacun revêt un masque, pour paraître ce qu'il n'est pas aux yeux d'une société régie par l'**artifice** et la **superficialité.** Ainsi, les hommes cachent leurs intentions véritables « parce qu'[ils] veulent passer pour vertueux » (remarque 65). L'homme est un **acteur** qui n'hésite pas à feindre la fausse délicatesse (remarque 144). Cette comédie sociale est néfaste car l'art de la dissimulation **éloigne de la connaissance de soi :** « La différence d'un homme qui se revêt d'un caractère étranger à lui-même, quand il rentre dans le sien, est celle d'un masque à un visage » (remarque 140).

E Quelles sont les caractéristiques de l'écriture de La Bruyère ?

Dans *Les Caractères*, La Bruyère veut étudier l'homme et l'âme humaine. Pour cela, il adopte une écriture prenant la forme de **maximes** souvent brèves, faisant penser aux *Maximes* de La Rochefoucauld (1665), un autre célèbre moraliste du XVIIe siècle. Les maximes correspondent à une **affirmation à valeur universelle,** au présent de vérité générale : « Si la pauvreté est la mère des crimes, le défaut d'esprit en est le père » (livre XI, remarque 13). C'est une écriture qui vise la **clarté** mais aussi l'**abstraction** comme le montre l'important vocabulaire philosophique.

ŒUVRES ET PARCOURS

Mais *Les Caractères* relèvent aussi d'une **écriture satirique.** La Bruyère a souvent recours au **portrait en action** qui lui permet de brosser rapidement une **caricature.** La juxtaposition de propositions et les énumérations créent un **effet cumulatif** qui montre la démesure et l'impolitesse choquante des personnages décrits, par exemple « il manie les viandes, les remanie, démembre, déchire » ou « Il embarrasse tout le monde, ne se contraint pour personne, ne plaint personne, ne connaît de maux que les siens » dans le portrait de Gnathon (remarque 121).

Le parcours : Peindre les Hommes, examiner la nature humaine

Introduction

Pour peindre la nature humaine, La Bruyère recourt à des **formes variées :** le portrait satirique en action, la maxime, la réflexion. La variété de ces formes et leur brièveté permettent à l'auteur d'examiner l'âme humaine sous tous ses angles, tel un scientifique analysant son sujet dans un laboratoire.

Pour aller plus loin, va sur **commentairecompose.fr** lire mon analyse de plusieurs portraits issus du livre XI, notamment ceux d'Irène (remarque 35) et de Gnathon (remarque 121).

Dans le livre XI des *Caractères,* La Bruyère tente de définir les **constantes de la nature humaine,** au-delà des « combinaisons infinies » de tempéraments (remarque 131). Le titre **« De l'homme »** annonce d'ailleurs la **dimension générale et philosophique** de ce livre.

Le moraliste peint l'homme dans les **trois âges de la vie** – l'enfance, l'âge adulte et la vieillesse – pour en donner la vision la plus complète possible. L'**âge tendre** constitue une période **ambivalente.** L'enfant est en effet un **homme en puissance** et contient en germe tous ses défauts (remarque 50). Comme les adultes, il s'organise déjà en microsociété (remarque 57). Mais les enfants ont malgré tout le **sens inné de la justice** (remarque 59). Le **vieillard,** quant à lui, demeure souvent pétri de **vices,** notamment en raison de son incohérence et de son avarice (remarques 113 et 114), mais il incarne aussi un **modèle de sagesse,** un « trésor inestimable », en raison de son expérience (remarque 118).

Malgré les **métamorphoses** liées aux trois âges de la vie, La Bruyère parvient à définir des caractéristiques immuables de la nature humaine. Ainsi, l'inconstance, l'incohérence, la vanité, la jalousie, l'égocentrisme, la peur de la mort sont autant de **traits psychologiques invariables et persistants.**

Ces défauts sont littéralement mis en peinture, à travers une **galerie de portraits.** La Bruyère invente des **personnages fictifs** (Ménalque, Irène, Argyre, Géronte,

Gnathon, Cliton, Ruffin, Timon...) qui **incarnent les défauts** qu'il veut critiquer. Le comportement de ces personnages est **croqué** habilement, à travers des précisions sur leurs traits physiques, leur habillement, le ton de leur voix, et leur gestuelle. **L'accumulation d'adjectifs** fonctionne comme autant de coups de pinceau faisant apparaître progressivement un personnage sous les yeux du lecteur : « Ruffin commence à grisonner ; mais il est sain, il a un visage frais et un œil vif qui lui promettent encore vingt années de vie ; il est gai, jovial, familier, indifférent [...] ». Le **présent de vérité générale** rappelle qu'au-delà du cas particulier d'un personnage, ce sont **tous les hommes** qui sont visés.

Le portrait satirique n'est pas la seule forme utilisée pour peindre la nature humaine. La Bruyère a également recours à la **maxime** (par exemple, la remarque 22), ou à la **réflexion,** plus développée, comme la remarque 85 qui analyse la différence entre la jalousie et l'émulation. Ces formes variées mènent à une étude approfondie de l'homme. L'auteur, à la manière d'un scientifique dans un **laboratoire,** examine, voire **dissèque l'âme humaine,** pour en tirer une loi générale.

Prolongement artistique

Le Caravage, *Narcisse*, vers 1598-1599

Dans ses portraits satiriques, La Bruyère dénonce **l'amour-propre, considéré au XVIIe siècle comme un amour de soi excessif et trop soucieux du regard des autres.** C'est également cette passion que représente Le Caravage dans sa peinture de la fin du XVIe siècle.

Narcisse est un personnage de la mythologie grecque qui **tombe amoureux de son reflet** dans l'eau. En cherchant à s'en saisir, il meurt en tombant dans la source.

Le tableau est composé de deux parties symétriques. Dans la première moitié, **en haut, Narcisse est lumineux.** Mais dans la deuxième moitié du tableau, **en bas,** l'image dont il tombe amoureux est **dans l'ombre.** Le blanc du vêtement devient un gris presque métallique et le visage reflété n'a plus la jeunesse et l'éclat du réel. Comme La Bruyère, Le Caravage suggère à travers cette toile **qu'un amour excessif de son image conduit à la perte de soi.**

Littérature d'idées

œuvre 6 *Déclaration des droits de la femme et de la citoyenne*, Olympe de Gouges
Parcours : Écrire et combattre pour l'égalité

Olympe de Gouges

Vidéo de présentation de l'œuvre :

Fiche d'identité de l'œuvre

Titre : *Déclaration des droits de la femme et de la citoyenne*

Auteur : Olympe de Gouges

Date : 1791

Mouvement littéraire : Le texte d'Olympe de Gouges paraît juste après la Révolution et s'inscrit dans la continuité des Lumières.

Thèmes principaux : L'égalité, la justice, les libertés politiques pour les femmes, le mariage.

Particularités de l'écriture : Le style est juridique car Olympe de Gouges réécrit la *Déclaration des droits de l'homme et du citoyen* de 1789. Dans le postambule, sa plume se veut plus rhétorique et prend des accents révolutionnaires.

Parcours associé : Écrire et combattre pour l'égalité.

A Qui est Olympe de Gouges ?

Née en 1748, **Marie Gouze** grandit en Occitanie dans un milieu modeste. Mariée à l'âge de 16 ans, elle trouve quelques années plus tard, grâce au **veuvage**, une liberté inattendue. Elle prend alors le nom d'**Olympe de Gouges** et monte à Paris poursuivre une carrière littéraire en publiant essentiellement des **pièces de théâtre.** Sensible aux questions progressistes de l'époque, elle milite pour la **condition de la femme** et **l'abolition de l'esclavage.** Son écrit le plus célèbre, ***Déclaration des droits de la femme et de la citoyenne,*** défend la cause des femmes, oubliées par l'univers masculin de la Révolution française. Elle est **guillotinée en 1793** pour un manifeste dans lequel elle dénonçait les crimes de la Terreur.

B Pourquoi me fait-on étudier la *Déclaration des droits de la femme et de la citoyenne* ?

Ce texte n'a pas eu un grand retentissement en 1791 et son auteur est rapidement **tombée dans l'oubli.** Les mouvements féministes du XXe siècle lui ont redonné de la visibilité, et Olympe de Gouges est aujourd'hui considérée comme une **personnalité féminine marquante de la Révolution française.** Son engagement pour l'égalité entre les sexes fait d'elle une des **figures précurseurs du féminisme moderne.**

C Comment résumer la *Déclaration des droits de la femme et de la citoyenne* ?

1 Le préambule

Olympe de Gouges demande que les femmes soient constituées en Assemblée nationale et que la déclaration rappelle à tous les membres du corps social leurs droits et leurs devoirs vis-à-vis d'elles. Ce petit texte introduit les articles qui vont suivre.

2 La déclaration

Elle est composée de **17 articles** qui adoptent la même structure syntaxique que ceux de la ***Déclaration des droits de l'homme et du citoyen* de 1789** (*DDHC* ci-après). La déclaration d'Olympe de Gouges constitue donc un **texte-miroir voire un pastiche de la *DDHC*.**

Les droits suivants y sont proclamés :

- **L'égalité des droits** de la femme et de l'homme (art. 1).
- La liberté, la propriété, la sûreté et la résistance à l'oppression pour les deux sexes (art. 2).
- La souveraineté qui est la réunion de la femme et de l'homme dans le corps politique (art. 3).
- La protection des droits de la femme par les lois de la nature et de la raison (art. 4 et 5).
- Le droit pour la femme et l'homme de participer à l'élaboration des lois et de prétendre aux dignités **selon leur mérite** (art. 6).
- **L'égalité devant la loi** pour les deux sexes, y compris pour les **devoirs** et les **châtiments** (art. 7, 8, 9 et 10).
- **La liberté d'expression** pour la femme (art. 10 et 11).
- La garantie des droits de la femme (art. 12).
- La contribution de la femme à l'impôt et le droit de participer à la **distribution** des places, des emplois, des dignités et de l'industrie (art. 13 et 14).
- Le droit pour la femme de demander à tout agent public des comptes sur son administration (art. 15).
- La participation des femmes à la **rédaction de la Constitution** (art. 16).
- **Le droit à la propriété,** « inviolable et sacré » pour les deux sexes (art. 17).

3 Le postambule

Ce texte plus **rhétorique** commence par un appel à la lutte pour l'égalité : « Femme, réveille-toi ». Olympe de Gouges constate que malgré la Révolution, les femmes sont toujours méprisées et dédaignées.

Elle évoque le **rôle décisif des femmes dans l'Histoire**. Mais une fois leur capital de jeunesse et de beauté disparu, ces dernières perdent leur influence dans la société. C'est pourquoi Olympe de Gouges propose de **sécuriser leur situation juridique** par le « partage des fortunes entre les hommes et les femmes, et de l'administration publique ».

D Quels sont les thèmes importants dans la *Déclaration des droits de la femme et de la citoyenne* ?

1 L'égalité

Olympe de Gouges estime que l'**égalité** entre la femme et l'homme est **inscrite dans la nature,** ce qui lui donne un **caractère inaliénable**. Dans l'article 5, elle évoque « Les lois de la nature et de la raison » absentes de la *DDHC*. Les propriétés sont considérées à l'article 17 comme « vrai patrimoine de la nature » et doivent à ce titre être partagées entre la femme et l'homme. Au XVIIIe siècle, on considérait que la nature créait des différences entre les deux sexes, en fonction de critères comme la force physique. Or pour Olympe de Gouges, la nature est au contraire **placée sous l'égide d'une autorité,** « l'Être suprême » (préambule), **rationnelle et juste,** soucieuse de l'égalité entre la femme et l'homme.

2 La justice

Déclaration des droits de la femme et de la citoyenne est avant tout un **texte juridique.** Son objet est donc la justice. Olympe de Gouges en a une **conception distributive :** il s'agit de répartir les biens, dignités, emplois et récompenses en fonction de la valeur et du **mérite** de chacun (art. 6).

Elle insiste aussi sur le **principe de responsabilité,** indissociable de la justice. Elle n'hésite pas ainsi à détourner le sens des articles 7, 8, 9 et 10 de la *DDHC* pour affirmer que la loi doit s'appliquer avec la **même rigueur** aux femmes et aux hommes. Cette logique est poussée jusqu'à la revendication d'un « droit de monter sur l'échafaud » (art. 10).

3 Les libertés politiques pour les femmes

Si Olympe de Gouges revendique un « droit » à l'échafaud, c'est pour mieux justifier celui de **« monter à la tribune ».** Elle met en valeur le rôle politique des femmes et réclame dans l'article 10 la **liberté d'expression** pour tous. Elle souhaite également que les femmes soient intégrées à l'administration et aux charges publiques importantes (art. 13), qu'elles aient un rôle décisionnaire dans la répartition de l'impôt, symbole de l'appartenance à la Nation. L'auteur va plus loin dans l'article 16 en défendant le rôle actif des femmes dans la **rédaction de la Constitution.** En tant que corps de la Nation, les femmes doivent pouvoir assumer tous les **rôles politiques** et parcourir tous les échelons des **emplois publics.**

4 La Révolution

Pour Olympe de Gouges, il faut faire une révolution dans la Révolution. Sa **réécriture** de la *DDHC* de 1789 est hautement **symbolique** : elle montre que la Révolution est **incomplète** et n'incarne pas l'égalité des droits qu'elle était censée prôner.

5 Le mariage

Dans le postambule, Olympe de Gouges affirme : « Le mariage est le tombeau de la confiance et de l'amour. » Elle souhaite substituer à ce sacrement religieux des « conventions conjugales » afin que les **relations entre époux** soient fondées sur un **contrat,** une sorte de pacte civil qui donne à la femme une place digne dans son foyer et dans la société.

E Quelles sont les caractéristiques de l'écriture d'Olympe de Gouges ?

Olympe de Gouges choisit la forme de la déclaration pour défendre la place de la femme dans la société. Elle réécrit la *DDHC* en reprenant scrupuleusement ses **concepts juridiques.**

La division en « articles », la rédaction d'un préambule et d'un postambule montrent le désir de rendre **solennelle** cette déclaration et de lui donner une **force juridique.** Olympe de Gouges souhaitait en effet que sa déclaration soit présentée et votée par la représentation nationale, ce qui ne sera jamais fait.

Mais dans le postambule, Olympe de Gouges sort du cadre juridique et se fait plus rhétorique : « Femme, réveille-toi [...] reconnais tes droits. » Cette apostrophe adopte le **style emphatique des révolutionnaires** qui employaient des formules identiques.

En modifiant le sens originel de certains articles de la *DDHC*, Olympe de Gouges fait par moments une **parodie de la *DDHC*.** Ainsi, l'article 9 de la *DDHC* évoque la présomption d'innocence : « Tout homme étant présumé innocent jusqu'à ce qu'il ait été déclaré coupable [...] » mais, dans sa *Déclaration*, Olympe de Gouges opère un détournement ironique en écrivant : « Toute femme étant déclarée coupable, toute rigueur est exercée par la loi ». Les femmes se voient presque appliquer une **présomption de culpabilité !**

Le parcours : Écrire et combattre pour l'égalité

Introduction

Par sa *Déclaration des droits de la femme et de la citoyenne*, Olympe de Gouges écrit et combat pour l'égalité entre les femmes et les hommes.

Mais tu dois remarquer que le parcours ne mentionne pas spécifiquement le combat pour l'égalité **femmes-hommes.** Il évoque simplement « l'égalité ».

ŒUVRES ET PARCOURS

Ce parcours te permet donc, si tu le souhaites, d'explorer aussi d'autres combats, comme celui pour **l'abolition de l'esclavage** ou pour **l'égalité politique** entre tous les hommes, quelle que soit leur origine.

Pour enrichir ta réflexion sur l'égalité femmes-hommes, je te conseille de lire sur commentairecompose.fr mon analyse des textes suivants :
– « L'histoire de Polly Baker » dans *Supplément au Voyage de Bougainville* de Diderot.
– La lettre 81 des *Liaisons dangereuses* de Laclos.
– L'acte III, scène 16, du *Mariage de Figaro* de Beaumarchais.

Olympe de Gouges, dans la *Déclaration des droits de la femme et de la citoyenne*, utilise l'**écriture** comme une **arme** au service d'un combat, celui de l'égalité entre les femmes et les hommes.

Les procédés et tonalités auxquels elle a recours sont variés.

Nous avons vu qu'elle utilise **l'écriture juridique** pour donner solennité et force de loi à son combat.

Mais son texte est également un **pastiche de la *DDHC* de 1789.** Olympe de Gouges fait parfois preuve d'une ironie grinçante, comme dans l'article 4 où elle définit la liberté de la femme : « l'exercice des droits naturels de la femme n'a de bornes que la tyrannie perpétuelle que l'homme lui oppose ».

Elle s'exprime de manière plus énergique et vigoureuse dans le postambule où elle emploie les figures de l'**antithèse** et du **chiasme** pour rendre sa lutte mémorable.

Elle y écrit par exemple : « tout a été soumis à la cupidité et à l'ambition de ce sexe autrefois méprisable et respecté, et depuis la Révolution, respectable et méprisé ». Ce chiasme montre la **situation contradictoire** dans laquelle est enfermée la femme au XVIIIe siècle : sa valeur intérieure (« respectable ») ne correspond pas à sa situation politique (« méprisée »).

L'apostrophe aux femmes les invite à faire la révolution dans la Révolution mais relève aussi d'une **tirade tragique aux accents raciniens :** « Ô femmes ! femmes, quand cesserez-vous d'être aveugles ? » Cette tonalité rappelle que les femmes sont victimes d'une **tragédie politique.**

Toujours dans le postambule, Olympe de Gouges adopte un **style romanesque :** « D'autres exemples encore plus touchants s'offrent à la raison. » L'adjectif **« touchants »** dévoile une sensibilité préromantique. La situation de la jeune femme évoquée par l'écrivaine (« l'ingrat la laissera après quelques années ») rappelle le destin de **Manon Lescaut,** l'héroïne du roman de l'abbé Prévost, ou **l'histoire de Polly Baker** dans *Supplément au Voyage de Bougainville* de Diderot.

Prolongement artistique

Eugène Delacroix, *La Liberté guidant le peuple*, 1830

Eugène Delacroix peint cette toile lors de l'insurrection populaire de la **révolution de 1830.** Cette œuvre ne représente donc pas la Révolution française de 1789 mais peut être considérée comme une réécriture de celle-ci, avec l'émergence de **symboles nouveaux.**

Le tableau est organisé de manière pyramidale. Il met en scène une barricade au bas de laquelle sont représentés des corps morts ou mourants, victimes du régime de la Restauration. À droite, un **enfant coiffé d'un béret** exhibe des pistolets de cavalerie et semble illustrer **l'avenir de la France** contestant la Restauration. À gauche, un **homme avec un haut-de-forme** et un fusil paraît signer l'alliance entre la bourgeoisie et le peuple.

Au centre du tableau, une figure féminine arborant le drapeau bleu, blanc, rouge concentre tous les regards : **l'allégorie de la Liberté.** Coiffée d'un bonnet phrygien, elle évoque – en raison de son profil, de sa nudité et de sa blancheur – une **déesse grecque.**

Ce personnage féminin au sommet de la pyramide rappelle le **combat d'Olympe de Gouges.** Dans sa *Déclaration des droits de la femme et de la citoyenne*, l'auteur place la femme au centre du processus révolutionnaire et suggère que sans sa **libération,** il n'y a pas de véritable Révolution. Delacroix, en mettant une **femme au centre de sa composition,** semble rattraper le temps perdu lors de la Révolution.

Roman

œuvre 7 *Manon Lescaut*, Abbé Prévost
Parcours : Personnages en marge, plaisirs du romanesque

Abbé Prévost

Fiche d'identité de l'œuvre

Titre : *Histoire du chevalier des Grieux et de Manon Lescaut*

Auteur : Abbé Prévost

Date : 1731

Mouvement littéraire : Influencé par le classicisme et sa vision pessimiste de la passion, ce roman goûte toutefois à l'exploration des sentiments, préfigurant le héros romantique du XIXe siècle.

Thèmes principaux : La passion amoureuse, l'amitié, l'âme humaine, le libertinage, le bonheur.

Particularités de l'écriture : Un roman-Mémoires qui mêle analyse psychologique et aventures pleines de rebondissements.

Parcours associé : Personnages en marge, plaisirs du romanesque.

Vidéo de présentation de l'œuvre :

A Qui est l'abbé Prévost ?

Né en 1697, Antoine-François Prévost mène une **vie riche en péripéties,** ponctuée de scandales et de fugues successives. Il embrasse, en 1721, une **carrière ecclésiastique** et commence à rédiger, en 1728, *Mémoires d'un jeune homme de qualité*. Mais il rejette la vie religieuse, fuit en Angleterre, puis en Hollande, où il se lie avec Hélène Eckhardt, une aventurière. Il rédige alors l'*Histoire du chevalier des Grieux et de Manon Lescaut*, un roman à forte composante autobiographique. Il retourne à Londres en 1733 et fonde un journal, puis revient en France où il est emprisonné pour dettes (1734), avant de devenir aumônier du prince de Conti en 1736. Il décède en 1763 à Courteuil.

B Pourquoi me fait-on étudier *Manon Lescaut* ?

Manon Lescaut ne représente que le 7e tome des *Mémoires d'un jeune homme de qualité*, mais il s'agit sans conteste de l'**œuvre la plus connue** de l'abbé Prévost. Ce succès est certainement dû au **mélange des genres** qui confère à cette œuvre une richesse exceptionnelle. L'histoire du chevalier des Grieux tient en effet à la fois de la **tragédie classique,** du **roman d'aventure** et du **roman d'analyse psychologique.** C'est aussi une œuvre à **dimension morale,** qui vise à mettre en garde contre les ravages de la passion amoureuse.

C Comment résumer *Manon Lescaut* ?

Le chevalier des Grieux narre au marquis de Renoncour le récit de sa passion amoureuse pour Manon Lescaut.

À 17 ans, **le chevalier des Grieux s'éprend de Manon,** jeune femme destinée par ses parents au couvent. Il devient son amant et **fuit** la maison familiale. Mais Manon **le trompe.** Enlevé par ses parents, le chevalier reprend des études brillantes et devient l'abbé des Grieux. Néanmoins, il succombe à nouveau aux charmes de Manon venue lui rendre visite et part s'installer avec elle à Paris.

Les **péripéties** s'enchaînent à un **rythme effréné :** le frère de Manon, un brigand, vient s'installer avec eux, convainc Manon de jouer de ses charmes pour obtenir de l'argent et pousse le chevalier des Grieux au jeu, à la tricherie et au vol. Pris en flagrant délit, les deux amants sont emprisonnés, mais parviennent à se libérer, tuant un garde au passage.

Les deux jeunes gens s'installent à Chaillot, mais Manon, attirée par l'**argent** et le **luxe,** conduit des Grieux à **manigancer un plan** avec elle pour tirer profit du fils de G*** M*** qui tente de la séduire. Leur plan échoue et ils sont arrêtés. Manon est déportée en **Louisiane.** Le chevalier des Grieux la suit en Amérique, se bat en duel contre le fils du gouverneur qui veut épouser Manon, et **fuit** avec cette dernière à la Nouvelle-Orléans. La jeune femme **succombe** néanmoins dans le désert. Des Grieux, éprouvé et inconsolable, est rejoint par son ami Tiberge et retourne en France où il apprend la mort de son père.

D Quels sont les thèmes importants dans *Manon Lescaut* ?

1 La passion amoureuse

La passion amoureuse est la force qui **domine** le chevalier des Grieux durant tout le roman. L'amour est assimilé au **bonheur** comme en témoigne le champ lexical de la tendresse, omniprésent dans le récit, mais il est aussi placé sous le signe de la **destruction** et de la **tragédie.** L'amour agit en effet comme une **fatalité,** un

ŒUVRES ET PARCOURS

destin funeste dont des Grieux ne parvient pas à se défaire. Ainsi, chaque fois qu'un événement le sépare de Manon (la tromperie de Manon avec M. de B., avec M. de G*** M***, la prison...), le désir les unit de nouveau. La passion est aussi pourvoyeuse d'**illusion** car des Grieux, aveuglé par ses sentiments, ne voit plus les infidélités de Manon.

2 L'amitié

L'amitié est un thème abordé à travers la figure de **Tiberge.** Ce dernier offre un **miroir vertueux** et chrétien à des Grieux. Son amitié est héroïque car elle résiste aux nombreuses déceptions occasionnées par les déviances morales de son ami. Quant au chevalier, s'il réprouve avec ironie les « harangues apostoliques » de son compagnon, il n'en reste pas moins fidèle à Tiberge qui lui sert de **boussole** dans ce roman en perpétuel mouvement.

3 Le tiraillement de l'âme humaine

L'abbé Prévost analyse dans ce roman les **paradoxes de l'âme humaine.** Selon lui, l'homme est **tiraillé** entre l'**idéal religieux et moral** et l'attraction vers le **plaisir.** Ce tiraillement intérieur, propre à tous les hommes, est symbolisé par les personnages de des Grieux et Tiberge. Ainsi, **Tiberge** incarne la **vertu** tandis que **des Grieux** symbolise l'attrait pour la **luxure.** Cette tension se manifeste aussi physiquement, à travers les **« larmes »** qui traduisent des états contradictoires : la joie, la tristesse, la mélancolie, le désespoir. Ce sont ainsi des « torrents de larmes » qui sont versés par le chevalier des Grieux.

4 Le libertinage

Ce roman met en scène le libertinage des mœurs et la corruption qui règnent en France au début du XVIIIe siècle. **Manon,** femme fatale, incarne le **libertinage :** « Manon était passionnée pour le plaisir ; je l'étais pour elle », dit des Grieux. Durant tout le récit, le jeune homme ne cherche qu'à satisfaire les **plaisirs matériels** de Manon : son goût pour l'opéra, pour les divertissements, sa recherche du confort. La jeune femme se plaît à élaborer des stratégies de **tromperie** pour dépouiller ses soupirants. Elle n'est pas touchée par les vertus de la religion, contrairement à des Grieux qui est tiraillé entre vice et vertu.

5 Le bonheur

La question du bonheur, centrale dans les écrits du XVIIIe siècle, est déjà présente dans *Manon Lescaut*. Le bonheur y est assimilé à une **vie simple,** à une tranquillité de l'âme, à l'absence d'hostilités de la part des autres hommes. Cette sérénité est **impossible à Paris** où la menace et la corruption règnent constamment. Paris incarne le lieu de la tromperie et du libertinage.

Le bonheur semble en revanche accessible dans le **Nouveau Monde** qui offre la promesse d'une vie purifiée des tentations libertines. Même Manon semble s'y laisser gagner par la **conception chrétienne du bonheur** comme le suggère sa joie face à la perspective du mariage à la fin du roman.

E Quelles sont les caractéristiques de l'écriture de l'abbé Prévost ?

Le succès de ce roman tient en partie au **mélange des genres et des tonalités** qui crée une vive impression sur le lecteur.

Manon Lescaut est d'abord un **roman-Mémoires,** c'est-à-dire un récit fictif présenté sous la forme de Mémoires. Il comprend des **récits enchâssés :** le narrateur rencontre des Grieux qui lui fait l'exposé de ses aventures. Cet enchâssement crée une architecture complexe, vivante, qui relève d'une esthétique **baroque.**

L'abbé Prévost emprunte ensuite aux techniques du **roman d'aventure :** fugues, tromperies, vols, meurtres, incarcérations, évasions… La richesse des péripéties place le récit sous le signe du **rebondissement** et du coup de théâtre.

Le **lyrisme** demeure toutefois le registre dominant : il permet au chevalier des Grieux d'évoquer son désir fou pour Manon : « Son esprit, son cœur, sa douceur et sa beauté formaient une chaîne si forte et si charmante, que j'aurais mis tout mon bonheur à n'en sortir jamais. »

Mais il ne faudrait pas oublier la **visée morale** de ce roman qui met en garde contre les passions. L'écriture de l'abbé Prévost, lorsqu'elle s'exprime par aphorisme, se rapproche ainsi parfois de celle des **moralistes** du XVIIe siècle, comme La Bruyère ou La Rochefoucauld : « La plupart des grands et des riches sont des sots ; cela est clair à qui connaît un peu le monde. Or il y a là-dedans une justice admirable. »

Le parcours : Personnages en marge, plaisirs du romanesque

Introduction

Dans ce roman, l'abbé Prévost ne s'intéresse pas à des figures héroïques aux actions sublimes mais à des **personnages en marge.**

Pourquoi ?

Les personnages en marge permettent de mieux **peindre l'âme humaine,** et leur **déchéance progressive** constitue un **moteur de l'action romanesque.**

Pour aller plus loin, tu peux faire des parallèles avec de multiples romans qui retracent la chute de leurs protagonistes. Par exemple : *Les Liaisons dangereuses* de Laclos (le libertinage), *Illusions perdues* de Balzac (la corruption), *Le Rouge et le Noir* de Stendhal (l'arrivisme et le meurtre), *Nana* de Zola (la prostitution), *Thérèse Desqueyroux* de Mauriac (l'empoisonnement), *L'Étranger* de Camus (la marginalité)...
Retrouve des résumés de nombre de ces œuvres sur commentairecompose.fr.

Dans *Manon Lescaut*, les personnages sont en marge car ils ne parviennent pas à se conformer à la vie morale et réglée qui est attendue d'eux.

Des Grieux, chevalier, appartient par son père à une lignée héroïque, morale et chrétienne du XVIIe siècle. Mais l'amour éprouvé pour Manon le marginalise. Sa marginalité est d'abord intérieure : incapable d'être un bon chrétien, il ne peut lutter contre la **tentation du péché et des plaisirs.**

Puis cette marginalité devient **sociale :** il passe d'un statut noble à celui d'un déclassé, désargenté et renié par son père. Cette **déchéance** est un ressort romanesque puissant qui **tient le lecteur en haleine.** Le noble des Grieux va-t-il se laisser entraîner dans cette chute ? Va-t-il se ressaisir ? Va-t-il renoncer à son amour pour Manon ?

Manon est, quant à elle, en marge de la docilité et de la pudeur attendue d'une jeune fille à cette époque. Amoureuse des plaisirs, de la variété, du mouvement, de la ville parisienne, son **inconstance** est l'un des moteurs du roman. C'est en effet pour la satisfaire que des Grieux va se lancer dans des aventures risquées.

Le roman nous entraîne également vers un **univers social marginal ;** notamment à travers le frère de Manon, qui vit de larcins et de tromperie. Cet univers suscite la **curiosité du lecteur** pour un milieu éloigné du sien qu'il considère comme un espace de péché et de tentations.

Cette marginalisation est toutefois suivie, à la fin du roman, d'une sorte de **normalisation.** En effet, une fois en Amérique, les deux amants reviennent à une vie plus vertueuse comme le suggère leur souhait de se marier. Paradoxalement, l'exil mène à un **apaisement intérieur** qui permet aux personnages de **se retrouver.**

Prolongement artistique

Jean-Honoré Fragonard, *Le Verrou*, 1777

Le Verrou de Fragonard représente **deux amants** qui se rencontrent clandestinement. À l'instar de *Manon Lescaut*, où les deux amoureux se cachent, rusent et trompent pour vivre leur passion, le geste de l'homme qui pousse le verrou suggère **l'interdit** de ce rendez-vous.

Cette scène est placée sous le signe de la **sensualité,** suggérée par le lourd rideau rouge et le lit en désordre qui symbolise la passion, les pieds nus de l'amant et la posture mélodramatique des personnages qui s'abandonnent au plaisir. Les mouvements de la robe montrent une **attraction irrésistible** de la femme vers son amant.

Ironiquement, l'homme veut se protéger des regards en poussant le verrou, mais se retrouve comme sur une scène de théâtre, offert au regard du spectateur, tel le chevalier des Grieux dont les **tiraillements intérieurs** sont **examinés** dans les moindres détails par l'abbé Prévost.

Roman

œuvre 8 *Mémoires de deux jeunes mariées*, Honoré de Balzac

Parcours : Raison et sentiments

Honoré de Balzac

Vidéo de présentation de l'œuvre :

Fiche d'identité de l'œuvre

Titre : *Mémoires de deux jeunes mariées*

Auteur : Honoré de Balzac

Date : 1841

Mouvement littéraire : Le réalisme.

Thèmes principaux : L'amitié, l'amour, le monde et la société parisienne, la politique.

Particularités de l'écriture : Un roman épistolaire qui mêle réalisme et romantisme.

Parcours associé : Raison et sentiments.

A Qui est Honoré de Balzac ?

Né en 1799, Honoré de Balzac fait des études de droit mais s'oriente rapidement vers une carrière littéraire.

Il est l'auteur d'une **œuvre romanesque monumentale** composée de plus de 90 romans rassemblés dans une structure qu'il nomme ***La Comédie humaine***. Son but est de « faire concurrence à l'état civil » et à l'Histoire grâce à une **description minutieuse** de la société de son époque.

Ses romans les plus connus sont *La Peau de chagrin* (1831), *Eugénie Grandet* (1833), *Le Père Goriot* (1834-1835) et *Illusions perdues* (1837-1843). Il meurt en 1850.

B Pourquoi me fait-on étudier *Mémoires de deux jeunes mariées* ?

Avec *Mémoires de deux jeunes mariées*, Honoré de Balzac adopte le genre du **roman épistolaire** pour mettre en scène les échanges entre Louise et Renée. Il oppose ainsi **deux conceptions de l'amour et du mariage** : l'une fondée sur la **raison** et l'autre sur les **sentiments**. Ce roman donne également à voir la **condition des femmes au XIXe siècle**.

C Comment résumer *Mémoires de deux jeunes mariées* ?

Louise et Renée ont été élevées ensemble au **couvent** des carmélites. Les lettres que les deux amies s'échangent à la sortie du noviciat font état de **trajectoires de vie très différentes,** malgré une éducation similaire.

Louise rejoint en effet sa famille à Paris et hérite de la fortune de sa grand-mère. C'est une jeune femme **passionnée,** impatiente de faire son entrée dans le monde et de trouver l'amour. Elle se lie à son professeur d'espagnol, **Felipe Henarez,** qui n'est autre que le duc de Soria, un grand d'Espagne, exilé et ruiné pour des raisons politiques. Louise et Felipe se marient, voyagent et vivent comme des **amants passionnés.**

Renée, quant à elle, incarne la **raison.** À la sortie du couvent, elle est promise à Louis de l'Estorade, un homme taciturne qui vit en Provence, dans une triste bastide. Renée n'éprouve aucune passion pour son mari, mais elle assume le choix d'une **vie tracée, réglée et raisonnable,** qui lui permettra de **fonder une famille.** Après son mariage, elle rénove la demeure de l'Estorade et encourage Louis à mener une grande carrière. Elle évoque dans ses lettres les joies de la **maternité** qui confère un bonheur solide. Alors qu'elle s'apprête à accoucher d'un deuxième enfant, son amie Louise lui apprend que Felipe vient de décéder.

Après trois ans de silence suite à la mort de son mari, Louise reprend contact et annonce à Renée qu'elle aime un homme qu'elle va épouser, **Marie Gaston,** un poète de quatre ans son cadet. Elle s'installe dans un chalet qu'elle a fait aménager à la campagne pour vivre dans la discrétion avec son nouvel époux. Mais Louise **soupçonne** son mari d'**infidélité.** Par désespoir, elle se provoque volontairement une grave pneumonie. Sur son lit de mort, elle apprend que Marie Gaston, loin d'être infidèle, rendait visite à Paris à la veuve de son frère qu'il tentait de secourir. Renée se précipite au chevet de son amie, agonisante, qui meurt à trente ans, sans laisser d'héritier.

D Quels sont les thèmes importants dans *Mémoires de deux jeunes mariées* ?

1 L'amour

À travers Louise et Renée, Balzac dresse un **portrait divergent de l'amour** et essaie d'en explorer toutes les facettes.

Louise a une **conception chevaleresque et poétique de l'amour,** semblable à un chemin parsemé d'épreuves que l'amant doit surmonter pour conquérir la femme aimée. Pour elle, l'amour est placé sous le signe du mouvement, de la **passion** et de la fusion des corps.

À l'inverse, **Renée** possède une **conception rationnelle du mariage,** fondement de la famille et de la société, ce qui explique son insistance à relater le développement de ses enfants. La passion de Louise représente à ses yeux un amour individualiste et dangereux, qui conduit à l'abolition de l'identité et aux déchirures de la jalousie. Pour elle, seul **l'amour maternel** est « impérissable ».

2 L'amitié

L'amitié est au cœur de ce roman épistolaire. Les lettres de Louise et Renée sont ponctuées de **termes affectueux** qui témoignent du lien intime qui unit les deux femmes. Un silence trop long de l'une d'elles provoque le mécontentement de l'autre : « Adieu, car je ne sais pas comment je t'écris, tu ne mérites pas mon amitié. Oh ! réponds-moi, ma Louise. » Les deux femmes **se confient** leurs espoirs, leurs doutes et leurs failles, à la façon de Louise qui avoue à Renée la jalouser depuis qu'elle est devenue mère. Malgré la divergence de leurs vies, ces deux amies au destin initial commun (le couvent) nourrissent une **complémentarité** parfaite : « De nous deux, je suis un peu la Raison comme tu es l'Imagination ; je suis le grave Devoir comme tu es le fol Amour », analyse ainsi Renée.

3 Le monde et la société parisienne

Les deux jeunes filles, en grandissant au **couvent,** ont vécu à l'**écart de la société.** Leur entrée dans le monde va donc représenter un choc. Louise, notamment, évoque au début du roman sa « métamorphose », comme si son identité changeait en intégrant le **milieu parisien.** Son autoportrait, au chapitre III, dévoile la naissance de la coquetterie et de l'amour-propre. Elle évoque son entrée dans le monde en **termes militaires** (« je suis donc armée de toutes pièces ») car la société parisienne est un espace de concurrence, de rivalité, voire de combat où chacun cherche à surpasser l'autre. Le monde a donc de « dures lois » et demeure un univers hostile dont il faut apprendre les codes.

4 La politique

Même si *Mémoires de deux jeunes mariées* est un livre sur l'amour et le mariage, Balzac y exprime quelques idées politiques. Il livre notamment un **regard critique sur la Révolution** française, par cette phrase célèbre passée à la postérité : « En coupant la tête à Louis XVI, la Révolution a coupé la tête à tous les pères de famille. Il n'y a plus de famille aujourd'hui, il n'y a plus que des individus. » L'écrivain réaliste reproche à la Révolution d'avoir dévalorisé la famille au profit d'un individualisme qui détruit les solidarités traditionnelles.

E Quelles sont les caractéristiques de l'écriture de Balzac ?

Dans ce roman, Balzac adopte une **écriture réaliste** qui vise à rendre compte avec minutie de la société de son temps. Ainsi, la description de la chambre de la grand-mère de Louise regorge de termes précis, techniques (« trumeau », « dôme »), de références scrupuleuses au cadre spatio-temporel, témoignant d'un souci d'exhaustivité du réel. L'exposé de la vie maternelle de Renée constitue une peinture de la petite noblesse du XIXe siècle, avec un **détail méticuleux** des tenues, jeux et activités des enfants.

Mais Balzac déploie aussi une **écriture romantique** et distille, à travers Louise et Felipe, une **atmosphère d'aventures.** Les scènes de déclaration d'amour reprennent le modèle de l'**amour courtois** où l'amant tente de conquérir le cœur de sa dame en inventant des stratégies pour lui déclarer sa flamme. Balzac multiplie les références au romantisme par l'évocation de paysages de lune dans la nuit : « La nuit était une de ces nuits tièdes, embaumées par les fleurs ; j'ai ressenti dans ce moment un plaisir enivrant à me trouver presque seule avec lui dans la douce obscurité des tilleuls [...] » Le caractère **sublime** et **hyperbolique** de l'écriture s'inscrit dans le sillage du romantisme.

Le parcours : Raison et sentiments

Introduction

L'expression « Raison et sentiments » te dit peut-être quelque chose...

Et pour cause ! Il s'agit de la traduction française du titre du célèbre roman de **Jane Austen, *Sense and sensibility*,** paru en 1811 en Angleterre, traduit dès 1815 en français, et qui a fait l'objet de plusieurs adaptations cinématographiques.

Le roman de Jane Austen met en scène deux jeunes sœurs : Elinor qui se dévoue à sa famille et choisit la voie de la raison, et Marianne, ardente et romanesque jeune femme, qui devra surmonter la déception amoureuse.

Alors, vois-tu le lien avec *Mémoires de deux jeunes mariées* ?

Comme dans le roman de Jane Austen, Honoré de Balzac oppose, à travers Louise et Renée, deux systèmes de valeurs, **deux conceptions du monde.** Renée règle sa vie selon la raison tandis que Louise ne jure que par la passion et les sentiments.

Pense à lire mes analyses d'extraits clés de cette œuvre sur **commentaire compose.fr** : elles te seront utiles pour approfondir cette séquence !

Louise et Renée incarnent **deux visions opposées du monde :** l'une romantique pour Louise, l'autre traditionnelle pour Renée.

Renée représente la **raison** et la **stabilité.** Pour elle, la passion n'est qu'une illusion car l'amour véritable se réalise dans la **fidélité conjugale** et la **maternité,** et ne se déploie donc qu'après le mariage. Comme une moraliste, elle voit dans la passion amoureuse la manifestation de l'amour-propre. Aussi, n'hésite-t-elle pas à reprocher à Louise de n'aimer qu'elle-même à travers Felipe. Pour Renée, les sentiments sont fluctuants, soumis au temps, aux aléas des rencontres et des hasards. Seule la raison apporte la stabilité et la sérénité qui permettent d'accéder au vrai bonheur, « le bonheur de faire celui des siens ».

Louise prend le contrepied de cette conception rationnelle de l'amour. Elle est habitée par **l'amour chevaleresque, épique, courtois.** Si elle admet la raison, c'est une raison stratégique, celle de la tactique pour conquérir celui ou celle que l'on aime. Elle jette donc un regard critique sur le choix de vie de Renée : « Comment, ma chère, dans l'intérêt de ta vie à la campagne, tu mets tes plaisirs en coupes réglées, tu traites l'amour comme tu traiteras tes bois ! » Louise refuse cette approche ordonnée et calculatrice de l'amour qui reflète un idéal bourgeois alors qu'elle en a une conception **aristocratique :** « Oh ! j'aime mieux périr dans la violence des tourbillons de mon cœur, que de vivre dans la sécheresse de ta sage arithmétique. »

Prolongement artistique

Edgar Degas, *La Famille Bellelli*, 1858-1867

La famille Bellelli, peinte par Edgar Degas, fait songer à **l'idéal familial exprimé par Renée** dans le roman.

La **mère** de cette famille bourgeoise se tient très droite, à gauche du tableau. Son **austère tenue noire** et la **symétrie dans la tenue des enfants** suggèrent une **gestion rationnelle** des affaires domestiques et une **éducation stricte et rigoureuse.** La pendule, en évidence au-dessus de la cheminée, rappelle que le temps est un élément fondamental dans les familles bourgeoises où toute action est séquencée, comme le décrit Renée dans *Mémoire de deux jeunes mariées*.

Le mari, assis et retourné, est presque effacé du tableau et ne paraît pas avoir une place centrale dans la scène. Alors qu'il regarde dans la direction de sa femme et de ses filles, son épouse semble tourner son **regard vers l'avenir,** comme Renée lorsqu'elle imagine l'avenir de ses enfants dans une de ses lettres.

Récit

œuvre 9 *Sido* suivi de *Les Vrilles de la vigne*, Colette
Parcours : La célébration du monde

Colette

Vidéo de présentation de l'œuvre :

Fiche d'identité de l'œuvre

Titre : *Sido* suivi de *Les Vrilles de la vigne*

Auteur : Sidonie-Gabrielle Colette, dite Colette

Date : 1930 pour *Sido* ; 1908 pour *Les Vrilles de la vigne*

Mouvement littéraire : L'œuvre de Colette ne se rattache à aucun mouvement littéraire.

Thèmes principaux : La nature, l'amour, le souvenir, la vie mondaine.

Particularités de l'écriture : Une écriture lyrique et poétique qui fait revivre le passé et célèbre la nature avec sensualité.

Parcours associé : La célébration du monde.

ŒUVRES ET PARCOURS

A Qui est Colette ?

Née en 1873, **Sidonie-Gabrielle Colette** mène une enfance heureuse à la campagne, auprès de sa mère Sido et de son père, ancien militaire. À l'âge de 20 ans, elle **épouse Willy,** un écrivain mondain qui la pousse à écrire la série à succès des ***Claudine.*** Après son divorce, elle exerce les métiers de mime, de comédienne, puis, plus tard, de journaliste, et tient même un salon de beauté. Ces diverses professions ont profondément marqué son travail d'écrivain. Elle multiplie les conquêtes masculines et féminines et affirme sa bisexualité. **Personnage sulfureux** pour l'époque, elle n'en demeure pas moins un auteur reconnu et obtient de nombreux **honneurs** (comme la présidence de l'Académie Goncourt).

B Pourquoi me fait-on étudier *Sido* suivi des *Vrilles de la vigne* ?

Ces deux ouvrages sont indépendants l'un de l'autre : *Les Vrilles de la vigne* est un recueil de textes paru en 1908 et *Sido*, publié en 1930, évoque des souvenirs d'enfance. Ils permettent néanmoins d'entrer de plain-pied dans l'œuvre de Colette, qui se caractérise par un **rapport sensuel et dialogique** (c'est-à-dire sous forme de dialogue) **avec la nature.**

C Comment résumer *Sido* et *Les Vrilles de la vigne* ?

1 *Sido* est composé de trois parties :

- La **partie I** relate des **souvenirs d'enfance** de Colette dans son village de **Saint-Sauveur-en-Puisaye,** sa maison natale, son jardin, son voisinage et, surtout, **sa mère, Sido,** une femme d'autorité et de charisme, qui jouit d'une connaissance intime de la nature.
- La **partie II, « Le capitaine »,** évoque le **père** de Colette. Militaire ayant perdu une jambe à la guerre, c'est un citadin exilé à la campagne, amoureux de Sido, qui chante la gaieté pour cacher sa tristesse. Après sa mort, sa famille trouve dans sa bibliothèque de nombreux livres aux pages blanches, témoins de sa **vocation manquée d'écrivain.**
- Dans la **partie III, « Les sauvages »,** Colette se remémore sa **fratrie :** le mariage malheureux de sa grande demi-sœur Juliette, le souvenir d'Achille, 17 ans, son demi-frère qui entame des études de médecine et de son frère Léo, 13 ans, qui rêve de liberté. Elle évoque le souvenir de jeux entre les deux garçons.

2 *Les Vrilles de la vigne* est constitué de **courts textes épars.** Mais derrière une structure apparemment éclatée, on repère des séries thématiques :

- **Le retour sur le passé** est omniprésent dans ces nouvelles, notamment dans « Rêverie de Nouvel An » qui évoque des souvenirs d'enfance et la vieillesse (« Éloigne-toi, lentement, lentement, sans larmes ; n'oublie rien ! ») ou « Le dernier feu » dans lequel Colette se souvient du jardin de son enfance.
- **L'amour pour les animaux** est très présent, dans « Nonoche » par exemple, qui évoque la maternité d'une de ses chattes. « Toby-Chien parle » et « Dialogues de bêtes » font converser les animaux de l'écrivaine. Dans « Un rêve », les souvenirs de ses chiens s'entremêlent.
- **Le maquillage,** mensonge qui rend à la femme sa fierté, est un thème récurrent (« Maquillages », « Belles-de-jour »), ainsi que **l'amour malheureux** à travers l'amie Valentine quittée par son amant, que Colette tente de consoler (« Belles-de-jour », « La guérison »).
- **La mer** est présente dans de nombreuses scènes maritimes comme « En baie de Somme », « À marée basse », « Bain de soleil ». Colette y voit dans « Jour gris » ou « Partie de pêche » un espace presque dégoûtant, en **putréfaction.** *A contrario*, elle fait l'éloge de la **campagne** de son enfance, espace animé d'un souffle paradisiaque, et de la forêt, dans « Forêt de Crécy », lieu fascinant et inquiétant.

D Quels sont les thèmes importants dans *Sido* et *Les Vrilles de la vigne* ?

1 La nature

La nature est au cœur de l'œuvre de Colette. **Sido,** sa mère, en est l'**interprète** et la traductrice car elle établit entre les faits des liens de causalité imperceptibles par les autres : « Il va geler, la chatte danse. » La nature est pour elle **un tout** dont les éléments **communiquent** entre eux. Sur les pas de sa mère, Colette interprète aussi la conversation secrète de la nature. Ainsi, le chant du rossignol dans *Les Vrilles de la vigne* ou du rouge-gorge dans *Amours* n'est pas qu'un sifflement mais un **langage que Colette décode.** Elle restitue également les **dialogues entre les animaux,** dans « Dialogues de bêtes ». Colette développe ainsi une vision païenne d'une **nature animée** d'une intention et d'une conscience. Son souci du **mot précis,** exact, notamment sur l'appellation des plantes, des fleurs et des animaux, manifeste le **désir d'embrasser la nature,** d'en jouir, de la serrer le plus près possible.

2 L'amour

L'amour se manifeste de diverses manières dans les deux ouvrages. C'est d'abord **l'amour pour la famille,** exprimé dans *Sido*. L'enfance, « jusqu'à dix ou onze ans », est une période de **fusion avec la mère** à la fois généreuse et tyrannique. Sido a également transmis à sa fille **l'amour de la nature** qui rayonne dans l'œuvre à travers la célébration du monde végétal et animal.

Dans *Les Vrilles de la vigne,* Colette se penche sur la **psychologie amoureuse.** « La guérison » étudie le passage de la passion jalouse à **la fin de l'amour** : l'état « insupportable » d'être quittée, l'impression vaniteuse d'être la seule à souffrir, puis la domestication progressive de la douleur, avant l'attente d'un autre amour.

3 Le souvenir

Sido et *Les Vrilles de la vigne* reprennent de façon romancée des éléments du **vécu de l'auteur :** son village bourguignon, Saint-Sauveur-en-Puisaye, évoqué à travers le nom de ses rues dans *Sido*, l'identité de ses parents… Le recueil est d'ailleurs structuré comme un **arbre généalogique** dont chaque partie dresse le **portrait des membres de la famille :** la mère, le père puis les frères et sœur.

Dans *Les Vrilles de la vigne*, Colette fait également remonter des **souvenirs,** à travers une **approche thématique :** l'enfance, les animaux, les amours, la mer, le music-hall, le maquillage… Le **temps qui passe** transforme toutefois les choses comme le reconnaît avec dépit le frère de Colette, Léo, lorsqu'il évoque la grille de la maison familiale dont la réparation a fait disparaître le « Î-î-î-an » caractéristique des bruits de l'enfance : « Ils ont huilé la grille. »

ŒUVRES ET PARCOURS

4 La vie mondaine

La campagne est pour Colette un paradis terrestre où elle a vécu une enfance heureuse et dont elle a une connaissance intuitive, sensorielle et sensuelle. Mais elle fait aussi une place dans son œuvre à l'**artifice.** La **vie urbaine et bourgeoise,** par exemple, est évoquée dans *Les Vrilles de la vigne* à travers son amie **Valentine** dans « De quoi est-ce qu'on a l'air ». Sens du devoir, tyrannie des obligations sociales : tout est fait pour transformer la vie urbaine en un lieu où l'être se consomme et se consume. Le **maquillage,** auquel l'auteur consacre plusieurs nouvelles dans *Les Vrilles de la vigne,* représente ce masque qui permet aux femmes d'affronter la vie mondaine, de résister au temps, d'avoir le goût du risque.

E Quelles sont les caractéristiques de l'écriture de Colette ?

L'écriture de Colette se caractérise par l'extraordinaire **richesse de son vocabulaire,** l'utilisation de **termes précis,** techniques, notamment pour **nommer la faune et la flore :** « Mille roses [...] fleurissaient hors d'atteinte, parmi des glycines à longues gouttes de fleurs et des bigonniers pourpres, victorieux ennemis des clématites épuisées... » L'exactitude du mot juste crée un « effet de réel » dans lequel il ne faudrait toutefois pas enfermer Colette. Son écriture est en effet traversée par un **lyrisme** et une **sensualité poétique.** Pour l'auteur, la nature a une âme et dialogue avec les hommes qui savent l'écouter. Dans *Les Vrilles de la vigne*, tout un **bestiaire** est convoqué (le chat, le chien, le rossignol...) pour suggérer la continuité entre le monde humain, animal et végétal. Les **comparaisons** et **métaphores** jettent des ponts entre les éléments, créent une **continuité entre la prose et la poésie** pour saisir une langue faite de sensations pures.

Le parcours : La célébration du monde

Introduction

Sido et *Les Vrilles de la vigne* relatent la **rencontre** de Colette avec le monde.

L'auteur célèbre ce monde avec sensualité, faisant revivre l'univers de son **enfance** et la relation privilégiée qui l'unit à la **nature** et aux **animaux.**

L'écriture de Colette, tissée d'effets sonores et riche en métaphores, fait songer à des poèmes en prose, c'est-à-dire de courts textes poétiques non écrits en vers. Pour aller plus loin, tu peux comparer ses textes aux poèmes en prose de Baudelaire ou de Francis Ponge que tu trouveras sur mon site commentairecompose.fr.

Célébrer signifie louer, honorer, souvent publiquement et solennellement.

C'est bien ce que fait Colette dans *Sido* et *Les Vrilles de la vigne*. Elle y célèbre tout d'abord l'univers de son **enfance** qu'elle fait **revivre**, avec le village de Saint-Sauveur-en-Puisaye, le nom des rues, la description méticuleuse et lyrique du jardin de Sido et des membres de la famille.

Elle y célèbre aussi la **nature** qui, pour elle, forme un tout harmonieux. **Sido** incarne cette célébration du monde car elle est la **« pythonisse »**, celle qui va interpréter les signes anodins du monde pour en découvrir le fonctionnement et le mystère : « Une... deux... trois robes ! Trois robes sur l'oignon ! [...] C'est signe de grand hiver. » Elle a une **connaissance intime de la nature**, au rebours des « météorologues de Paris » qui n'en ont qu'une approche statistique et rationnelle : « Le dégel ? Les météorologues de Paris ne m'en apprendront pas ! Regarde les pattes de la chatte. »

Les **métaphores** et les **personnifications** montrent que **la vie déborde** dans l'univers créé par Colette. Par exemple, les roses sont personnifiées avec Sido, et sa « manière étrange de relever les roses par le menton pour les regarder en plein visage ». Les animaux parlent, les plantes semblent dotées d'une âme, tout est plein de vie. Le tournoiement, les « vrilles de la vigne », sont un danger pour le rossignol mais manifestent aussi ce mouvement d'enlacement de la nature que Colette recherche à travers l'écriture.

Si on peut parler de célébration du monde, c'est aussi parce que Colette confère aux descriptions les plus banales une tonalité presque **mystique**, qui ouvre le monde apparent sur une autre réalité. Sido, la « pythonisse » fait des « offrandes », « consulte le ciel ». Par de lyriques **incantations**, « Ô géraniums, ô digitales », Colette paraît adresser une prière à la nature, dans une **célébration païenne**.

Colette célèbre surtout la **fusion entre l'homme et le monde**. Dans **« Bain de soleil »** *(Les Vrilles de la vigne)*, elle décrit avec sensualité la chaleur sur la plage de la baie de Somme : « Douceur de se sentir sans défense et, sous le poids d'un beau jour implacable, d'hésiter, de chanceler une minute, les mollets criblés de mille aiguilles, les reins fourmillants sous le tricot bleu, puis de glisser sur le sable, à côté de la chienne qui bat de la langue. » La **« forêt de Crécy »** la fait renaître à elle-même : « À la première haleine de la forêt, mon cœur se gonfle. Un ancien moi-même se dresse, tressaille d'une triste allégresse, pointe les oreilles [...] ».

ŒUVRES ET PARCOURS

Prolongement artistique

Vincent Van Gogh, *Le Semeur au soleil couchant*, 1888

Sido et *Les Vrilles de la vigne* sont une **célébration de la beauté du monde et de la création artistique,** comme cette peinture de Van Gogh, *Le Semeur au soleil couchant*.

Van Gogh représente ici un semeur qui fertilise un terrain sous un soleil ardent.

Une impression de **mystère** et de **sensualité** se dégage de cette toile car le peintre a **inversé les couleurs attendues** pour représenter la nature. Le bleu escompté dans le ciel se retrouve dans le champ et le jaune du blé rayonne dans le ciel. La touche **pointilliste** suscite de vives **impressions.**

Ce tableau, comme *Sido* ou *Les Vrilles de la vigne*, symbolise la **création artistique** et le **plaisir sensoriel.** Le semeur fait du bras un geste créateur, comme s'il semait les couleurs qu'il porte en lui. Le **soleil** qui irradie pourrait représenter l'**inspiration** qui se diffuse dans l'œuvre. Si Colette est si attachée au soleil, comme dans « Bain de mer », c'est parce qu'elle y voit aussi une source de plaisir sensoriel et de fertilité.

Théâtre

œuvre 10 *Le Menteur*, Corneille
Parcours : Mensonge et comédie

Corneille

▶ Vidéo de présentation de l'œuvre :

Fiche d'identité de l'œuvre

Titre : *Le Menteur*

Auteur : Pierre Corneille

Date : 1643-1644

Mouvement littéraire : Entre baroque et classicisme.

Thèmes principaux : Le mensonge, la galanterie, le théâtre.

Particularités de l'écriture : Un comique subtil qui repose sur la virtuosité verbale des personnages et la complexité de l'intrigue.

Parcours associé : Mensonge et comédie.

A Qui est Corneille ?

Pierre Corneille (1606-1684) est l'un des plus célèbres **dramaturges français du XVIIe siècle.** Après des études chez les jésuites à Rouen et un cursus de droit, il obtient un vif succès en 1629-1630 avec *Mélite*, une comédie. S'ensuivent d'autres **comédies** (*L'Illusion comique* en 1636 et *Le Menteur* en 1643), des **tragi-comédies** (*Clitandre* en 1631 et *Le Cid* en 1637, qui sera un triomphe) ainsi que de nombreuses **tragédies** comme *Horace* (1640), *Cinna* (1642) et *Polyeucte* (1643) qui lui valent une pension du cardinal de Richelieu. En 1647, il est élu à l'Académie française, une reconnaissance pour cet auteur à l'œuvre théâtrale prolifique et variée.

B Pourquoi me fait-on étudier *Le Menteur* ?

Le Menteur de Pierre Corneille, œuvre à la croisée du **classicisme** et du **baroque,** connut un **immense succès** lors de sa représentation en 1644. Cette **comédie vive, spirituelle et élégante,** éloignée des excès de la farce, incorpore jeux de mots subtils et rebondissements ingénieux. Elle préfigure la **comédie de caractère** qui sera plus tard perfectionnée par Molière et rappelle que Corneille est un **auteur majeur du XVIIe siècle** qui a excellé dans tous les genres dramatiques, de la comédie à la tragédie.

C Comment résumer *Le Menteur* ?

Acte I – À Paris, au jardin des Tuileries, **Dorante,** un jeune homme tout juste débarqué de Poitiers, interroge son valet Cliton sur la façon de **séduire** les dames de la capitale. Lors d'une rencontre fortuite avec **Clarice et Lucrèce,** deux jeunes femmes issues d'un milieu aisé, il se vante **d'un glorieux passé militaire** en Allemagne, déployant ainsi son **premier mensonge.** Mais un **quiproquo** va complexifier l'intrigue : Dorante inverse l'identité des jeunes femmes, il est **persuadé que Clarice se nomme Lucrèce.** À Alcippe, l'amant de Clarice qu'il croise par hasard, il livre le récit fantasmé d'une somptueuse fête galante qu'il aurait organisée la veille.

Acte II – Géronte, le père de Dorante, **veut marier son fils à Clarice.** Celle-ci veut pouvoir observer le jeune homme avant de s'engager (elle ignore alors qu'il s'agit du garçon rencontré aux Tuileries). Isabelle, la suivante de Clarice, suggère une ruse : Lucrèce propose un rendez-vous à Dorante, et Clarice prendra sa place. De son côté, Dorante, qui veut échapper à cette union, livre à son père une **histoire rocambolesque** dans laquelle il raconte qu'il est déjà **marié à Orphise,** rencontrée à Poitiers.

Acte III – Lors du rendez-vous arrangé, **Clarice** découvre que « l'inconnu » croisé au parc n'est autre que Dorante, le fils de Géronte. Alors qu'elle **se fait passer pour Lucrèce,** comme l'a suggéré sa suivante, elle démasque le jeune homme et s'indigne de l'entendre clamer que ses mensonges visaient à échapper au mariage avec Clarice.

Acte IV – Dorante démontre à nouveau sa **virtuosité de menteur.** En effet, après avoir fait croire à son valet Cliton qu'il s'est **battu en duel** avec le prétendant de Clarice, Alcippe, et l'a laissé pour mort, il soutient, lorsque son prétendu adversaire entre sur scène, que ce dernier a bénéficié d'un traitement miraculeux.

Ayant oublié le nom des personnages qu'il a lui-même inventés, il doit ensuite **improviser** devant Géronte qui veut écrire à Armédon, le père d'Orphise, la soi-disant épouse poitevine. Enfin, Dorante fait parvenir à Lucrèce, par l'intermédiaire de sa servante Sabine, une **lettre d'amour.** Clarice met en garde Lucrèce contre Dorante et ses mensonges, mais son amie éprouve des sentiments amoureux.

Acte V – Philiste, un ami de Dorante et Alcippe, révèle à Géronte que le mariage de son fils à Poitiers n'est que fabulation. Face à la colère paternelle, Dorante justifie son récit imaginaire par sa **volonté d'épouser Lucrèce,** dont il a eu confirmation par Sabine des sentiments à son égard. Lorsque le jeune menteur rencontre à nouveau les deux amies, il déclare sa flamme à Clarice, qu'il prend toujours pour Lucrèce, puis se sort de cette situation en **prétendant avoir reconnu Clarice** lors du rendez-vous nocturne. La pièce s'achève ainsi sur l'annonce des mariages d'Alcippe et Clarice d'une part et Dorante et Lucrèce d'autre part.

D Quels sont les thèmes importants dans *Le Menteur* ?

1 Le mensonge

Si Dorante est le menteur qui donne son titre à la pièce, **tout le monde ment** dans cette comédie : Lucrèce, Clarice, Sabine et même Cliton exercent tour à tour leurs talents de dissimulation. Le mensonge est donc omniprésent.

Dorante se démarque bien sûr par sa **virtuosité de conteur.** C'est un incurable affabulateur, et de ce point de vue, la pièce constitue une comédie de caractère qui vise à faire rire d'un défaut humain universel.

Mais alors que l'objectif affiché de la comédie traditionnelle est de corriger les mœurs par le rire, on peut être surpris que Corneille **ne condamne pas** ici le mensonge. Au contraire, la **réplique finale de Cliton** traduit l'**admiration** du valet pour son maître : « Vous autres qui doutiez s'il en pourrait sortir, / Par un si rare exemple apprenez à mentir » (acte V, scène 7). Car le mensonge est un jeu qui requiert **stratégie, mémoire et esprit.** Dorante est enivré par la mise en danger procurée par ses inventions. La tromperie constitue pour lui une stimulation intellectuelle, un mode de vie, un talent d'inventeur.

2 La galanterie

Le Menteur se démarque également des comédies traditionnelles de l'époque aux personnages ridicules et souvent farcesques. Ici, le héros est de **lignée noble** et évolue dans un **univers mondain** aux codes galants où l'apparence, les règles sociales, l'art de la séduction et de la conversation priment. Dorante affirme d'ailleurs dès la première scène de l'acte I chercher des « galanteries » et s'enquiert de la façon de plaire aux dames. Le **langage précieux** infuse dans toute la pièce, comme Dorante s'en explique à Cliton à l'acte I, scène 6 : « Oh ! Le beau compliment à charmer une dame, / De lui dire d'abord : "J'apporte à vos beautés / Un cœur nouveau venu des universités [...]" ». Lorsque dans la scène 5 de l'acte I, il évoque une fête qu'il aurait organisée, il se lance dans un récit digne d'un roman précieux où abondent nourriture, fruits exotiques et divertissements.

Par ailleurs, la **séduction,** omniprésente dans la pièce, s'exprime chez tous les personnages, de la **rivalité amoureuse** entre Clarice et Lucrèce à la **jalousie** d'Alcippe, jusqu'au récit rocambolesque du **mariage poitevin** avec Orphise imaginé par Dorante.

3 Le théâtre

Si Corneille ne condamne pas le mensonge dans cette pièce, ne serait-ce pas parce que **Dorante,** dont l'inventivité est source de divertissement et de plaisirs, **incarne la virtuosité du dramaturge ?** D'ailleurs, les autres personnages se comportent souvent comme des **spectateurs complices,** usant à l'égard de Dorante d'un **vocabulaire théâtral :** « Il fait pièce nouvelle, écoutons » (Clarice à Lucrèce, acte III scène 5) ; « Et si ce mariage est de même méthode / La pièce est fort complète et des plus à la mode » (Philiste, acte V, scène 1). À travers ce personnage créatif, divertissant et séducteur, Corneille se permet un discret **éloge du théâtre,** qui n'est rien d'autre qu'un mensonge plaisant et agréable.

E Quelles sont les caractéristiques de l'écriture de Corneille ?

Corneille ancre résolument son écriture dans une **tonalité comique,** basée sur le décalage entre les attentes du spectateur et ce qui est représenté sur scène. Mais il s'agit d'un comique subtil, qui s'éloigne de la farce traditionnelle puisqu'il repose sur une **habileté verbale** des personnages et le déploiement d'**intrigues complexes et enchevêtrées.**

L'amusement intellectuel culmine lorsque Corneille **parodie** des passages de sa propre pièce, ***Le Cid*** – tragédie qu'il a écrite en 1637 et qui a remporté un important succès. Ainsi, à l'acte I, scène 3, Dorante livre un récit de la guerre en Allemagne qui ressemble au célèbre monologue de Rodrigue, à la différence que la guerre racontée par Dorante est le fruit de son imagination et ne repose sur aucun exploit héroïque. De même, lorsque Géronte, à l'acte V, scène 2, se rend compte de la tromperie de son fils, sa complainte prend les accents de celle de Don Diègue dans *Le Cid* (acte I, scène 4) : « Ô vieillesse facile ! Ô jeunesse impudente ! / Ô de mes cheveux gris honte trop évidente ! / Est-il dessous le ciel père plus malheureux ? » Mais la tonalité a changé : à la vieillesse « ennemie » de Don Diègue, objet de déshonneur, répond la « vieillesse facile » de Géronte, objet de tromperie comique.

Le parcours : Mensonge et comédie

Introduction

Au XVIIe siècle, l'objectif affiché de la comédie est de **corriger les mœurs par le rire.** Dans les comédies de caractère, les **personnages types,** affublés d'un défaut extravagant, incarnent ainsi des contre-modèles de l'honnête homme, que le public ne peut que désapprouver.

Il est donc surprenant que Corneille, dans *Le Menteur*, ne condamne pas Dorante, menteur invétéré !

Au contraire, dans sa réplique finale, Cliton loue la virtuosité de son maître.

Comment interpréter cela ? C'est sans doute qu'à travers l'inventivité de Dorante, **Corneille fait l'éloge du théâtre, mensonge plaisant et divertissant par excellence.**

Pour aller plus loin, lis mes analyses des passages clés de cette pièce sur **https://commentairecompose.fr/le-menteur-corneille**, ou flashe ce QR Code :

Le mensonge et la comédie sont intimement liés dans *Le Menteur*.

Le **mensonge** comporte en effet une **dimension comique** évidente dans cette pièce. Il représente pour Dorante un **jeu intellectuel** relevé avec défi et bonheur, qui lui permet de panacher les styles. Son expression est outrancière : le héros emploie un **style épique** pour évoquer ses prétendues guerres en Allemagne, **romanesque** pour dépeindre des fêtes somptueuses, ou **farcesque** pour imaginer la scène poitevine avec Orphise et Armédon.

L'enchaînement des mensonges en cascades engendre par ailleurs un **comique de situation** jubilatoire. Dorante se crée une identité qui n'est pas la sienne et se voit contraint avec chaque personnage (Clarice, Lucrèce, Géronte, Alcippe) de poursuivre cette comédie. Les **masques** se surajoutent ; les situations deviennent de plus en plus **inextricables.** Le valet Cliton, dont les apartés révèlent au spectateur les mensonges de son maître, renforce la puissance comique du mensonge. Le **public** bénéficie en effet d'une **place privilégiée** d'observateur des stratégies adoptées par Dorante pour se sortir de situations critiques.

Cette conception légère et spirituelle du mensonge permet d'assimiler Dorante à la **figure de l'acteur** mais aussi à celle du **dramaturge.**

Car **l'acteur**, comme le menteur, est **l'emblème du masque et du faux-semblant.** Dorante ne cesse de changer de visage tout au long de la pièce : grand guerrier en Allemagne, organisateur de fêtes somptueuses à l'acte I, homme marié à l'acte II, amoureux transi à l'acte III, bretteur courageux et victorieux à l'acte IV… Il endosse un ou plusieurs masques au fil de l'intrigue et devient un personnage mouvant, insaisissable, à multiples facettes. Il incarne ainsi le comédien par excellence qui porte le masque adapté au rôle qu'il souhaite jouer.

Dorante se rapproche ensuite du **dramaturge**, cet illusionniste qui **met en scène des intrigues imaginaires, plaisantes et divertissantes.** À son image, Dorante improvise en fonction de la sagacité et des réactions des autres personnages mais reste maître du jeu de bout en bout et se sort élégamment des situations les plus inextricables.

Le **mensonge** est finalement le **rouage essentiel du théâtre comique** qui appose un masque divertissant aux personnages et à la réalité. La malicieuse **morale finale de Cliton**, seul sur scène, va dans ce sens : « Comme en sa propre fourbe un menteur s'embarrasse ! / Peu sauraient comme lui s'en tirer avec grâce. / Vous autres qui doutiez s'il en pourrait sortir, / Par un si rare exemple apprenez à mentir » (acte V, scène 7). Alors que le premier vers s'engage vers une critique du mensonge (« sa propre fourbe »), la suite valorise la « grâce » de Dorante et l'érige en « rare exemple ». Corneille dresse ainsi l'éloge de l'illusion théâtrale qui demeure un objet de plaisir et de divertissement.

Prolongement artistique

Georges de La Tour, *Le Tricheur à l'as de carreau* (v. 1636-1638)

Le tableau de Georges de La Tour met en scène une partie de cartes. Sa **composition** est particulièrement **scénique :** le rouge des vêtements rappelle les rideaux de théâtre, la table de jeu s'apparente à un décor et les personnages à des acteurs.

Le verre de vin suggère l'ivresse et le **plaisir** dionysiaque de la tricherie, à l'instar de Dorante, trompant plus par défi que par malveillance. Le tricheur, au premier plan à gauche, révèle ses cartes au **spectateur,** qui, comme dans *Le Menteur*, devient **complice** des stratégies et duperies mises en place.

Néanmoins, **cette scène n'a pas la légèreté de la pièce de Corneille.** Le jeu des regards révèle les rouages d'une **machination.** La courtisane au centre semble faire partie de cette tromperie : elle jette un coup d'œil complice à sa servante, qui sert à boire au jeune aristocrate, victime naïve de la supercherie. Contrairement à Corneille qui célèbre le mensonge pour sa créativité, Georges de La Tour porte ici un **regard de moraliste sur une société des apparences** où règnent le mensonge, l'ivresse, la cupidité et la luxure.

Théâtre

œuvre 11 *On ne badine pas avec l'amour*, Musset
Parcours : Les jeux du cœur et de la parole

Musset

Vidéo de présentation de l'œuvre :

Fiche d'identité de l'œuvre

Titre : *On ne badine pas avec l'amour*

Auteur : Alfred de Musset

Date : 1834

Mouvement littéraire : Le romantisme.

Thèmes principaux : L'amour, l'orgueil, la religion.

Particularités de l'écriture : Une écriture libre, mêlant les genres et les registres, qui tend à inscrire la pièce dans la lignée du drame romantique.

Parcours associé : Les jeux du cœur et de la parole.

ŒUVRES ET PARCOURS

A Qui est Musset ?

Poète, romancier et dramaturge romantique, Alfred de Musset (1810-1857) est l'un des auteurs qui incarne le plus le **« Mal du siècle »,** cet état de mélancolie et de désillusion qui touche une génération dont le désir d'absolu et d'héroïsme est broyé par les échecs des révolutions du XIXe siècle (1830 puis 1848). Sa relation passionnée et orageuse avec l'écrivaine George Sand le marque profondément et influence ses œuvres les plus célèbres comme la pièce *On ne badine pas avec l'amour* (1834), le roman autobiographique ***La Confession d'un enfant du siècle*** (1836) et le recueil poétique *Les Nuits* (1835-1837).

B Pourquoi me fait-on étudier *On ne badine pas avec l'amour* ?

On ne badine pas avec l'amour reprend un thème cher à Musset, celui du **sentiment amoureux** dont l'écrivain s'efforce d'analyser, dans toute son œuvre, les subtilités et les pièges. Lorsqu'il écrit cette pièce en 1834, l'auteur est plongé dans la douleur de sa rupture avec George Sand. Il aurait même incorporé certains extraits de leur correspondance dans la pièce. Mais, surtout, avec *On ne badine pas avec l'amour,* Musset **se positionne en faveur des romantiques** dans le débat esthétique qui les oppose aux défenseurs du théâtre classique depuis la bataille d'*Hernani*, 4 ans plus tôt.

C Comment résumer *On ne badine pas avec l'amour* ?

Dans **l'acte I,** le Baron se réjouit de marier son fils Perdican, qui vient de finir ses études, avec sa nièce Camille, qui a été élevée au couvent. Les deux jeunes gens s'aiment tendrement depuis l'enfance mais ne se sont pas vus depuis plusieurs années. Or, lors de leurs retrouvailles, Camille oppose à son prétendant une froideur implacable. Pour susciter sa jalousie, Perdican se tourne alors vers Rosette, une jeune paysanne, sœur de lait de Camille.

Dans **l'acte II,** Camille affirme vouloir devenir religieuse. Face à Perdican qui tente de l'en dissuader, elle blâme la fragilité de l'amour marital comparé à la constance de l'amour divin. En parallèle, Maître Bridaine, le curé, se désole de la place qui lui est accordée au repas chez le Baron, par rapport à Maître Blazius, le gouverneur de Perdican, et décide de quitter le dîner. Quant à Maître Blazius, il informe le Baron que Camille a confié à sa gouvernante, Dame Pluche, une lettre, certainement destinée à un amant.

Dans **l'acte III,** Perdican parvient à intercepter la lettre. Dans cette correspondance, adressée en réalité à sœur Louise, Camille confie l'effondrement de son prétendant suite à son refus de se marier. Piqué dans son orgueil, le jeune homme organise un rendez-vous avec Rosette et y convie Camille, cachée derrière un arbre. Il tient alors un double discours visant à séduire Rosette et blesser Camille. Mais cette dernière contre-attaque. Elle enjoint Rosette de se cacher derrière un rideau et s'entretient avec Perdican, qui finit par lui avouer son amour. Rosette s'évanouit. Blâmé par Camille, le jeune homme s'engage à épouser la paysanne. Dans la dernière scène, Perdican et Camille finissent par s'avouer mutuellement leur amour. Rosette, qui les entend, pousse un cri et meurt. Camille part définitivement.

D Quels sont les thèmes importants dans *On ne badine pas avec l'amour* ?

1 L'amour

L'amour est le **thème majeur de la pièce,** au point de lui donner son titre. Il se décline sous différentes formes. Tout d'abord, Camille et Perdican sont animés par un **amour d'enfance** sincère que l'orgueil les empêche d'exprimer pleinement.

Cet amour d'enfance est concurrencé par l'**amour divin,** symbolisé par le désir de Camille de devenir religieuse. En effet, la jeune femme craint l'inconstance de l'amour humain et se tourne donc vers l'amour divin, qu'elle juge absolu.

L'amour apparaît enfin sous la forme du **libertinage,** lorsque Perdican séduit Rosette pour susciter la jalousie de Camille. Mais cet amour insincère et stratégique est dangereux : il causera la mort de Rosette et la séparation définitive de Perdican et Camille, illustrant le proverbe contenu dans le titre de la pièce « On ne badine pas avec l'amour ».

2 L'orgueil

L'orgueil, cet **amour excessif de soi,** empêche l'amour de l'autre et la sincérité des sentiments. C'est pourquoi Camille, qui n'oppose que froideur à Perdican, est pourtant piquée au vif lorsque le jeune homme se tourne vers Rosette. Perdican, vexé par Camille, met en place un stratagème qui sera fatal à Rosette.

Même les personnages secondaires sont touchés par l'orgueil, tel le curé, Maître Bridaine, heureux de la disgrâce de Maître Blazius qui lui permet d'être mieux assis à table, ou le Baron qui refuse la mésalliance entre son fils et Rosette (acte III, scène 7).

De ce point de vue, la **tirade de Perdican à l'acte II, scène 5,** s'inscrit dans le sillage des moralistes du XVIIe siècle tels La Rochefoucauld ou Pascal, qui dressent un **tableau sombre des hommes :** « Tous les hommes sont menteurs, inconstants, faux, bavards, hypocrites, orgueilleux ou lâches, méprisables et sensuels ; toutes les femmes sont perfides, artificieuses, vaniteuses, curieuses et dépravées [...]. »

3 La religion

La religion est **vivement critiquée** dans cette pièce. Perdican va jusqu'à la comparer à un poison incitant à renoncer au monde : « ces récits hideux qui t'ont empoisonnée » (acte II, scène 5). Quant aux membres de l'ordre religieux, ils sont tous tournés en dérision. Maître Bridaine, amateur de bonne chère, semble plus préoccupé des plaisirs du monde que de la foi et la bigote Dame Pluche est comparée par le Chœur à une maladie : « [...] Dame Pluche, vous arrivez comme la fièvre, avec le vent qui fait jaunir les bois » (acte I, scène 1).

On note toutefois que les envolées lyriques de Perdican font souvent entendre une **rhétorique religieuse :** « Orgueil ! Le plus fatal des conseillers humains, qu'es-tu venu faire entre cette fille et moi ? » (acte III, scène 8) ; « Tu nous l'avais donné, pêcheur céleste, tu l'avais tiré pour nous des profondeurs de l'abîme, cet inestimable joyau [...] » (acte III, scène 8), comme si le langage religieux permettait malgré tout de **toucher la profondeur de l'âme.**

E Quelles sont les caractéristiques de l'écriture de Musset ?

Musset fait preuve d'une très grande **liberté d'écriture** dans cette pièce. En empruntant autant à la **comédie** qu'à la **tragédie,** en mêlant scènes sérieuses et cocasses, et **en faisant fi de la règle classique des trois unités,** notamment par la multiplication des lieux, il inscrit sa pièce dans le **genre hybride du drame romantique,** théorisé par Victor Hugo dans la préface de *Cromwell*, manifeste de 1827, et qui a donné lieu à un affrontement, en 1830, entre partisans du théâtre classique et partisans du drame romantique, lors de la bataille d'*Hernani*. Les personnages de Musset incarnent également des **héros romantiques, en quête d'idéal et d'absolu,** doués d'une sensibilité exacerbée mais incapables d'être heureux.

Le parcours : Les jeux du cœur et de la parole

Introduction

Au théâtre, le cœur et la parole donnent lieu à de véritables **jeux entre les personnages.**

En effet, la parole ne dit pas nécessairement la vérité des sentiments et permet même parfois de les occulter.

Couramment, ces jeux du cœur et de la parole relèvent du badinage amoureux : ils sont considérés comme légers et plaisants. Mais est-ce le cas dans la pièce de Musset ?

La fin tragique, tout comme le proverbe qui donne son titre à l'œuvre, *On ne badine pas avec l'amour*, soulignent que le badinage amoureux est plus dangereux qu'il n'y paraît !

Pour aller plus loin, lis mes analyses des passages clés de cette pièce sur https://commentairecompose.fr/on-ne-badine-pas-avec-l-amour-musset ou flashe ce QR Code :

On ne badine pas avec l'amour met en scène des **jeux complexes** entre le cœur et la parole.

Tout d'abord, la **parole** n'est pas le miroir du cœur. Elle est au contraire un **masque permettant de cacher ses sentiments.** Camille évoque elle-même le rôle joué par les femmes : « Connaissez-vous le cœur des femmes, Perdican ? Êtes-vous sûr de leur inconstance, et savez-vous si elles changent réellement de pensée en changeant quelquefois de langage ? Il y en a qui disent que non. Sans doute, il nous faut souvent jouer un rôle, souvent mentir [...] » (acte III, scène 6).

Ce comportement, qui utilise le langage pour **cacher l'amour naissant,** fait songer à celui de la « coquette », très présente dans le théâtre de Marivaux, dramaturge du XVIIIe siècle qui, dans ses pièces *La Double Inconstance* (1723) et *Les Fausses Confidences* (1737), analysait déjà les **subtilités du langage de la séduction.**

Tout le nœud de l'action réside d'ailleurs dans le refus de Camille d'accorder sa parole à son cœur. Alors qu'elle aime Perdican depuis l'enfance, son langage ne lui oppose que froideur et insensibilité, comme le soulignent les nombreuses négations à l'acte I, scène 3 : « Je n'en ai nulle envie », « Non, pas ce soir », « Je ne suis pas assez jeune [...] ni assez vieille pour aimer le passé ».

La parole est également un **jeu,** du moins un **stratagème,** lorsqu'elle vise à séduire celle pour qui le cœur n'a pas de sentiment. Ainsi, Perdican éblouit Rosette avec des métaphores galantes et artificielles qui captivent la jeune paysanne : « De tout ce qui te plaira, de tout ce qui peut passer sur tes lèvres sans leur ôter ce sourire céleste que je respecte plus que ma vie » (acte II, scène 3).

Les jeux du cœur et de la parole donnent aussi lieu à un **jeu du chat et de la souris** où chaque personnage essaie de traquer les sentiments de l'autre derrière les subtilités du langage. C'est ainsi qu'on peut analyser les affrontements verbaux entre Camille et Perdican : chaque personnage tente de faire avouer à l'autre ses sentiments. Par exemple, à l'acte II, scène 1, Camille sonde le cœur de Perdican : « Je suis bien aise que mon refus vous soit indifférent ». Le jeune homme avoue son amour « Ton amour m'eût donné la vie » tout en sauvant son amour-propre par une boutade « mais ton amitié m'en consolera ». Ces échanges ironiques font songer au théâtre de Marivaux.

À une différence près : chez Marivaux, les échanges amoureux, plaisants et légers, aboutissaient à une levée des masques permettant de faire triompher l'amour. Chez Musset, **les conséquences sont tragiques,** illustrant le proverbe du titre *On ne badine pas avec l'amour*.

En effet, quand les deux jeunes gens s'avouent leur amour dans la dernière scène, le langage exprimant enfin ce que dit le cœur, la mort de Rosette vient anéantir tout bonheur possible.

Le jeu amoureux, léger chez Marivaux, engendre des retombées terribles chez Musset. Les personnages qui s'y adonnent sont punis pour leur orgueil démesuré, et Rosette, victime innocente, est funestement sacrifiée.

ŒUVRES ET PARCOURS

Prolongement artistique

Thomas Gainsborough, *Conversation dans un parc* (v. 1746-1748)

Ce tableau du peintre anglais Thomas Gainsborough met en scène un homme et une femme en conversation sur un banc, dans un parc, le **lieu de la séduction et des galanteries par excellence.** Le personnage masculin tend son regard et sa main vers la jeune femme, ses jambes croisées manifestant son intérêt. La couleur rouge de son vêtement est le signe de la passion amoureuse et du pouvoir.

La jeune femme détourne le regard et adopte une **posture de froideur,** manifestée par la couleur rose de sa robe qui semble être un rouge affadi, symbole d'indifférence amoureuse. Sa raideur rappelle également l'attitude de Camille dans *On ne badine pas avec l'amour* tandis que son regard détourné suggère pudeur et embarras, comme si elle n'osait laisser parler son cœur.

Mais la rigidité et la réserve de la jeune femme ne seraient-elles qu'apparentes ? On peut l'imaginer, si l'on regarde la partie inférieure de la robe qui semble former un cœur et suggérer une réponse plus positive à l'appel du jeune homme. De même, la courbure tortueuse de l'arbre rappelle la complexité des sentiments. La jeune femme, comme dans la pièce de Musset, manifeste des **signaux contradictoires** qui trahissent l'opposition entre l'austérité apparente et ce qui est ressenti dans le cœur.

Théâtre

œuvre 12 *Pour un oui ou pour un non,* Nathalie Sarraute
Parcours : Théâtre et dispute

Nathalie Sarraute

Fiche d'identité de l'œuvre

Titre : *Pour un oui ou pour un non*

Auteur : Nathalie Sarraute

Date : 1982

Mouvement littéraire : Cette pièce ne se rattache à aucun mouvement littéraire mais on peut y voir une transposition sur scène des techniques du Nouveau Roman.

Thèmes principaux : L'amitié, la dispute, la bourgeoisie, le langage.

Particularités de l'écriture : Une écriture qui cherche à saisir les « tropismes », ces « mouvements indéfinissables » de l'inconscient, qui pointent sous la conversation ordinaire.

Parcours associé : Théâtre et dispute.

Vidéo de présentation de l'œuvre :

A Qui est Nathalie Sarraute ?

Nathalie Sarraute (1900-1999) est une écrivaine française d'origine russe. Son **œuvre avant-gardiste** débute avec un recueil de courts textes publié en 1939, ***Tropismes,*** qui explore « ces mouvements indéfinissables, qui glissent très rapidement aux limites de notre conscience » et sous-tendent nos conversations.

En 1956, son essai ***L'Ère du soupçon*** **critique les conventions traditionnelles du roman** et fait d'elle une **figure du Nouveau Roman,** aux côtés d'Alain Robbe-Grillet et Claude Simon.

Elle est l'autrice de nombreux romans comme *Le Planétarium* (1959), *Les Fruits d'or* (1963), et de pièces de théâtre telles que *Le Silence* (1967) ou *Pour un oui ou pour un non* (1982) qui connaît un succès considérable. Son récit autobiographique *Enfance* (1983) associe également écriture littéraire et recherche analytique.

B Pourquoi me fait-on étudier *Pour un oui ou pour un non* ?

Cette pièce permet de **comprendre ce que sont les « tropismes »,** notion au cœur de l'écriture de Nathalie Sarraute et qui renvoie à ces émotions infimes, ces mouvements fugaces, ces petits malaises innommables qui se cachent derrière les gestes et les mots des conversations banales et stéréotypées. C'est donc à une **véritable exploration du langage** que nous sommes conviés, afin de prendre conscience des sous-entendus, des **sentiments imperceptibles** non exprimés et de l'**implicite** qui sont tapis derrière la parole ordinaire.

C Comment résumer *Pour un oui ou pour un non* ?

H. 1 rend visite à son ami H. 2 pour **s'enquérir de la raison d'un éloignement** qu'il ressent entre eux depuis quelque temps. H. 2 nie d'abord toute distance, puis, poussé dans ses retranchements, avoue qu'il a été blessé par le ton de son ami, qui a déclaré « C'est bien... ça... », alors qu'il se vantait d'un petit succès. La futilité du motif rend H. 1 perplexe.

À partir de cet instant, **la machine infernale s'emballe :** chaque nouvelle réplique met de l'huile sur le feu. H. 1 reformule le ressenti de son ami en le qualifiant de « condescendance ». Éclairé par ce mot, H. 2 demande leur avis à un couple de voisins, H. 3 et F., qui ne sont pas convaincus par le mobile de la dispute.

Les échanges entre H. 1 et H. 2 mettent en lumière **deux tempéraments opposés.** H. 1 incarne la bourgeoisie : il vit dans un bonheur matériel, stable, modéré. H. 2 est à vif, plus spontané, sentimental et sensible. Alors que la réconciliation semble possible, un mot de H. 1, au sujet d'un vers de Verlaine, envenime de nouveau la situation. L'**incompatibilité** entre les deux amis devient béante et irréparable : « C'est un combat sans merci. Une lutte à mort. Oui, pour la survie. Il n'y a pas le choix. C'est toi ou moi », observe H. 2.

D Quels sont les thèmes importants dans *Pour un oui ou pour un non* ?

1 L'amitié

Les deux personnages sont liés affectivement par **un passé commun.** H. 1 : « Tu te souviens comme on attendrissait ta mère ?... », H. 2 : « Oui, pauvre maman... Elle t'aimait bien... ». La mention de la figure maternelle protectrice et bienveillante transforme cette amitié en fraternité symbolique : « un ami de toujours... un frère... ». Les deux personnages sont ainsi le **miroir l'un de l'autre :** « Je te connais trop bien », affirme H. 1. C'est pourquoi la distance, même infime, paraît insupportable à H. 1 qui vient en demander les raisons. Cette amitié reprend même certaines **formules du langage amoureux :** « C'est à cause de ce rien que tu t'es éloigné ? Que tu as voulu rompre avec moi ? », déclare H. 1. Le terme « rompre », qui revient comme un leitmotiv dans la pièce et appartient au registre du lien sentimental, exprime de façon hyperbolique l'amitié qui lie les deux personnages. Mais l'amitié n'empêchera pas la dispute qui révèle que l'autre, malgré l'histoire commune et les codes sociaux, représente toujours une altérité irréductible et complexe à comprendre.

2 La dispute

H. 1 veut comprendre la distance prise par H. 2. Il estime que la discussion va déboucher sur une entente et que le dialogue et la dispute ont donc un sens, une issue : ils permettront d'**aboutir à un éclaircissement et un apaisement.**

Mais H. 2 ne partage pas cette vision optimiste du conflit. Pour lui, la discussion constitue une boîte de Pandore : dès qu'on l'ouvre, le mécanisme de l'hostilité se met en marche et les dégâts sont irréversibles (« en parler seulement, évoquer ça... ça peut vous entraîner... de quoi on aurait l'air ? », dit-il).

Et sur ce point, la pièce lui donne raison. À partir du moment où il évoque les raisons de sa rancune, la machine est lancée. Chaque parole alimente le feu de la dispute comme le mot « condescendance » ou la mention de « Verlaine » qui amplifient l'hostilité. La conclusion est sans appel : « C'est un combat sans merci. Une lutte à mort. Oui, pour la survie. Il n'y a pas le choix. C'est toi ou moi. » Le vocabulaire darwinien (lutte pour la survie) souligne que la dispute a ramené les deux hommes sur le **terrain de la violence primaire** que rien ne peut plus réparer.

3 La bourgeoisie

Au fil de la pièce, il devient évident que les deux personnages incarnent **des types sociaux opposés :** H. 2 décrit H. 1 comme un personnage qui souhaite tout « classer », « inspecter », « fouiller », citer (comme le vers de Verlaine). Il est caractérisé par sa modération, sa rationalité et son bonheur **bourgeois :** « Quand tu te tenais devant moi... bien carré dans ton fauteuil, ton premier-né debout entre tes genoux... l'image de la paternité comblée... ». H. 2 l'accuse de « condescendance ».

H. 2, au contraire, apparaît **plus sensible** à la subtilité des sentiments, des mots, de la nature (H. 1 lui reproche d'avoir fait une trop longue pause, lors d'une randonnée, pour admirer le paysage). H. 2 incarne donc l'âme poétique mais aussi le « raté » d'un point de vue bourgeois et matérialiste.

4 Le langage

Nathalie Sarraute montre que **le langage ne réside pas simplement dans les mots prononcés :** il est un système complet intégrant la voix, le ton, l'intention voire l'inconscient. C'est ainsi que le « C'est bien... ça... », dont le sens est pourtant positif, devient la raison de la rupture : « [...] il y avait entre "C'est bien" et "ça" un intervalle plus grand : "C'est biiien ça..." Un accent mis sur "bien"... un étirement : "biiien..." et un suspens avant que "ça" arrive... ». Ainsi, **derrière le sens commun des mots,** H. 2 perçoit l'**intention inconsciente** qui se glisse avec lui ; ici la condescendance, le mépris et l'indifférence bourgeoise. Le langage se dote d'une double épaisseur : un **sens apparent** (la félicitation du « c'est bien ») et un **sens caché** (la condescendance que suggèrent l'étirement et le suspens).

E Quelles sont les caractéristiques de l'écriture de Sarraute ?

L'écriture de Nathalie Sarraute est, dans cette œuvre, d'une **grande richesse.** À bien des égards, la pièce s'apparente à une **comédie** en raison du caractère dérisoire du chef d'accusation. Lorsque H. 2 invite ses voisins, H. 3 et F. à juger de la condescendance contenue dans le « C'est bien... ça... », ceux-ci concluent avec humour : « Pas grand-chose, en effet ». Pourtant, la **dimension tragique** est aussi omniprésente. Tout d'abord, Nathalie Sarraute reprend le *topos* de la tragédie grecque des frères ennemis. Puis, toujours comme dans une tragédie, les personnages sont les jouets du destin. Ici, cependant, ce sont les mots qui incarnent la fatalité en lançant la machine infernale de la division et de l'inimitié : « Je t'adjure solennellement, tu ne peux plus reculer... ».

Le parcours : Théâtre et dispute

Introduction

Le **conflit** est omniprésent au théâtre : il constitue généralement le **nœud de l'action** que les personnages et l'intrigue vont parvenir à dénouer.

Mais Nathalie Sarraute **détourne les conventions théâtrales autour de la dispute.** Car si celle-ci constitue bien le nœud de l'action dans cette pièce, elle a lieu « pour un oui ou pour un non », et ne se dénoue pas au fil de l'œuvre, bien au contraire !

Pour aller plus loin, lis mes analyses des passages clés de cette pièce sur https://commentairecompose.fr/pour-un-oui-ou-pour-un-non-sarraute ou flashe ce QR Code :

Tout d'abord, chez Nathalie Sarraute, la dispute déjoue les conventions théâtrales car elle a lieu pour rien, « pour un oui ou pour un non » comme indiqué dans le titre de la pièce. C'est en effet une **parole anodine** (« C'est bien... ça... ») **qui cristallise la division** et transforme en ennemis deux amis de toujours.

En cela, cette querelle est d'ailleurs comique : son motif dérisoire prête à sourire. Aucun mot blessant n'a été prononcé : tout est parti d'un simple ton, d'une insistance malencontreuse sur une syllabe.

Mais c'est bien là tout l'intérêt de cette altercation pour Nathalie Sarraute. Son but est d'illustrer la notion de « **tropismes** », ces mouvements inconscients qui affleurent à la surface du langage.

Ainsi, la dispute est fondée sur la **coexistence de deux niveaux de langage** :

- Le langage tangible, celui de la conversation usuelle qui affirme l'amitié.
- Le langage insaisissable, celui des intentions parfois inconscientes qui se manifestent et dévoilent des divisions fondamentales.

Finalement, la dispute n'est pas ici un nœud dramaturgique que l'intrigue va dénouer, elle est un état, une façon d'être vis-à-vis d'autrui.

D'ailleurs, la pièce ne s'achève pas sur le départ de l'un des personnages. Au contraire, le rideau tombe lorsque la dispute atteint son paroxysme, une façon de suggérer que celle-ci a mis en lumière la **division fondamentale des hommes**, nourris de rivalité, de concurrence et de dissension, et qu'aucun dialogue ne pourra jamais apaiser.

La dispute entre H. 1 et H. 2 est donc une **véritable expérience théâtrale**. Les personnages évoluent en huis clos et la scène lève le voile de la politesse, des conventions sociales et des égards pour faire surgir une opposition cruciale : celle de la raison (incarnée par H. 1) et des sentiments (incarnés par H. 2).

Prolongement artistique

***Pour un oui ou pour un non*, mise en scène de Simone Benmussa et scénographie d'Antoni Taulé (17 février 1986)**

Écrite en 1982, la pièce a été mise en scène pour la première fois en 1986, avec deux acteurs reconnus, Jean-François Balmer, à gauche, et Sami Frey, à droite. La mise en scène proposée est intéressante car le **jeu de lumière,** avec un clair-obscur, fait songer à un tableau de Rembrandt et les croix apparentes semblent promettre la rédemption. La **tragédie de la dispute** pourrait-elle trouver une issue dans la réconciliation ?

Mais la lumière qui éclaire la scène semble également venir de nulle part, comme s'il s'agissait d'une lumière artificielle – celle du discours et des conventions sociales. C'est finalement l'**ombre qui domine** et entoure les personnages assis, qui paraissent **campés dans leurs positions.** Aucun des deux n'a l'air de vouloir faire un mouvement vers l'autre. Les fauteuils fonctionnent comme des prisons qui rivent H. 1 et H. 2 à leurs certitudes tandis que leurs jambes croisées symbolisent la fermeture à l'autre.

3

LE COMMENTAIRE

1 Qu'attend-on de moi dans un commentaire ?

Que ce soit dit une fois pour toutes : les très bonnes notes au bac de français ne sont pas réservées aux génies de la littérature.

Tu n'as pas besoin d'être le prochain Victor Hugo pour réussir un commentaire.

Les correcteurs savent que tu n'étudies les lettres que 4 heures par semaine pendant deux ans, et ils ne cherchent pas à déceler dans ton commentaire le prochain prix Nobel de littérature.

Je te déçois peut-être, mais les attentes des correcteurs sont beaucoup plus terre à terre.

Pour mettre de très bonnes notes aux élèves, ils veulent trouver dans ton commentaire le trio gagnant :

- **Compréhension du texte et interprétation**
- **Connaissances techniques**
- **Argumentation**

C'est tout !

A Interprète le texte en dégageant l'implicite

Dans un commentaire, il faut interpréter le texte, mais rassure-toi : les capacités d'interprétation exigées au bac sont très basiques. On ne te demande pas de décrypter un sens caché des textes (il n'y en a pas !), mais simplement de tirer une signification du texte étudié, **en révélant son sens implicite.**

« Mais où trouver de l'implicite dans un texte ? » vas-tu me dire.

Partout !

En réalité, si tu y fais attention, l'implicite est omniprésent dans notre quotidien.

Imaginons que tu es sorti(e) tout le week-end et que ta mère entre dans ta chambre pour te demander si tu as fini ton devoir de maths. Ta mère ne veut pas seulement savoir si tu as fini ton devoir, elle suggère **(implicitement)** que tu n'as rien fait et qu'il est temps de te mettre au travail avant qu'elle ne s'énerve.

Si un ami ne peut détacher le regard d'une fille de la classe et te dit « Elle est pas mal Julie », tu comprends implicitement qu'il est beaucoup plus attiré par elle que ce que ce « pas mal » peut laisser croire.

Toutes ces situations contiennent de l'implicite et tu les décodes sans difficulté au quotidien.

Or les extraits à commenter au bac contiennent eux aussi de l'implicite.

Mais nul besoin de chercher midi à quatorze heures pour interpréter et dégager l'implicite d'un texte : **mets simplement des mots sur ce qui est suggéré.**

Exemple

Prenons par exemple le début du roman *L'Étranger* de Camus :

> « Aujourd'hui, maman est morte. Ou peut-être hier, je ne sais pas. J'ai reçu un télégramme de l'asile : "Mère décédée. Enterrement demain. Sentiments distingués." Cela ne veut rien dire. C'était peut-être hier.
> L'asile de vieillards est à Marengo, à quatre-vingts kilomètres d'Alger. Je prendrai l'autobus à deux heures et j'arriverai dans l'après-midi. Ainsi, je pourrai veiller et je rentrerai demain soir. J'ai demandé deux jours de congé à mon patron et il ne pouvait pas me les refuser avec une excuse pareille. Mais il n'avait pas l'air content. »
>
> Albert Camus, *L'Étranger*, 1942.

Le texte est simple à comprendre (n'y cherche pas de mystérieux sens caché, tu ne trouverais rien) mais il renferme de l'implicite :

Le narrateur semble détaché, indifférent à la mort de sa mère. Il paraît davantage préoccupé par le jour exact du décès (« Aujourd'hui », « hier » ?) et par les détails triviaux à régler (« autobus », « jours de congé ») que par la décès de sa mère. Il apparaît insensible.

Vois-tu ce que j'ai fait ?

Nulle part dans le texte tu ne trouves écrit en toutes lettres que le personnage est « détaché », « indifférent », « insensible ». Mais son attitude et sa réaction expriment, sans que cela soit dit, un détachement et une insensibilité. **À travers ces adjectifs, je fais donc une interprétation fondée sur l'implicite du texte.**

Un élève qui ne dégage pas l'implicite du texte a tendance à rester collé aux mots qu'il lit et risque la paraphrase. Il écrira par exemple :

Le narrateur ne sait pas quand sa mère est morte (« aujourd'hui » ou « hier »). Il est préoccupé par l'organisation de son trajet pour se rendre à la maison de retraite (« autobus », « jours de congés »).

Tu comprends la différence ?

Dans mon premier paragraphe, je m'appuie sur l'implicite du texte pour en tirer une interprétation, tandis que dans le second paragraphe, même si je m'appuie sur les mêmes citations, je n'en tire pas d'interprétation : je paraphrase le texte, ce qui n'a pas d'intérêt littéraire.

Dans ton commentaire, pense à toujours **mettre des mots sur ce qui est implicite ou suggéré.**

B Utilise le vocabulaire technique

Le bac de français est l'examen final qui vient consacrer tes dix ans d'étude de la langue française.

Rappelle-toi : depuis tes tendres années au CP, tu as acquis des connaissances grammaticales (sur la nature et la fonction des mots, les temps verbaux...), puis un vocabulaire littéraire spécialisé pour décrire la langue et son fonctionnement (métaphore, hyperbole, allitération, focalisation...).

Nul besoin de faire Polytechnique pour deviner que les correcteurs attendent ce vocabulaire spécialisé dans ton commentaire, puisqu'ils sont là pour vérifier que tu as acquis ces connaissances.

COMMENTAIRE

Bien sûr, il ne faut pas chercher à jeter de la poudre aux yeux du correcteur en gonflant ton commentaire de termes techniques mal maîtrisés. Le vocabulaire employé doit l'être à bon escient !

Ce livre et mon site commentairecompose.fr sont là pour t'aider à combler tes lacunes dans ce domaine. N'aie aucune crainte : quelques heures de travail ciblé suffisent à réactiver ces connaissances endormies afin de les mobiliser le jour du bac !

C Déroule une argumentation

Enfin, dernier critère pour réussir ton commentaire : tu dois y développer une argumentation convaincante.

Le commentaire est un **exercice argumentatif.** Chacune de tes idées directrices doit être confirmée et démontrée par des arguments et des illustrations.

Cette structure argumentative est essentielle pour éviter deux écueils :

- Le commentaire descriptif, qui se contente de paraphraser le texte et d'énumérer ses procédés littéraires.
- Le commentaire qui donne une opinion sur le texte. Garde en effet à l'esprit qu'en l'absence de démonstration, une idée directrice demeure une opinion sans valeur, même si elle repose sur des intuitions pertinentes.

Pour améliorer tes qualités argumentatives, nulle connaissance n'est requise : **tout repose sur la méthode et l'entraînement.**

La bonne nouvelle, c'est que loin de ne servir qu'en français, l'entraînement à la dynamique argumentative est une clé de la réussite dans TOUTES les matières et même un critère de sélection dans les études supérieures. C'est un entraînement qui te servira toute la vie.

Le mémo d'Amélie

Une bonne note, et même une TRÈS bonne note au commentaire est facilement accessible si tu respectes le trio d'exigences suivant :

- **Interpréter le texte en dégageant son sens implicite.**
- **Utiliser le vocabulaire spécialisé (termes de grammaire, vocabulaire d'analyse littéraire).**
- **Dérouler une argumentation pour démontrer la validité de chaque idée directrice.**

2 Comment trouver les sous-parties du plan suggéré ?

En séries technologiques, le commentaire composé est **guidé.** Cela signifie que l'on te propose **deux idées directrices** pour aiguiller ton analyse.

Je te conseille bien sûr de suivre le plan suggéré.

Mais attention !

Le plan suggéré n'est pas complet.

On te propose uniquement deux axes de lecture.

Or un commentaire composé comprend des axes de lecture mais aussi des **sous-parties.**

Et c'est à toi de trouver ces sous-parties.

Comment ?

Déjà, souviens-toi que les sous-parties sont des **arguments** en soutien de ton axe de lecture. Elles permettent de l'approfondir ou de le renforcer.

En séries technologiques, deux cas de figure sont possibles :

A Si l'axe de lecture contient deux idées distinctes, approfondis chaque idée dans une sous-partie

Il est fréquent que l'axe de lecture proposé dans la consigne contienne **deux idées distinctes.**

Dans ce cas, développe **chaque idée dans une sous-partie.**

Exemple

Consigne :

Vous ferez le commentaire de ce texte d'Albert Cohen en vous aidant des pistes suivantes :

(1) Le portrait d'un personnage à la fois comique et repoussant.

(2) Un personnage hors norme qui prend une dimension mythique et légendaire.

Si l'on étudie attentivement cette proposition de plan, on se rend compte que des sous-parties sont déjà suggérées.

En effet, chaque axe de lecture contient deux idées.

Le premier axe évoque un personnage à la fois comique et repoussant.

Les adjectifs « comique » et « repoussant » ont un sens très différent. Il s'agit de deux idées distinctes.

Tu peux alors approfondir et illustrer chacune de ces idées dans une sous-partie :

I – Un personnage à la fois comique et repoussant

A – Un personnage comique

B – Un personnage repoussant

Tu peux faire de même pour la seconde idée directrice.

On se rend compte, en effet, que l'axe de lecture proposé peut être scindé en deux propositions distinctes : Un personnage hors norme / qui prend une dimension mythique et légendaire.

Le plus simple est donc d'étudier chacune de ces idées dans une sous-partie :

II – Un personnage hors norme qui prend une dimension mythique et légendaire

A – Un personnage hors norme

B – Un personnage qui prend une dimension mythique et légendaire

Vois-tu la logique de ce plan ? Chaque sous-partie approfondit un aspect annoncé dans l'axe de lecture.

Astuce : C'est souvent lorsque l'axe de lecture contient deux adjectifs qualificatifs de sens différents qu'il contient deux idées, et donc deux sous-parties suggérées.

B Si l'axe de lecture contient une seule idée, justifie-la par deux arguments

Il arrive aussi que les idées directrices suggérées ne contiennent qu'**une seule idée forte.**

Dans ce cas, il te faut trouver **deux arguments en soutien de cette idée.**

Exemple

Consigne :

Vous ferez le commentaire du poème « Zone » de Guillaume Apollinaire en vous aidant des pistes suivantes :

(1) Le poète fait l'éloge de la modernité.

(2) Un poème qui s'inscrit pourtant en continuité avec la tradition.

Ces deux axes de lecture ne contiennent chacun qu'une seule idée forte.

En effet, la première hypothèse, « le poète fait l'éloge de la modernité », ne peut pas être scindée en deux idées distinctes. Il s'agit d'une seule idée.

Il te faut donc trouver deux arguments en soutien de cette idée.

Pour trouver des arguments, pose-toi quelques questions :

- Quels sont les **thèmes** du texte qui viennent appuyer l'idée directrice ?
- Quelles sont les **tonalités** du texte ?
- Quels sont les **procédés stylistiques** marquants ? Comment décrire le **style** de l'auteur ?
- Comment décrire les **personnages** ? Quelles sont leurs caractéristiques ?

Astuce : Essaie de faire précéder tes sous-parties du connecteur logique **« car »** pour t'assurer qu'elles viennent bien valider ton idée directrice.

Exemple

I – « Zone » d'Apollinaire fait l'éloge de la modernité…

A – …car le poète nous fait déambuler dans la ville industrielle

B – …car le poète sublime le quotidien

II – Le poème s'inscrit pourtant en continuité avec la tradition…

A – …car c'est un poème lyrique

B – …car c'est un poème qui fait le lien avec la religion

Vois-tu la continuité logique entre chaque axe de lecture et ses sous-parties ?

Les sous-parties sont des arguments en soutien de l'idée directrice. Elles la justifient. Elles montrent son bien-fondé.

Le mémo d'Amélie

En séries technologiques, le commentaire est guidé : on te propose deux axes de lecture pour aiguiller ton travail.

Mais attention : ces deux axes doivent être complétés par des sous-parties.

- **Si les axes de lecture proposés contiennent chacun deux idées distinctes, développe chaque idée dans une sous-partie.**
- **Si les axes de lecture proposés contiennent chacun une seule idée, trouve au moins deux arguments en soutien de cette idée.**

3 Comment trouver une problématique ?

« Absence de problématique », « L'analyse n'est pas problématisée »... Ces remarques fréquentes sur les copies vous laissent parfois perplexes... : « Euh... le problème n'était pas de commenter le texte ? »

Eh non, la problématique est une question
que tu dois retrouver et à laquelle ton plan répond !

Mais alors, comment trouver cette question ?

En fait, c'est plus simple qu'il n'y paraît.

Rappelle-toi : en séries technologiques, on te propose deux axes de lecture.

La problématique est donc **une question à laquelle répondent ces axes.**

Il te suffit de formuler une question qui articule les idées développées dans chaque axe de lecture.

Exemple

Pour le poème « Zone » d'Apollinaire, on nous proposait le plan suivant :

Vous ferez le commentaire du poème « Zone » de Guillaume Apollinaire en vous aidant des pistes suivantes :

1. Le poète fait l'éloge de la modernité.

(2) Un poème qui s'inscrit pourtant en continuité avec la tradition.

On peut formuler une question à laquelle ces deux axes répondent :

Dans quelle mesure ce poème est-il à la fois en rupture et en continuité avec la tradition ?

Pour vérifier que le plan répond à cette question, cherche les connecteurs logiques qui permettent d'**articuler le plan comme une réponse à la problématique.**

Exemple

Ce poème est à la fois en rupture et en continuité avec la tradition...

I – ... **car** il fait l'éloge de la modernité.

II – ... **mais** il s'inscrit pourtant en continuité avec la tradition.

Est-ce que tout est logique ? Oui. Le plan répond à la question posée. Notre problématique est donc valide.

Astuce : Pour formuler la problématique, il est possible de reprendre quelques mots du plan suggéré.

Dans l'exemple ci-dessus, j'utilise dans ma problématique l'expression « en continuité avec la tradition » qui était présente dans l'un des axes de lecture proposés.

Mais il est important de trouver aussi des **synonymes.** Ainsi, je n'ai pas repris telle quelle l'expression « faire l'éloge de la modernité ». Je lui ai substitué l'expression « être en rupture avec la tradition ».

Les synonymes montrent que tu as compris les enjeux du plan et ils améliorent le **niveau d'expression écrite** de ta copie.

Exemple

Prenons un second exemple, sur le roman *Mangeclous* d'Albert Cohen.

Voici le plan proposé :

Vous ferez le commentaire du texte d'Albert Cohen en vous aidant des pistes suivantes :

(1) Le portrait d'un personnage à la fois comique et repoussant.

COMMENTAIRE

(2) Un personnage hors norme qui prend une dimension mythique et légendaire.

Pour la problématique, essaie de formuler une question qui articule les deux axes de lecture :

Comment Albert Cohen parvient-il à donner vie à un personnage ambigu qui exerce une fascination sur le lecteur ?

Vois-tu ce que j'ai fait ? **J'ai posé une question qui articule les idées du plan suggéré.**

Mais je n'ai pas répété les expressions du plan telles quelles. J'ai utilisé des **synonymes** et **reformulations** :

(1) Le portrait d'un personnage à la fois comique et repoussant.

→ Comment Albert Cohen parvient-il à donner vie à un personnage ambigu...

(L'expression « personnage ambigu » synthétise l'idée d'un « personnage à la fois comique et repoussant ».)

(2) Un personnage hors norme prend une dimension mythique et légendaire.

→ ... qui exerce une fascination sur le lecteur ?

(Si le personnage prend une dimension mythique et légendaire, c'est qu'il exerce une fascination sur le lecteur. Je formule donc la problématique en me plaçant du point de vue du lecteur.)

Le mémo d'Amélie

La problématique est une question à laquelle tes deux axes de lecture répondent. Pour la trouver :

- **Cherche une question qui articule les deux idées présentes dans le plan suggéré.**
- **Tu peux reprendre certaines expressions présentes dans le plan, mais pense aussi à utiliser des synonymes ou reformulations.**

4 Comment mêler le fond et la forme ?

Les élèves font différentes erreurs dans un commentaire, mais une des plus dommageables et que tu dois éviter absolument est celle de séparer le fond et la forme.

Le fond, c'est le sens du texte, ce qu'il dit, ce qu'il signifie.

La forme, ce sont les procédés d'écriture utilisés.

Séparer le fond et la forme consiste à énumérer des procédés (« On observe une métaphore... il y a aussi une hyperbole... ») sans faire le lien avec la signification du texte étudié.

C'est quelque chose que tu dois absolument éviter car lister des procédés n'a pas d'intérêt en soi.

Le but d'une analyse est au contraire de montrer que **le style de l'auteur accompagne et accentue le sens du texte.** Pour montrer cela, il te faut donc sans cesse mêler le fond et la forme dans ton devoir.

Tu vas mieux comprendre avec un exemple.

Exemple

Prenons cette strophe du poème « Le Pont Mirabeau » issu du recueil *Alcools* de Guillaume Apollinaire :

Sous le pont Mirabeau coule la Seine
Et nos amours
Faut-il qu'il m'en souvienne
La joie venait toujours après la peine
Vienne la nuit sonne l'heure
Les jours s'en vont je demeure

Quel est le fond et quelle est la forme ?

Le fond du texte (le sens du texte) : Le poème évoque le temps qui s'écoule.

La forme du texte (les procédés littéraires) : il y a des verbes de mouvement (coule, venait, vienne, vont). Il n'y a pas de ponctuation et les vers sont irréguliers. On perçoit une figure de style : une métaphore entre l'eau et le temps.

Maintenant, il faut comprendre que le fond seul (le poème évoque la fuite du temps) ou la forme seule (il y a des verbes de mouvement et pas de ponctuation) n'ont pas d'intérêt en soi.

En revanche, si tu mêles le fond et la forme pour montrer que les procédés littéraires sont au service du sens du poème, tu commences à faire une vraie analyse de texte :

Apollinaire évoque dans ce poème la fuite du temps. Cette fuite du temps est mise en évidence par une métaphore entre le temps (« l'heure ») et l'eau (« coule la Seine »). Le mouvement de l'eau qui coule et du temps qui s'écoule est traduit par une série de verbes de mouvement : « coule », « venait », « vienne », « vont ». L'absence de ponctuation et l'irrégularité des vers créent une fluidité qui contribue à évoquer la fuite du temps. (Phrase d'analyse qui montre que la forme accompagne le sens du texte.)

Dans le paragraphe ci-dessus, je montre que tous les éléments de forme – métaphore, verbes, absence de ponctuation – mettent en relief le fond du texte (la fuite du temps).

C'est ce que tu dois faire tout au long de ton commentaire !

Le mémo d'Amélie

Dans chacun de tes paragraphes, mêle le fond et la forme, en montrant que les procédés du texte (la forme) accompagnent le sens du texte (le fond). C'est une des clés de la réussite du commentaire et de la lecture linéaire à l'oral !

Cette leçon est importante. Pour mieux t'en imprégner, regarde aussi ma vidéo à ce sujet sur **commentairecompose.fr** (Inscris-toi à ma formation gratuite en 10 leçons : la vidéo sur le fond et la forme est la vidéo n° 2.)

5 Comment (bien) utiliser un procédé littéraire ?

Tu te rappelles ce que je viens de te dire ?

Je t'ai montré comment faire des allers-retours constants entre le fond et la forme dans ton commentaire.

Maintenant, il est temps de mettre cela en pratique.

Tu le sais, au bac de français, les procédés, les figures de style notamment, sont incontournables : ils justifient tes interprétations et montrent à ton correcteur que tu maîtrises les outils d'analyse littéraire.

Sauf que la plupart du temps, les correcteurs déplorent de trouver dans les copies des énumérations de procédés qui ne sont pas analysés.

Or une liste de procédés non analysés n'apporte rien au commentaire et donne l'impression au correcteur que l'élève fait semblant de maîtriser un vocabulaire qu'il ne sait pas utiliser.

D'où l'importance, dans ta copie, **d'analyser les effets produits** par les procédés relevés.

Voici comment y parvenir.

Quand tu apprends un procédé, apprends en même temps **l'effet qu'il est censé produire.**

Lorsque tu rencontres ce procédé dans un texte, pars toujours de son effet pour élaborer ton analyse.

Exemple

Prenons l'exemple de l'antithèse :

Quelle est la définition de l'antithèse ? C'est le rapprochement de deux mots de sens opposés.

Quel est l'effet produit par une antithèse ? L'antithèse souligne généralement un contraste ou une contradiction.

À partir de là, dès que tu repères une antithèse, demande-toi : **cette antithèse souligne un contraste ou une contradiction entre quoi et quoi ?**

Si tu lis les commentaires publiés sur mon site, tu te rendras compte que mes analyses d'antithèses se ressemblent beaucoup : « cette antithèse souligne le contraste entre ... et ... ».

- Cette antithèse souligne le contraste entre la cruauté du loup et la candeur de l'agneau. (« Le loup et l'agneau », La Fontaine.)
- Cette antithèse souligne le contraste entre le mode de vie des deux animaux. (« Le loup et le chien », La Fontaine.)
- Les antithèses soulignent le contraste entre la majesté des albatros dans les airs et leur piteux aspect au sol. (« L'Albatros », Baudelaire.)
- Cette antithèse souligne le contraste entre la douceur et la violence. (« À une passante », Baudelaire.)

Tu comprends le principe ?

En partant de l'effet produit par chaque figure de style, tu développes des automatismes d'analyse qui te font gagner beaucoup de temps.

Le mémo d'Amélie

Prends l'habitude d'associer un procédé à un effet probable et utilise cet effet comme point de départ de tes analyses. C'est ainsi que tu vas gagner du temps lors de la phase d'analyse du texte !

Pour approfondir ce point, va voir ma vidéo à ce sujet sur commentairecompose.fr (c'est la vidéo n° 3 de ma formation gratuite en 10 leçons).

6 Quelles sont les figures de style à connaître ?

Les figures de style les plus basiques : l'antanaclase, l'asyndète, l'hypotypose, l'hyperbate...

Tu as des sueurs froides ? Rassure-toi : je plaisante !

Il existe un nombre prodigieux de figures de style, mais j'ai une bonne nouvelle pour toi : on ne te demande d'en maîtriser réellement qu'une dizaine et celles citées plus haut n'en font pas partie.

Voici les figures de style incontournables en classe de Première.

La comparaison

1 **Définition : La comparaison met en relation deux termes,** le comparé et le comparant.

2 **Effet : La comparaison** rapproche deux réalités différentes. C'est une figure de style qui **suggère une nouvelle réalité.** À toi d'analyser si la comparaison est méliorative (« Elle est belle comme le soleil ») ou péjorative (« Il est froid comme la glace ») et ce qu'elle suggère au lecteur.

3 **Exemple :**

« Son regard est pareil au regard des statues »

Paul Verlaine, « Mon rêve familier », *Poèmes saturniens*, 1866.

4 Analyse : En comparant le regard de la femme à celui d'une statue, **Verlaine crée une image de la femme ambivalente.** La femme est sublimée puisqu'elle apparaît aussi parfaite qu'une statue ; mais **la comparaison se révèle inquiétante :** une statue est sans vie, froide. Cette comparaison suggère ainsi une femme inaccessible, qui n'appartient pas au monde des vivants.

La métaphore

1 Définition : La métaphore est **une comparaison sans outil comparatif, donc une comparaison sous-entendue.**

2 Effet : Comme la comparaison, **la métaphore** crée une nouvelle réalité, une nouvelle image. Elle **transforme la réalité** en rapprochant deux éléments différents.

3 Exemple :

« L'aube se passe autour du cou
Un collier de fenêtres »

Paul Éluard, « La terre est bleue comme une orange », *L'Amour la poésie,* 1929.

4 Analyse : L'aube est implicitement comparée à une femme qui se passe un collier autour du cou. **Cette métaphore transfigure le lever du jour** en lui attribuant le visage humain d'une femme qui se fait belle. Si la métaphore femme-soleil est traditionnelle depuis la Renaissance, elle est ici renouvelée par Éluard qui crée une image saisissante, typiquement surréaliste.

COMMENTAIRE

La personnification

1 Définition : Personnifier, c'est **prêter des qualités humaines** à des objets inanimés ou à des animaux.

2 Effet : Pose-toi toujours la question : pourquoi l'auteur personnifie-t-il une chose, un animal ? **La personnification est-elle méliorative, péjorative ?** Est-ce pour critiquer indirectement ? Est-ce pour rendre la description plus vivante ?

3 Exemple :

« Va-t'en, chétif Insecte, excrément de la terre.
C'est en ces mots que le Lion
Parlait un jour au Moucheron. »

Jean de La Fontaine, « Le lion et le moucheron », *Fables*, II, IX, 1668.

4 Analyse : La Fontaine personnifie le lion en lui prêtant le pouvoir de parler. La personnification du lion, considéré comme le roi des animaux, permet **implicitement** à La Fontaine de **critiquer le Roi-Soleil** (Louis XIV).

L'allégorie

1 Définition : L'allégorie est une personnification particulière : **elle personnifie une IDÉE ABSTRAITE.** C'est par exemple la mort représentée comme une faucheuse.

2 Effet : L'allégorie est un procédé d'écriture qui rend une idée concrète, palpable. Elle peut être inquiétante, effrayante (l'Angoisse comme un despote) ou plaisante (l'Amour comme une jeune femme). L'allégorie rend les descriptions et les émotions vivantes, imagées.

3 Exemple :

« Et de longs corbillards, sans tambours ni musique,
Défilent lentement dans mon âme ; l'Espoir,
Vaincu, pleure, et l'Angoisse atroce, despotique,
Sur mon crâne incliné plante son drapeau noir. »

Charles Baudelaire, « Spleen IV », *Les Fleurs du Mal*, 1857.

Tu as ici deux allégories pour le prix d'une : **l'Espoir et l'Angoisse** sont représentés sous des traits humains.

Les allégories sont **simples à repérer** car elles commencent dans la majorité des cas par une lettre **majuscule.** Comme l'auteur traite ces idées comme des personnes, il leur attribue la majuscule des noms propres.

4 Analyse : Baudelaire présente son paysage intérieur comme un champ de bataille duquel l'Angoisse sort victorieuse. Représentée sous les traits d'un despote qui plante son drapeau en terrain conquis, **l'Angoisse apparaît ici effrayante, inquiétante.** C'est une image sans appel qui annonce l'abdication et le naufrage du poète.

L'antithèse

1 Définition : L'antithèse est le **rapprochement** dans une phrase, un paragraphe ou une strophe, de **mots de sens opposés.**

2 **Effet :** L'antithèse est une figure de style qui **souligne des contrastes, met en relief des contradictions.** Sois attentif(ve) car elle est fréquente !

3 **Exemple :**
« et dans mon plaisir je souffre maintes graves tortures »

Louise Labé, « Sonnet VIII », *Élégies et sonnets*, 1555.

4 **Analyse :** On repère une antithèse : **plaisir/tortures.** Cette antithèse **illustre les déchirements internes** et les **contradictions** du sentiment amoureux, source à la fois de joie et de souffrance.

L'oxymore

Attention ! on dit **UN** oxymore (masculin). Cette figure de style a deux avantages : elle porte un nom savant tout en étant très facile à repérer.

1 **Définition :** L'**oxymore** est la **juxtaposition** de deux mots de **sens opposés.** Dans une antithèse, les termes de sens opposés sont proches, dans un oxymore, **ils sont juxtaposés, c'est-à-dire côte à côte.**

2 **Effet :** C'est le même que celui de l'antithèse ! L'oxymore **souligne un contraste, une contradiction.** Il fait naître une image inattendue.

3 **Exemple :**
Louise Labé, spécialiste des déchirements internes, nous fournit un exemple :
« Je vis, je meurs ; je me brûle et me noie »

Louise Labé, « Sonnet VIII », *Élégies et sonnets*, 1555.

4 **Analyse :** Louise Labé juxtapose deux verbes de sens opposés. Elle met en relief la **contradiction** de la passion amoureuse qui transporte et anéantit à la fois.

L'anaphore

1 **Définition :** Cela t'arrive-t-il de repérer dans un texte la **répétition d'un même mot ou groupe de mots en début de phrase,** proposition, vers ou paragraphe ? Eh bien, c'est une anaphore.

2 **Effet :** L'anaphore **insiste** sur le mot répété. Pour l'analyse, interroge-toi sur les raisons de cette **insistance** : que suggère-t-elle ? Un mot répété peut créer un effet d'écho ou un effet incantatoire.

COMMENTAIRE

3 Exemple :
« Je t'aime pour toutes les femmes que je n'ai pas connues,
Je t'aime pour tous les temps où je n'ai pas vécu »

Paul Éluard, « Je t'aime », *Le Phénix*, 1951.

4 Analyse : Le champ lexical de l'amour est exacerbé par l'anaphore « Je t'aime » en début de vers. Le sentiment amoureux semble s'affirmer et se renforcer à chaque réitération, suggérant un amour total et inébranlable.

L'hyperbole

L'hyperbole est formidable. C'est un mot compliqué pour désigner une opération très simple (remarque que je viens de faire une antithèse au passage).

1 Définition : L'hyperbole désigne **une exagération.**

2 Effet : L'hyperbole **exagère, amplifie** la réalité. Elle peut être **parodique** (dans un registre comique), **emphatique** (dans un registre épique, par exemple), élogieuse... Précise cet effet en fonction de la tonalité du texte étudié.

3 Exemple :
« Ils approchèrent enfin de la première maison du village ; elle était bâtie comme un palais d'Europe. »

Voltaire, *Candide ou l'Optimisme*, chapitre 17, 1759.

4 Analyse : L'hyperbole « palais d'Europe » crée un décalage comique entre la simplicité attendue d'une maison de village et l'impression laissée à Candide. Elle suggère en même temps la richesse et la réussite de la ville d'Eldorado.

La gradation

1 Définition : La gradation est une **suite de termes d'intensité croissante ou décroissante.**

2 Effet : La gradation **suggère l'ampleur, le mouvement** et met en valeur le dernier mot.

3 Exemple :

« C'est un roc !... c'est un pic !... c'est un cap ! Que dis-je, c'est un cap ?... C'est une péninsule ! »

Edmond Rostand, *Cyrano de Bergerac*, I, 4, 1897.

4 Analyse : La gradation des termes « roc », « pic », « cap » et « péninsule » **crée un mouvement ascendant et met en relief**, par un effet d'annonce, le terme final hyperbolique de péninsule.

Le chiasme

Le chiasme est ma figure de style de prédilection, et pour cause : son nom bizarre cache une figure de style d'une grande simplicité à commenter.

1 Définition : Le chiasme désigne une **structure ABBA.**

2 Effet : En tant que structure fermée, le chiasme suggère généralement **l'enfermement,** l'absence d'issue ou une forte contradiction.

3 Exemple :

« Des cadavres dessous et dessus des fantômes »

Victor Hugo, « Le cimetière d'Eylau », *La Légende des siècles*, 1859.

Cadavres/fantômes (AA) sont quasiment synonymes, tandis que dessous/dessus (BB) se répondent.

4 Analyse : Dans l'exemple ci-dessus, le chiasme symbolise **l'enfermement tragique** dans une mort sans issue.

Le mémo d'Amélie

Ton correcteur préférera une copie avec quelques figures de style finement analysées à un inventaire superficiel de figures de rhétorique.

Pour te créer des automatismes, concentre-toi sur les figures de style les plus fréquentes et leurs effets, et entraîne-toi à les utiliser tout au long de l'année.

7 Comment réussir mon introduction de commentaire ?

Fais de l'introduction une des meilleures parties de ton devoir car elle est lue attentivement par ton correcteur.

C'est en effet son premier contact avec ta copie, et qu'on le veuille ou non, la première impression du correcteur – bonne ou mauvaise – perdurera durant ses 15 minutes de correction.

Par ailleurs, les correcteurs se servent de l'introduction pour comparer les copies entre elles au moment d'harmoniser les notes. Une bonne introduction peut alors te permettre de gagner 1 ou 2 points supplémentaires.

Tu l'as compris, tu as donc tout à gagner à soigner ton introduction.

Voici les étapes à suivre pour y parvenir.

A Étape 1 : présente le contexte de l'œuvre

C'est une convention que tu connais bien : ton introduction doit commencer par une amorce qui replace l'extrait étudié dans un contexte.

Ce contexte peut prendre des formes très diverses. Il peut s'agir d'une présentation :

- du mouvement littéraire ;
- de l'auteur ;
- de l'œuvre intégrale ;
- d'un événement historique ;
- du genre littéraire.

C'est donc la partie la plus « libre » de ton introduction, celle où tu peux montrer ta culture littéraire pour accrocher l'attention du correcteur.

Si le terme « culture littéraire » te fait dresser les cheveux sur la tête, détends-toi et souviens-toi que **le texte du commentaire** s'inscrit toujours dans **un de ces trois objets d'étude : poésie, récit et roman ou théâtre.**

Sans être un as de la littérature française, si tu as un peu suivi en classe et préparé tes fiches pour l'oral, je t'assure que tu connais assez de choses sur le contexte pour trouver une amorce qui tient la route. Surtout que ton amorce n'a pas besoin de faire 10 lignes !

Voici quelques exemples d'amorces sur le poème « Le Dormeur du val » d'Arthur Rimbaud.

Exemple

Le poème « Le Dormeur du val » de Rimbaud a été écrit pendant la guerre franco-prussienne. Cet événement historique a bien un lien avec le poème étudié et constitue donc une amorce idéale :

En 1870 éclate la guerre franco-prussienne. C'est dans ce contexte qu'Arthur Rimbaud, alors adolescent de 16 ans, compose le poème « Le Dormeur du val ».

Ou pourquoi ne pas commencer ton introduction en présentant Rimbaud ? Il y a des chances pour que tu aies déjà étudié un poème de Rimbaud au cours de ta scolarité et que tu aies donc quelques notions sur ce poète :

Adolescent révolté, Arthur Rimbaud fascine par sa précocité intellectuelle. À l'âge de 20 ans, il a déjà considérablement influencé le milieu littéraire parisien. Le poème « Le Dormeur du val » fait justement partie de ses poèmes de jeunesse, écrit alors qu'il n'a que 16 ans.

Bien sûr, si tu es en panne d'inspiration, saute l'amorce et commence directement par la présentation de l'extrait, en précisant le titre de l'œuvre (souligné à la règle), l'auteur et la date de publication :

« Le Dormeur du val » d'Arthur Rimbaud, publié en 1870 dans Les Cahiers de Douai, est un poème de jeunesse du poète adolescent.

COMMENTAIRE

B Étape 2 : précise les caractéristiques du texte

Après la présentation du texte (le titre, l'auteur, la date de publication), précise les caractéristiques marquantes de l'extrait. Tu peux trouver ces caractéristiques en te posant les questions suivantes :

- Où se situe ce texte dans l'œuvre intégrale (au début, au milieu, à la fin) ?
- Quel est son thème ?
- Quel est son genre (théâtre, poésie, roman, etc.) ?
- Quel est son registre littéraire (comique, polémique, pathétique, lyrique...) ?

Tu n'es pas obligé(e) de trouver une réponse à toutes ces questions, mais elles vont t'aider à dresser en quelques mots la « carte d'identité » du texte.

Exemple

Ce sonnet fait découvrir au lecteur le spectacle de la mort d'un jeune soldat et vise à nous faire partager l'indignation et la colère du jeune poète.

C Étape 3 : annonce ta problématique

Pose ensuite une question à laquelle ton développement va répondre : la fameuse problématique que nous avons appris à formuler p. 96.

Il arrive que certains professeurs de français n'exigent pas de problématique lors des devoirs sur table, mais la majorité des correcteurs au bac en attendent une et sanctionnent son absence. Mieux vaut donc ne pas prendre de risque : propose une problématique le jour J.

Tu peux formuler cette question sous une forme directe ou indirecte.

Exemple

Question directe (inversion sujet-verbe et point d'interrogation) :

Comment la chute du sonnet invite-t-elle le lecteur à une relecture du poème ?

Question indirecte (pas d'inversion sujet-verbe et pas de point d'interrogation) :

Nous nous demanderons comment la chute du sonnet invite le lecteur à une relecture du poème.

D Étape 4 : annonce ton plan

Il ne reste plus qu'à annoncer ton plan !

Pour réussir ton annonce de plan, supprime les formules lourdes comme : « Dans une première partie... », « Dans une deuxième partie... », « Dans une troisième partie... ».

Ces expressions sont syntaxiquement correctes, mais on les dit trop « scolaires ». Elles donnent l'impression que tu es au collège, et non au lycée.

Maintenant que tu es en Première, il est temps de les remplacer par des formules plus légères qui correspondent au niveau bac et que tu pourras utiliser dans tes études supérieures.

Tu peux par exemple écrire : « Après avoir étudié..., nous verrons... », « Dans un premier temps nous analyserons..., puis nous étudierons..., enfin nous verrons... »

Exemple

Après avoir vu que Rimbaud met en place un décor apaisant, nous montrerons que le sommeil du jeune soldat est ambigu. Enfin, nous analyserons l'efficacité de la dénonciation de la guerre dans ce sonnet.

Tu as bien suivi les quatre étapes ? Relis-toi pour corriger les fautes d'orthographe : ton introduction est prête !

Le mémo d'Amélie

Bichonne ton introduction comme la partie la plus importante de ton commentaire et suis ces quatre étapes dans l'ordre :

1 - Rédige une amorce (si tu n'en trouves pas, passe à l'étape suivante).

2 - Présente le texte et précise ses caractéristiques.

3 - Formule une problématique.

4 - Annonce ton plan.

8 Comment réussir ma conclusion de commentaire ?

Je poursuis avec des exemples basés sur le poème « Le Dormeur du val » d'Arthur Rimbaud.

On l'oublie souvent, mais une conclusion efficace et bien rédigée peut convaincre ton correcteur de t'attribuer un point supplémentaire.

Voici les deux étapes à suivre pour que le charme opère.

A Étape 1 : rappelle les jalons de ton développement et réponds à la problématique

Tu te souviens de la problématique dans ton introduction ?

Ta conclusion doit y répondre, par deux ou trois phrases simples qui récapitulent les étapes clés de ton développement.

Exemple

La problématique énoncée dans l'introduction était la suivante :

Comment la chute du sonnet invite-t-elle le lecteur à une relecture du poème ?

Ta conclusion doit répondre à cette problématique sans détour :

La violence de la mort qui surgit au dernier vers nous invite à une relecture du poème. L'absurdité de la guerre transparaît alors dans la description d'une nature joyeuse désormais hors de portée de l'homme tombé au combat.

B Étape 2 : élargis ta conclusion

Le but de l'élargissement est de replacer le texte dans un contexte plus large pour ouvrir des perspectives de réflexion.

Comme l'amorce en introduction, l'élargissement fait appel à ta culture littéraire et peut prendre des formes diverses. Il peut s'agir d'une remarque sur :

- l'œuvre intégrale ;
- une autre œuvre du même auteur ;

- le projet esthétique de l'auteur ;
- une œuvre ou un texte d'un autre auteur ;
- une réflexion sur l'objet d'étude ;
- un événement historique ;
- la comparaison avec un autre art (peinture, musique, mise en scène, cinéma).

Bien sûr, il est rare qu'une ouverture s'impose à toi par magie. C'est d'ailleurs parce qu'elle n'est pas si simple à réaliser que sa présence est valorisée par les correcteurs.

Mais alors comment la trouver ? Il n'y a qu'une seule méthode : passe activement en revue toutes tes connaissances (sur l'auteur, le mouvement littéraire, les textes vus dans l'année…) pour saisir celle qui permet de prolonger la réflexion.

Si tu ne trouves rien, ne t'autoflagelle pas et saute cette étape.

En effet, mieux vaut ne rien écrire que faire une ouverture imprécise ou sans point commun avec le texte étudié. Par exemple, voici les ouvertures à éviter absolument :

- une question laissée sans réponse : « Quel est donc le rôle de la poésie ? »
- une généralité : « Beaucoup d'autres auteurs parlent de la guerre. »
- une référence non justifiée : « Ce poème fait penser à "L'Évadé" de Boris Vian. »

Si tu fais une ouverture, assure-toi d'être précis(e) et de justifier les rapprochements établis.

COMMENTAIRE

Exemple

Si l'on veut faire une ouverture pour le poème « Le Dormeur du val » de Rimbaud, on peut évoquer un autre poème en expliquant les raisons de ce rapprochement :

On retrouve dans le poème « L'Évadé » de Boris Vian les mêmes images d'un monde sensuel et joyeux dont le prisonnier est brutalement privé par le surgissement de la mort.

Ou

L'antimilitarisme de Rimbaud transparaît aussi dans le poème « Le Mal ».

Dans ces deux exemples, j'ai pris soin de justifier mon rapprochement. Mon ouverture est donc convaincante.

Le mémo d'Amélie

Ta conclusion est le miroir de ton introduction à laquelle elle répond en deux étapes :

1 - Un bilan du devoir et la réponse à la problématique.

2 - Une ouverture précise et justifiée (si tu en trouves une).

9 Comment éviter les contresens ?

« Alors comme ça, vous pensez que Camus prône la violence contre les Algériens ? » s'exclame ton professeur en te rendant ta copie.

« Aïe. Encore un contresens qui va ruiner ma note », penses-tu en recevant ton devoir avec un sourire crispé.

Le contresens est bien sûr la bête noire des étudiants, mais il faut savoir qu'il ne vous tombe pas dessus par hasard. Ses causes sont toujours les mêmes : il s'agit d'une méconnaissance du contexte du texte et d'une difficulté de l'élève à sortir de son XXIe siècle.

Pour éviter les contresens dans ton prochain devoir, pose-toi les deux questions suivantes.

A Quel est le contexte de l'œuvre ?

Le texte étudié s'inscrit toujours dans l'objet d'étude poésie, récit et roman ou théâtre au programme : les connaissances acquises sur ces objets d'étude, même basiques, sont essentielles pour t'aider à comprendre le sens du texte.

Prends du recul et demande-toi :

- **Quel était le contexte historique** à l'époque d'écriture ?
- **L'auteur s'inscrit-il dans un mouvement littéraire** que je connais ?
- **Dans quel contexte historique l'auteur a-t-il placé son histoire ?**

Nul besoin d'être un historien ou un spécialiste de l'auteur pour réussir ton commentaire, mais des connaissances simples sur le contexte t'assurent une compréhension exacte de l'extrait étudié.

Tu seras d'accord avec moi que vivre sous une monarchie absolue de droit divin au XVIIe siècle n'est pas la même expérience que vivre sous la révolution industrielle du XIXe siècle ou pendant la Seconde Guerre mondiale...

Or, l'Histoire avec « un grand H » influe sur les histoires avec « un petit h » : celles des trajectoires individuelles des auteurs, des personnages et des récits qu'ils mettent en place.

Prendre en compte le contexte de l'œuvre lors de ta lecture t'assure une meilleure compréhension de l'extrait étudié.

COMMENTAIRE

B Sors de ton XXIe siècle

L'une des clés pour éradiquer les contresens est de te **plonger dans le texte** et de le comprendre en fonction des critères historiques, littéraires et esthétiques de son époque.

L'idée est simple : **le texte a (généralement) été écrit à une époque radicalement différente de la nôtre.** Le juger avec les critères de notre XXIe siècle est le meilleur moyen de passer à côté de son sens et de sa sensibilité.

Par exemple, des effusions de sentiments qui peuvent paraître ridicules à un adolescent français d'aujourd'hui, ne l'étaient pas dans la période romantique de la première moitié du XIXe siècle.

Un personnage féminin qui a du caractère peut te sembler ordinaire aujourd'hui, mais était extraordinaire dans un XVIIIe siècle où les femmes restaient cantonnées au tâches domestiques sans recevoir d'éducation.

Les exemples sont infinis !

L'idée est de laisser venir à toi tes premières impressions sur le texte, mais **sans porter de jugement de valeur** sur l'auteur ou les personnages : ce serait déplacé et ce n'est pas ce qu'on te demande.

Le mémo d'Amélie

Le contresens n'est pas une fatalité ! Pour l'éviter, garde à l'esprit que :

1 - Le texte a été écrit à une autre époque. Replonge-toi dans cette dernière : les comportements et agissements des personnages ne te sembleront plus si incongrus.

2 - Le but d'un commentaire n'est pas de juger l'auteur ou ses personnages selon nos critères de pensée du XXIe siècle. Oublie les valeurs et habitudes de notre époque pour apprécier l'originalité de ce qui a été écrit avant.

10 Comment rédiger mon commentaire ?

Comment présenter mon devoir ?

Quand sauter des lignes et faire des alinéas ?

On se pose tous ce type de questions devant sa feuille et on a bien raison car les quelques points attribués à la présentation du commentaire sont les plus faciles à gagner. Autant en profiter !

Voici les règles à respecter quand tu rédiges ton commentaire.

A Soigne l'aspect « visuel » de ton commentaire

Aère ta présentation afin que ton correcteur identifie en un coup d'œil le nombre exact de parties et sous-parties dans ton devoir.

Si tu es un(e) adepte des blocs de texte de 4 pages écrits en pattes de mouche, il est temps de changer tes habitudes :

- Saute 2 lignes après ton introduction.
- Saute 1 ligne après chaque grande partie de ton devoir.
- Saute 2 lignes avant de commencer ta conclusion.
- Fais un alinéa au début de chaque paragraphe.

Grâce à ces sauts de lignes et alinéas, ta copie sera plus claire et les étapes de ton argumentation plus évidentes.

B Rédige ton plan

Le jour du bac, le plan de ton commentaire ne doit pas être apparent : il doit être rédigé.

Qu'est-ce que cela veut dire ?

Exemple

C'est simple. N'écris pas, comme au brouillon, un plan apparent avec des numéros et des lettres :

I - Un poème lyrique

A - L'expression de la mélancolie

Rédige tes idées directrices sous forme de phrases claires et simples. Par exemple :

Ce poème est lyrique.

Tout d'abord, le poète exprime sa mélancolie. En effet, ...

Vois-tu la différence ? Le plan n'est pas apparent mais **il n'a pas disparu pour autant :** les intitulés sont formulés en phrases brèves et claires.

C Soigne les transitions

Les transitions sont des phrases qui soulignent l'articulation logique entre tes parties. Pourquoi passer d'une grande partie à une autre ? C'est ce que doit expliquer ta transition.

Pour plus de clarté, ta transition peut être isolée des grandes parties par un saut de ligne.

D Respecte les règles typographiques

Le non-respect des règles typographiques est fréquent dans les copies et agace beaucoup les correcteurs.

Elles sont pourtant très simples à suivre !

1 Souligne les titres d'œuvres à la règle

Quand tu écris un devoir à la main, souligne les titres d'œuvres à la règle. Seuls les titres de poèmes, fables, chansons ou chapitres sont entre guillemets.

Exemple

Cet extrait est issu du chapitre 3 du roman Germinal de Zola.

Le poème « L'Albatros » est issu du recueil Les Fleurs du Mal de Baudelaire.

« Tableaux parisiens » est la deuxième section du recueil Les Fleurs du Mal de Baudelaire.

Dans un livre ou sur Internet, le soulignement est remplacé par l'italique. Mais si ton devoir est manuscrit, les titres d'œuvres doivent être soulignés à la règle.

2 Place les citations entre guillemets

Indique les citations par des **guillemets** pour éviter toute confusion entre les citations du texte et tes explications.

N'oublie pas non plus d'indiquer le numéro de ligne ou de vers d'où est issue la citation.

Exemple

On trouve dans « Le Dormeur du val » de nombreuses personnifications de la nature, à laquelle le poète prête des attributs humains : la rivière « chante » (v. 1) et accroche « des haillons » au v. 2, la montagne est « fière » (v. 3) et la nature « berce » (v. 11) le jeune soldat.

E Varie ton vocabulaire et tes phrases

Au lycée, on te demande un effort d'expression écrite et il n'y a qu'une façon d'y parvenir : en variant ton vocabulaire et tes phrases.

On a tous quelques habitudes d'écriture dont il faut se défaire.

Par exemple, certains élèves utilisent à l'infini l'expression « Ce texte » : « Ce texte montre, ce texte indique, ce texte révèle... »

Si c'est ton cas, oblige-toi à varier les termes utilisés pour éviter les répétitions.

Exemple

L'expression « ce texte » peut être remplacée par : « ce passage », « cet extrait », « cette ligne », « ce vers », « cette strophe », « ce quatrain », « cet incipit », « cet excipit », « ce chapitre », « cette phrase », « cette formule », « cette proposition », « cette tirade », « cette réplique », « cette scène », « ce dialogue », etc.

Le verbe « montrer », souvent trop présent dans les copies – « Ce procédé montre que... » – peut être remplacé par : « révéler », « dépeindre », « représenter », « communiquer », « dévoiler », « mettre en relief », « souligner », « esquisser », « exprimer », « indiquer », « marquer », « donner l'impression que », « présenter », « témoigner de », « accentuer », « amplifier », etc.

Prends l'habitude d'utiliser chez toi un dictionnaire des synonymes pour enrichir ton vocabulaire. Petit à petit, tu n'auras plus besoin de dictionnaire car les mots te viendront plus facilement à l'esprit.

Varie aussi tes débuts de phrases. Par exemple, n'hésite pas à remplacer une forme passive comme « Ce texte a été écrit par Victor Hugo », par une forme active « Victor Hugo écrit le poème "Melancholia"... ».

Ces variations rendront ta copie plus plaisante à lire.

Le mémo d'Amélie

Il y a quelques règles de présentation incontournables pour ton commentaire. Heureusement, elles sont très simples à respecter :

- **Saute 2 lignes après l'introduction et avant la conclusion.**
- **Saute 1 ligne après chaque grande partie.**
- **Fais un alinéa au début de chaque paragraphe.**
- **Souligne les titres d'œuvres à la règle et mets les titres de poèmes entre guillemets.**
- **Indique les citations par des guillemets et précise le numéro de la ligne ou du vers dont elles sont tirées.**
- **Varie tes phrases et ton vocabulaire.**

11 Comment me préparer efficacement au commentaire dans l'année ?

Une chose est sûre : le commentaire est un **exercice PRATIQUE** qui nécessite peu de connaissances théoriques.

Voici comment t'organiser pour progresser tout au long de l'année.

A Revois les outils d'analyse littéraire

Les outils d'analyse littéraire sont les champs lexicaux, figures de style, points de vue, registres, etc., dont tu as déjà entendu parler en Seconde.

Toute l'année, pour la préparation de l'oral, ton professeur utilise ces outils. Sois-y attentif(ve), consigne-les dans tes fiches et observe comment ton professeur s'en sert pour justifier ses interprétations : c'est ce qu'il te faut reproduire dans tes propres commentaires.

Si tu ne maîtrises pas le vocabulaire de l'analyse littéraire, va sur **commentairecompose.fr** et inscris-toi à ma formation gratuite en vidéo. Tu y trouveras des ressources supplémentaires.

B Apprends à utiliser ces outils

Comme leur nom l'indique, les outils d'analyse littéraires sont des outils à ta disposition pour réussir ton analyse.

C'est très bien de les connaître, mais il faut surtout que tu apprennes à **analyser les effets qu'ils produisent** sur le lecteur, car c'est là l'enjeu de ton commentaire.

Pour cela, utilise ma méthode p. 100 : **associe à l'avance un procédé littéraire à un effet possible** et pars de cet effet pour dérouler tes analyses.

Retrouve aussi cette méthode dans ma vidéo n° 3 des 10 leçons gratuites sur **commentairecompose.fr**.

C Entraîne-toi à rédiger des micro-analyses

Tu peux faire des progrès considérables si tu effectues régulièrement des micro-analyses de 20 minutes.

Qu'est-ce qu'une micro-analyse ?

C'est la rédaction d'un paragraphe de 15 à 20 lignes qui correspond à une sous-partie de commentaire.

Relève par exemple un procédé littéraire et analyse-le. Une vingtaine de minutes suffisent (tu n'auras guère plus de temps pour chaque sous-partie quand tu rédigeras un devoir complet en 4 heures).

Le commentaire est avant tout un exercice pratique : ce sont ces courts entraînements qui vont t'aider à développer les bons automatismes.

Le mémo d'Amélie

Le commentaire est avant tout un exercice pratique, ce qui est plutôt une bonne nouvelle pour toi : nul besoin d'un savoir encyclopédique pour réussir cet exercice. Ce qu'il te faut, c'est développer tes compétences d'analyse, d'organisation et de rédaction :

1 - Pour l'analyse : révise les procédés littéraires et leurs effets.

2 - Pour l'organisation et la rédaction : entraîne-toi en faisant des micro-analyses d'une vingtaine de minutes pour acquérir des automatismes qui te feront gagner du temps.

SUJETS DU BAC CORRIGÉS

Je te propose ici trois exemples de commentaires dont un intégralement rédigé.

Sujet 1 - Récit

Maupassant, *Bel-Ami*, 1885

Bel-Ami *retrace l'ascension sociale d'un personnage ambitieux, Georges Duroy. Dans la dernière page du roman, Bel-Ami, qui utilise les femmes pour franchir toutes les étapes de son ascension sociale, épouse Suzanne Walter, la fille du patron du journal* La Vie française *dans lequel il a travaillé.*

Puis des voix humaines s'élevèrent, passèrent au-dessus des têtes inclinées. Vauri et Landeck, de l'Opéra, chantaient. L'encens répandait une fine odeur de benjoin, et sur l'autel le sacrifice divin s'accomplissait ; l'Homme-Dieu, à l'appel de son prêtre, descendait sur la terre pour consacrer le triomphe du baron Georges Du Roy.

Bel-Ami, à genoux à côté de Suzanne, avait baissé le front. Il se sentait en ce moment presque croyant, presque religieux, plein de reconnaissance pour la divinité qui l'avait ainsi favorisé, qui le traitait avec ces égards. Et sans savoir au juste à qui il s'adressait, il la remerciait de son succès.

Lorsque l'office fut terminé, il se redressa, et, donnant le bras à sa femme, il passa dans la sacristie. Alors commença l'interminable défilé des assistants. Georges, affolé de joie, se croyait un roi qu'un peuple venait acclamer. Il serrait des mains, balbutiait des mots qui ne signifiaient rien, saluait, répondait aux compliments : « Vous êtes bien aimable. »

Soudain il aperçut Mme de Marelle ; et le souvenir de tous les baisers qu'il lui avait donnés, qu'elle lui avait rendus, le souvenir de toutes leurs caresses, de ses gentillesses, du son de sa voix, du goût de ses lèvres, lui fit passer dans le sang le désir brusque de la reprendre. Elle était jolie, élégante, avec son air gamin et ses yeux vifs. Georges pensait : « Quelle charmante maîtresse, tout de même. »

Elle s'approcha un peu timide, un peu inquiète, et lui tendit la main. Il la reçut dans la sienne et la garda. Alors il sentit l'appel discret de ses doigts de femme, la douce pression qui pardonne et reprend. Et lui-même il la serrait, cette petite main, comme pour dire : « Je t'aime toujours, je suis à toi ! »

Leurs yeux se rencontrèrent, souriants, brillants, pleins d'amour. Elle murmura de sa voix gracieuse :

– À bientôt, monsieur.

Il répondit gaiement :

– À bientôt, madame.

Et elle s'éloigna.

D'autres personnes se poussaient. La foule coulait devant lui comme un fleuve. Enfin elle s'éclaircit. Les derniers assistants partirent.

Georges reprit le bras de Suzanne pour retraverser l'église.

Elle était pleine de monde, car chacun avait regagné sa place, afin de les voir passer ensemble. Il allait lentement, d'un pas calme, la tête haute, les yeux fixés sur la grande baie ensoleillée de la porte. Il sentait sur sa peau courir de longs frissons, ces frissons froids que donnent les immenses bonheurs. Il ne voyait personne. Il ne pensait qu'à lui.

Lorsqu'il parvint sur le seuil, il aperçut la foule amassée, une foule noire, bruissante, venue là pour lui, pour lui Georges Du Roy. Le peuple de Paris le contemplait et l'enviait.

Puis, relevant les yeux, il découvrit là-bas, derrière la place de la Concorde, la Chambre des députés. Et il lui sembla qu'il allait faire un bond du portique de la Madeleine au portique du Palais-Bourbon.

Il descendit avec lenteur les marches du haut perron entre deux haies de spectateurs. Mais il ne les voyait point ; sa pensée maintenant revenait en arrière, et devant ses yeux éblouis par l'éclatant soleil flottait l'image de Mme de Marelle rajustant en face de la glace les petits cheveux frisés de ses tempes, toujours défaits au sortir du lit.

Maupassant, *Bel-Ami*, 1885.

Consigne

Vous ferez le commentaire de ce texte en vous aidant des pistes suivantes :

① Le triomphe de Georges Duroy, un personnage arriviste et égocentrique.

② La peinture d'une société parisienne superficielle et corrompue.

COMMENTAIRE

Proposition de corrigé

Ce corrigé est intégralement rédigé, comme tu devras le faire le jour du bac. Observe attentivement la composition : sauts de ligne, alinéas, etc., pour reproduire la même chose dans tes devoirs.

Bel-Ami, écrit en 1885 par Guy de Maupassant, s'inscrit dans la tradition des romans d'apprentissage et retrace l'ascension sociale d'un personnage ambitieux, Georges Duroy (ou Du Roy). En écrivain réaliste, Maupassant étudie l'âme de l'arriviste pour critiquer une bourgeoisie obnubilée par la réussite sociale et l'argent. Utilisant les femmes pour réaliser ses projets, Bel-Ami gravit les échelons de la société et finit par épouser Suzanne Walter, la fille du patron du journal *La Vie française* dans lequel il a travaillé. Le passage étudié correspond aux dernières pages de ce roman. Il retrace la cérémonie religieuse du mariage entre Georges Du Roy et Suzanne Walter. Comment le triomphe de Bel-Ami est-il l'occasion, pour Maupassant, de porter un regard pessimiste sur la société parisienne ? Nous verrons que cet excipit de Bel-Ami marque la consécration d'un personnage arriviste dans une société corrompue.

> Le titre de l'œuvre est souligné à la règle.

> Ton introduction correspond à un seul paragraphe précédé d'un alinéa.

> Formule ta problématique puis annonce ton plan.

Le roman Bel-Ami s'achève sur le récit du succès de Georges Du Roy, un personnage arriviste et égocentrique.

> Présente ton premier axe de lecture sous la forme d'une phrase rédigée.

Le lecteur est immédiatement marqué par le triomphe du héros, qui se rapproche d'un sacre impérial. Le nom du personnage tout d'abord – Georges Du Roy – l'inscrit désormais dans le sillage de la royauté et de la noblesse par la particule « du ». Ses origines paysannes et normandes que trahissait son nom « Duroy » ne sont plus qu'un lointain souvenir. La solennité du sacre se retrouve ensuite dans les mouvements lents et réguliers de Bel-Ami qui font songer à un défilé triomphal comme cela se pratiquait à Rome après la victoire d'un général : « il se redressa », « il passa », « retraverser l'église », « Il allait », « il parvint », « descendit avec lenteur ». D'ailleurs, dans un raccourci saisissant, Georges Du Roy passe de l'ombre de l'église à « un éclatant soleil », comme s'il était au plus haut de sa gloire. L'insistance de Maupassant sur la géographie parisienne (« Concorde », « Madeleine », « Palais-Bourbon ») inscrit également le personnage au cœur de la capitale et de ses lieux de pouvoir. Maupassant crée ainsi un parallélisme entre la consécration de son héros et le sacre de l'empereur Napoléon Bonaparte en 1804. La « grande baie ensoleillée de la porte » semble couronner le visage de Georges Du Roy de lumière tandis que les « haies de spectateurs » concrétisent cette marche éclatante.

> Énonce ensuite ta première sous-partie, toujours avec une phrase rédigée.

> Observe comme chaque idée est justifiée par une ou plusieurs citations du texte.

Auréolé de gloire, Georges Du Roy est présenté comme un vainqueur, seul face au monde. Le personnage principal est ainsi entouré d'une foule, comme en témoigne l'abondant champ lexical de la multitude : « l'interminable défilé des assistants », « un peuple », « D'autres personnes », « La foule », « pleine de monde », « la foule amassée », « foule noire, bruissante », « Le peuple de Paris », « spectateurs ». De cette foule, seul Georges Du Roy sort de l'anonymat. Sa supériorité est renforcée par la comparaison fluviale qui oppose le mouvement du public à la fixité de Bel-Ami : « La foule coulait devant lui comme un fleuve ». Le monde finit même par disparaître aux yeux du protagoniste : « Il ne voyait personne. Il ne pensait qu'à lui. » Les négations et la tournure restrictive « ne pensait qu'à » témoignent de l'effacement des Parisiens du champ de la pensée de Georges Du Roy, personnage égocentrique qui se place au centre de tout. D'ailleurs, on observe que ce dernier est sujet de presque toutes les phrases, comme dans le passage suivant : « Il ne voyait personne. Il ne pensait qu'à lui. Lorsqu'il parvint sur le seuil, il aperçut la foule amassée, une foule noire, bruissante, venue là pour lui, pour lui Georges Du Roy. » Et lorsqu'il n'est pas sujet des phrases, Bel-Ami est en position d'objet, au centre des regards et des désirs : « Le peuple de Paris le contemplait et l'enviait. » Ce narcissisme va jusqu'à prendre des formes délirantes. Ainsi, lorsque Georges Du Roy s'exprime au discours indirect libre, le lecteur est témoin de la mégalomanie de l'homme, obnubilé par sa propre personne : « une foule noire, bruissante, venue là pour lui, pour lui Georges Du Roy » ; « l'Homme-Dieu, à l'appel de son prêtre, descendait sur la terre pour contempler le triomphe du baron Georges Du Roy ».

Énonce l'idée directrice de ta seconde sous-partie par une phrase rédigée précédée d'un alinéa.

Utilise le vocabulaire d'analyse littéraire.

N'hésite pas à commenter la syntaxe du texte, en t'aidant des points de grammaire au programme (ici, la négation).

Ce portrait de Bel-Ami donne lieu à la satire d'un milieu qui consacre un tel arriviste.

Après un saut de ligne, présente ton second axe de lecture.

Maupassant peint en effet une société parisienne régie par les apparences, où tout n'est que théâtre. Ainsi, la mention de l'Opéra, au début du texte, et l'abondant champ lexical du regard (« aperçut », « yeux », « assistants », « les voir passer », « les yeux fixés », « il aperçut », « le contemplait », « relevant les yeux », « ses yeux éblouis », « l'image ») placent d'emblée la scène dans l'espace du spectacle. Cet extrait est d'ailleurs très proche d'une scène théâtrale. Le terme « spectateurs » fait explicitement référence à un public dont Paris serait la scène et Georges

COMMENTAIRE

Du Roy le personnage principal. Les gestes et les paroles sont stéréotypés et joués machinalement, comme le suggère l'imparfait de répétition : « Il serrait des mains, balbutiait des mots qui ne signifiaient rien, saluait, répondait aux compliments ». Le dialogue entre Georges Du Roy et Mme de Marelle, lui-même succinct et stéréotypé, fait songer à des répliques de théâtre comique, en raison du parallélisme qui crée un comique de répétition : « À bientôt, monsieur » / « À bientôt, madame ». L'écriture même de Maupassant joue sur les ressorts dramaturgiques. Ainsi, la rencontre entre Georges Du Roy et Mme de Marelle est encadrée par l'entrée (« Soudain il aperçut Mme de Marelle ») et la sortie du personnage (« Et elle s'éloigna »), comme les transitions scéniques d'une pièce de théâtre. Les compléments circonstanciels de moyen « de sa voix gracieuse » et « gaiement » jouent le rôle de didascalies et accentuent la dimension théâtrale d'une société où tous les comportements sont uniformisés.

> Commente l'effet produit par les procédés relevés : c'est ce qui permet de passer de la description du texte à son analyse !

Dans cette société bourgeoise du XIXe siècle, régie par les apparences, la corruption règne en maître. De prime abord, on pourrait croire au respect des traditions car Maupassant place cette scène au cœur de l'institution sacrée qu'est le mariage. Le champ lexical du divin sature d'ailleurs les deux premiers paragraphes : « encens », « Homme-Dieu », « religieux », « divinité ». Mais cette scène n'est qu'une parodie de conversion comme le dévoile ironiquement l'adverbe « presque », répété deux fois (« <u>presque</u> croyant, <u>presque</u> religieux ») : Georges Du Roy est en réalité un opportuniste, incapable d'une foi sincère, qui feint la dévotion. Son apparente piété est un leurre. Pire encore, alors qu'il épouse Suzanne Walter, cette dernière n'est que très peu évoquée dans le passage. Le champ lexical de la sensualité se déploie au milieu du texte, non pas au sujet de l'épouse, mais au sujet de Mme de Marelle, la maîtresse : « baisers », « caresses », « gentillesses », « goût de ses lèvres », « désir brusque », « jolie », « élégante », « air gamin », « charmante maîtresse », « appel discret », « douce pression », « petite main », « amour ». Georges Du Roy désacralise donc le mariage. Double de Don Juan, ce séducteur ne cesse de jouer avec les femmes. Pour lui, rien n'est intouchable, tout est jeu dans cette société de la fin du XIXe siècle, corrompue par une désacralisation rampante qui gangrène tout.

> Remarque que chaque nouveau paragraphe commence par un alinéa.

> Mets des mots sur ce qui est implicite, suggéré.

Cet excipit campe le portrait de l'ambitieux insatiable. Comme Eugène de Rastignac dans Le Père Goriot (Balzac), Georges Du Roy défie Paris et le pouvoir. La consécration de ce personnage médiocre et égocentrique est l'occasion pour Maupassant de peindre la bourgeoisie parisienne qui a permis un tel triomphe : une société théâtrale et corrompue. Cette fin de Bel-Ami pourrait ainsi inspirer le début d'un autre roman, celui de la conquête du pouvoir politique par Georges Du Roy. Mais à la différence de Balzac qui poursuit dans « La Comédie humaine » les aventures de Rastignac, Maupassant n'a pas écrit de suite à ce roman. Une manière, peut-être, pour cet auteur profondément pessimiste, de suggérer que l'ambition démesurée n'a aucun sens.

Réponds à la problématique en rappelant les jalons de ton raisonnement.

Explique les raisons du rapprochement avec un autre texte. Tu peux mettre en valeur les points communs entre les deux textes, mais aussi leurs nuances.

COMMENTAIRE

Sujet 2 - Poésie

Robert Desnos, « J'ai tant rêvé de toi », *Corps et biens*, 1930

J'ai tant rêvé de toi que tu perds ta réalité.
Est-il encore temps d'atteindre ce corps vivant et de baiser sur cette bouche la naissance de la voix qui m'est chère ?
J'ai tant rêvé de toi que mes bras habitués, en étreignant ton ombre, à se croiser sur ma poitrine ne se plieraient pas au contour de ton corps, peut-être.
Et que, devant l'apparence réelle de ce qui me hante et me gouverne depuis des jours et des années, je deviendrais une ombre sans doute.
Ô balances sentimentales.
J'ai tant rêvé de toi qu'il n'est plus temps sans doute que je m'éveille. Je dors debout, le corps exposé à toutes les apparences de la vie et de l'amour et toi, la seule qui compte aujourd'hui pour moi, je pourrais moins toucher ton front et tes lèvres que les premières lèvres et le premier front venus.
J'ai tant rêvé de toi, tant marché, parlé, couché avec ton fantôme qu'il ne me reste plus peut-être, et pourtant, qu'à être fantôme parmi les fantômes et plus ombre cent fois que l'ombre qui se promène et se promènera allègrement sur le cadran solaire de ta vie.

Robert Desnos, « J'ai tant rêvé de toi », *Corps et biens*, © Gallimard, 1930.

Consigne : Vous ferez le commentaire de ce poème de Robert Desnos en vous aidant des pistes suivantes :

(1) L'expression lyrique et sensuelle du sentiment amoureux.

(2) L'absence de l'être aimé et le glissement vers la tonalité fantastique.

Proposition de corrigé

Dans ce corrigé, le plan est apparent pour faciliter ta lecture et ta compréhension. Le jour J, n'oublie pas que le plan ne doit pas apparaître et que les idées directrices doivent être rédigées.

Introduction

Le surréalisme est un mouvement littéraire qui veut libérer l'art et la pensée de toutes les contraintes. C'est ce qui transparaît dans « J'ai tant rêvé de toi », deuxième poème de la partie « À la mystérieuse » du recueil *Corps et biens* de Robert Desnos, qui croise deux thèmes de prédilection du mouvement surréaliste : l'amour et le rêve. En 1926, Robert Desnos connaît un amour passionnel, mais non partagé, pour une chanteuse, Yvonne de Knops dite Yvonne George. « J'ai tant rêvé de toi » est ainsi un poème marqué par l'absence et le manque de la femme aimée. Comment la disparition de la femme aimée fait-elle glisser ce poème lyrique vers le fantastique ? Après avoir analysé l'expression lyrique et sensuelle du sentiment amoureux, nous verrons que l'absence de la femme aimée mène le poète à une expérience de déréalisation de soi.

I – Une expression lyrique et sensuelle du sentiment amoureux

A – L'expression lyrique du sentiment amoureux

- Ce poème est dominé par le **registre lyrique.**
- La **première personne du singulier** est présente sous toutes les formes grammaticales : « je », « me hante », « mes bras », « pour moi ».
- L'énumération des **verbes d'action** suggère une **démultiplication** du sujet lyrique : « rêvé de toi, marché, parlé, couché ».
- Le **champ lexical du sentiment amoureux** est omniprésent : « m'est chère », « ma poitrine », « sentimentales », « l'amour ».
- **L'adverbe intensif « tant »** dans « J'ai tant rêvé de toi » accentue la force du sentiment amoureux.
- Les **vers** sont **irréguliers,** ce qui donne l'impression d'entendre les **intermittences du cœur** du poète.

B – L'évocation sensuelle de la femme aimée

- Les deux personnes « J' » et « toi » sont rassemblées dans le titre du poème qui se situe dans la **tradition du lyrisme amoureux :** « J'ai tant rêvé de toi ».
- La deuxième personne du singulier est omniprésente : « J'ai tant rêvé de toi que tu perds ta réalité ».

• **L'allitération en [t]** de la première phrase crée un effet d'**écho** au tutoiement : « J'ai tant rêvé de toi que tu perds ta réalité ».

• L'évocation de la femme est **sensuelle**, comme en témoigne le **champ lexical du corps** : « ce corps », « cette bouche », « la voix », « mes bras », « ma poitrine », « ton corps », « le corps », « ton front », « tes lèvres ».

• **L'étreinte charnelle** est évoquée à plusieurs reprises : « baiser sur cette bouche », « en étreignant », « toucher ton front et tes lèvres », « marché, parlé, couché avec ton fantôme ».

II – Un poème sur l'absence qui glisse vers le fantastique

A – Un poème sur l'absence

• Ce poème traite de l'absence de la femme aimée et du manque du poète.

• Le **champ lexical du temps** souligne l'**attente** infatigable du poète : « temps », « depuis des jours et des années », « temps », « aujourd'hui », « premières », « cent fois », « cadran solaire », « ta vie ».

• L'adverbe **« tant »** dans le titre exprime l'intensité de l'amour mais laisse aussi entendre le terme **« temps »**.

• La tournure **interrogative** « Est-il encore temps » se transforme en tournure **négative** « qu'il n'est plus temps ».

• Le **passé composé** (« J'ai tant rêvé de toi, tant marché, parlé ») et la **juxtaposition des verbes** donnent l'impression que le poète feuillette un album jauni par un **temps destructeur**.

• Les verbes au **conditionnel** expriment l'impossibilité de Desnos de vivre son amour : « ne se plieraient pas », « deviendrais », « pourrais ».

B – Des personnages fantômes

• L'attente et le manque sont tels que la femme aimée et le poète **perdent leur réalité** et deviennent presque des **fantômes**.

• **L'anaphore du terme « ombre »** (4 occurrences) et du terme « **fantôme** » (3 occurrences) fait glisser le poème vers une **tonalité fantastique.**

• Le **champ lexical de l'illusion** (« tu perds ta réalité », « apparence », « dors debout », « apparences de la vie ») et la répétition de l'**adverbe « peut-être »** plongent le lecteur dans un univers **incertain** situé **entre le rêve et la réalité**.

• Les mots se dédoublent (« peut-être », « sans doute », « ombre », « fantôme »), créant un **poème-miroir,** qui donne un **autre reflet de la réalité**.

• Le poète lui-même disparaît dans l'**ombre** : « qu'il ne me reste plus peut-être, et pourtant, qu'à être fantôme parmi les fantômes et plus ombre [...] ».

• La posture du poète rappelle d'ailleurs une **position funéraire :** « [...] mes bras habitués, en étreignant ton ombre, à se croiser sur ma poitrine ».

COMMENTAIRE

Conclusion

Le poème « J'ai tant rêvé de toi » de Robert Desnos est un pont entre la tradition lyrique et l'imaginaire surréaliste lié au rêve, à l'inconscient et à la folie. Ce poème d'amour glisse ainsi vers le fantastique car l'absence de la femme aimée mène le poète à une expérience de déréalisation de soi. L'union amoureuse ne peut alors se réaliser que par le rêve et l'écriture poétique qui laisse libre cours à la musicalité et aux images. L'écriture surréaliste se caractérise par un lien indéfectible entre l'amour et les mots. Ce lien s'exprime encore davantage dans un poème comme « Union libre » d'André Breton.

Sujet 3 - Théâtre

Alfred Jarry, *Ubu roi*, III, 2, 1896

Dans une Pologne de fantaisie, Père Ubu, encouragé par sa femme Mère Ubu, tue le roi Venceslas pour prendre le pouvoir. Afin d'assouvir sa soif de richesse, il massacre les Nobles pour s'emparer de leurs biens.

LA GRANDE SALLE DU PALAIS.

Père Ubu, Mère Ubu, Officiers et Soldats, Giron, Pile, Cotice, Nobles enchaînés, Financiers, Magistrats, Greffiers.

Père Ubu

Apportez la caisse à Nobles et le crochet à Nobles et le couteau à Nobles et le bouquin à Nobles ! ensuite, faites avancer les Nobles.

(On pousse brutalement les Nobles.)

Mère Ubu

De grâce, modère-toi, Père Ubu.

Père Ubu

J'ai l'honneur de vous annoncer que pour enrichir le royaume je vais faire périr tous les Nobles et prendre leurs biens.

Nobles

Horreur ! à nous, peuple et soldats !

Père Ubu

Amenez le premier Noble et passez-moi le crochet à Nobles. Ceux qui seront condamnés à mort, je les passerai dans la trappe, ils tomberont dans les sous-sols du Pince-Porc et de la Chambre-à-Sous, où on les décervelera. – *(Au Noble.)* Qui es-tu, bouffre ?

Le Noble

Comte de Vitepsk.

Père Ubu

De combien sont tes revenus ?

Le Noble

Trois millions de rixdales.

Père Ubu

Condamné ! *(Il le prend avec le crochet et le passe dans le trou.)*

Mère Ubu

Quelle basse férocité !

Père Ubu

Second Noble, qui es-tu ? *(Le Noble ne répond rien.)* Répondras-tu, bouffre ?

Le Noble

Grand-duc de Posen.

Père Ubu

Excellent ! excellent ! Je n'en demande pas plus long. Dans la trappe. Troisième Noble, qui es-tu ? tu as une sale tête.

Le Noble

Duc de Courlande, des villes de Riga, de Revel et de Mitau.

Père Ubu

Très bien ! très bien ! Tu n'as rien autre chose ?

Le Noble

Rien.

Père Ubu

Dans la trappe, alors. Quatrième Noble, qui es-tu ?

Le Noble

Prince de Podolie.

Père Ubu

Quels sont tes revenus ?

Le Noble

Je suis ruiné.

Père Ubu

Pour cette mauvaise parole, passe dans la trappe. Cinquième Noble, qui es-tu ?

Le Noble

Margrave de Thorn, palatin de Polock.

Père Ubu

Ça n'est pas lourd. Tu n'as rien autre chose ?

Le Noble

Cela me suffisait.

Père Ubu

Eh bien ! mieux vaut peu que rien. Dans la trappe. Qu'as-tu à pigner, Mère Ubu ?

Mère Ubu

Tu es trop féroce, Père Ubu.

Père Ubu

Eh ! je m'enrichis. Je vais faire lire MA liste de MES biens. Greffier, lisez MA liste de MES biens.

Le Greffier

Comté de Sandomir.

Père Ubu

Commence par les principautés, stupide bougre !

Le Greffier

Principauté de Podolie, grand-duché de Posen, duché de Courlande, comté de Sandomir, comté de Vitepsk, palatinat de Polock, margraviat de Thorn.

Père Ubu

Et puis après ?

Le Greffier

C'est tout.

Père Ubu

Comment, c'est tout ! Oh bien alors, en avant les Nobles, et comme je ne finirai pas de m'enrichir je vais faire exécuter tous les Nobles, et ainsi j'aurai tous les biens vacants. Allez, passez les Nobles dans la trappe. *(On empile les Nobles dans la trappe.)* Dépêchez-vous plus vite, je veux faire des lois maintenant.

Plusieurs

On va voir ça.

Père Ubu

Je vais d'abord réformer la justice, après quoi nous procéderons aux finances.

Plusieurs Magistrats

Nous nous opposons à tout changement.

Père Ubu

Merdre. D'abord les magistrats ne seront plus payés.

Magistrats

Et de quoi vivrons-nous ? Nous sommes pauvres.

Père Ubu

Vous aurez les amendes que vous prononcerez et les biens des condamnés à mort.

Un Magistrat

Horreur.

Deuxième

Infamie.

Troisième

Scandale.

Quatrième

Indignité.

Tous

Nous nous refusons à juger dans des conditions pareilles.

Père Ubu

À la trappe les magistrats ! *(Ils se débattent en vain.)*

Mère Ubu

Eh ! que fais-tu, Père Ubu ? Qui rendra maintenant la justice ?

Père Ubu

Tiens ! moi. Tu verras comme ça marchera bien.

Mère Ubu

Oui, ce sera du propre.

Père Ubu

Allons, tais-toi, bouffresque. Nous allons maintenant, messieurs, procéder aux finances.

Financiers

Il n'y a rien à changer.

Père Ubu

Comment, je veux tout changer, moi. D'abord je veux garder pour moi la moitié des impôts.

Financiers

Pas gêné.

Père Ubu

Messieurs, nous établirons un impôt de dix pour cent sur la propriété, un autre sur le commerce et l'industrie, et un troisième sur les mariages et un quatrième sur les décès, de quinze francs chacun.

Premier Financier

Mais c'est idiot, Père Ubu.

Deuxième Financier

C'est absurde.

Troisième Financier

Ça n'a ni queue ni tête.

Père Ubu

Vous vous fichez de moi ! Dans la trappe les financiers ! *(On enfourne les financiers.)*

Mère Ubu

Mais enfin, Père Ubu, quel roi tu fais, tu massacres tout le monde.

Père Ubu

Eh merdre !

Mère Ubu

Plus de justice, plus de finances.

Père Ubu

Ne crains rien, ma douce enfant, j'irai moi-même de village en village recueillir les impôts.

Alfred Jarry, *Ubu roi*, 1896, acte III, scène 2.

Consigne

Vous ferez le commentaire de cette scène en vous aidant des pistes suivantes :

(1) Un roi tyrannique et violent.

(2) La dimension farcesque de la scène.

Proposition de corrigé

Dans ce corrigé, le plan est apparent pour faciliter ta lecture et ta compréhension. Le jour J, n'oublie pas que le plan ne doit pas apparaître et que les idées directrices doivent être rédigées.

Introduction

Ubu roi, la pièce la plus connue d'Alfred Jarry, est représentée pour la première fois en 1896. Père Ubu, désireux de prendre le trône du roi de Pologne, a réalisé un coup d'État. La scène 2 de l'acte III le montre au pouvoir. Comment Alfred Jarry fait-il la satire des dictateurs dans cette scène ? Après avoir vu que Père Ubu est un roi tyrannique et violent, nous montrerons que cette scène reste avant tout farcesque.

I – Père Ubu : un roi tyrannique et violent

A – Père Ubu : un roi tyrannique

• Père Ubu est un personnage tyrannique, qui ne supporte ni le dialogue ni la critique.

• Dominé par son **instinct**, il s'exprime à l'**impératif**, par des phrases brèves : « Apportez », « faites avancer », « Amenez », « Commence ».

• Malgré l'**opposition** de Mère Ubu (« De grâce, modère-toi, Père Ubu »), des Magistrats (« Nous nous refusons à juger dans des conditions pareilles ») et des Financiers (« Mais c'est idiot, Père Ubu »), seuls sa parole et son pouvoir sont légitimes à ses yeux.

• Il **enfreint le principe de séparation des pouvoirs**, voulant exercer tous les rôles à la fois : le pouvoir législatif (« je veux faire des lois maintenant »), judiciaire (« Qui rendra maintenant la justice – Tiens ! moi ») et exécutif (« je veux garder pour moi la moitié des impôts »).

B – Père Ubu : un roi puéril et narcissique

• Loin d'avoir l'étoffe d'un souverain, Père Ubu est un roi narcissique qui se comporte comme **un enfant cruel et capricieux**.

• Il est animé par la **passion** et non par la raison, comme le montrent ses nombreuses **phrases nominales exclamatives** : « Condamné ! », « Excellent ! excellent » ou « Très bien ! très bien ! »

• Son langage emprunte des **tournures enfantines**, comme la répétition de la conjonction de coordination « et » : « Apportez la caisse à Nobles et le crochet à Nobles et le couteau à Nobles et le bouquin à Nobles ! »

• Les **néologismes scatologiques** comme « Merdre » et « bouffresque » témoignent également de son immaturité.

• Son narcissisme transparaît dans l'**emploi récurrent de la première personne** du singulier et les **majuscules** des pronoms possessifs **« MA » et « MES »** : « Eh ! je m'enrichis. Je vais faire lire MA liste de MES biens. Greffier, lisez MA liste de MES biens. »

• L'**exclamation** « Comment, c'est tout ! », après la longue énumération du Greffier, trahit l'avidité infinie du pouvoir.

C – Une scène violente

• C'est l'avidité du pouvoir qui mène Père Ubu à une violence extrême.

• Le **champ lexical de la violence** se déploie ainsi dans toute la scène comme une force irrémédiable : « crochet », « couteau », « faire périr », « Horreur », « condamnés à mort », « férocité », « exécuter », « Horreur », « Infamie », « Scandale », « Indignité ».

• Cette violence est accentuée par la **symbolique des accessoires** : la « trappe » est un espace effrayant, qui fait disparaître un à un les personnages secondaires de la scène.

• **L'enfermement** est renforcé par le **caractère répétitif** des répliques de Père Ubu : « qui es-tu ? ».

• La violence de Père Ubu est vouée à se répéter indéfiniment, comme le suggère sa réplique finale : « j'irai moi-même de village en village ».

Transition : Mais cette tragédie n'est qu'une apparence. Le comportement excessif et narcissique de Père Ubu s'inscrit dans un comique proche de la farce.

II – Une scène farcesque

A – Père Ubu : un roi bouffon

• Père Ubu est certes tyrannique, mais son ridicule et sa grossièreté le rapprochent avant tout d'un **personnage de farce**.

• On observe notamment un **comique de mots**. Père Ubu utilise indifféremment des tournures civiles, « J'ai l'honneur de vous annoncer », et des tournures **familières ou vulgaires,** « bouffre » ou « Merdre ».

• La syntaxe de Père Ubu est parfois incorrecte, comme dans « Tu n'as rien autre chose », ce qui crée un **décalage comique** avec le registre soutenu attendu pour un roi.

• Il use de **pléonasmes** (« Dépêchez-vous plus vite ») et de **néologismes** comme « Pince-Porc » ou « Chambre-à-Sous » qui suscitent la surprise et l'amusement.

• Le mélange des niveaux de langue fait avant tout de Père Ubu un personnage **bouffon**.

B – La mobilisation de tous les ressorts du comique

• Au-delà du comique de mots, ce sont tous les ressorts du comique qui sont mobilisés dans cette scène.

• Le **comique de geste** est mis en évidence dans les didascalies qui réduisent les personnages à l'état de choses (ils sont réifiés) : « On empile les Nobles dans la trappe », « On enfourne les financiers ».

• On imagine aisément les **mimiques effrayées** et les gestes désarticulés des personnages, qui, tels des **pantins**, « se débattent en vain ».

• Le **comique de répétition** est également présent : la scène est construite autour de la reprise d'une **même situation** : les Nobles, les Magistrats puis les Financiers sont exécutés par Père Ubu.

• Père Ubu répète mécaniquement les mêmes questions « Qui es-tu ? », « De combien sont tes revenus ? » ou les mêmes exclamations : « Excellent ! Excellent ! » ou « Très bien ! Très bien ». Ces **répétitions** le transforment en **marionnette**.

C – Des personnages assimilés à des pantins

• Les personnages sont assimilés à des **pantins** davantage qu'à des humains, ce qui permet au spectateur de prendre de la **distance** avec la violence de la scène.

• Par leurs métiers, les personnages secondaires représentent des **fonctions** importantes dans la société. Ils symbolisent la **guerre** (« Officiers et Soldats »), l'**argent** (« Financiers ») ou le **droit** (« Magistrats, Greffiers »), c'est-à-dire les piliers constitutifs d'une société.

• Ils ne sont pas dotés d'une personnalité. Ils s'expriment d'une **même voix,** (« Nous nous opposons à tout changement ») ou en usant de synonymes, comme une seule et même personne (« Horreur », « Infamie », « Scandale »).

• Cette **déshumanisation** correspond à l'esthétique de la **farce,** avec des personnages similaires à des marionnettes.

Conclusion

La violence de cette scène devrait horrifier les spectateurs, mais les procédés comiques, l'exagération de la violence et la réification des personnages suscitent la distance et le rire face à Père Ubu, caricature du dictateur. À la fois amusant, provocant et inquiétant, ce personnage symbolise un nouveau théâtre et contient en germe le théâtre de l'absurde. On retrouve chez Camus avec *Caligula* ou chez Ionesco dans *Macbett* cette figure du roi absurde qui détruit tout autour de lui.

4

LA CONTRACTION DE TEXTE SUIVIE D'UN ESSAI

1 Qu'est-ce que la contraction de texte suivie d'un essai ?

La contraction de texte et l'essai portent **toujours** sur l'objet d'étude **« La littérature d'idées du XVIe au XVIIIe siècle ».**

Cet exercice est noté de la façon suivante :

- Contraction de texte : 10 points.
- Essai : 10 points.

A La contraction de texte

La contraction de texte est un **résumé** qui suit l'ordre, la progression et l'énonciation du texte original (ne t'inquiète pas, nous allons voir dans les pages suivantes ce que cela veut dire !).

Tu vas **reformuler le texte avec tes propres mots** de façon à en donner un aperçu condensé.

Le texte à contracter est toujours écrit dans une forme moderne et contemporaine (XXe ou XXIe siècle).

B L'essai

L'essai est une **réponse construite et organisée à une question.**

La question posée est toujours en lien avec l'œuvre et le parcours étudiés dans l'objet d'étude « La littérature d'idées du XVIe au XVIIIe siècle ».

Tu devras répondre à cette question dans un **plan en deux parties,** en illustrant tes arguments par des exemples tirés de l'œuvre au programme, du texte à contracter et de ta culture personnelle.

C Mes conseils

La contraction de texte suivie d'un essai est un **exercice très différent du commentaire.**

Souvent, les élèves sont plus à l'aise en commentaire car ils s'y entraînent davantage lors des analyses de textes pour l'oral.

Néanmoins, la contraction de texte suivie d'un essai est un exercice très intéressant si tu aimes l'argumentation.

Le mémo d'Amélie

La contraction de texte suivie d'un essai porte toujours sur l'œuvre et le parcours étudiés dans l'objet d'étude « La littérature d'idées du XVIe au XVIIIe siècle ».

- **La contraction de texte correspond à un résumé.** Elle est notée sur 10 points.
- **L'essai est une réponse organisée et argumentée** à une question en lien avec l'œuvre et le parcours. Il est noté sur 10 points.

2 Qu'attend-on de moi dans une contraction de texte ?

La contraction de texte est un résumé aux exigences bien particulières.

Voici exactement ce qu'on attend de toi dans une contraction de texte.

A Tu dois reformuler le texte avec tes propres mots

C'est le point le plus fondamental de la contraction de texte.

Tu dois **reformuler** l'argumentation de l'auteur. Or reformuler signifie utiliser d'autres formules. **Tu ne peux donc pas utiliser les mêmes mots que l'auteur.**

Si tu recopies le texte à contracter en supprimant certains passages, ou si tu confectionnes un patchwork de citations issues du texte, tu te condamnes à une note inférieure à la moyenne.

La **règle n° 1** de la contraction de texte, c'est de **résumer le texte avec tes propres mots et tes propres phrases,** différentes de celles de l'auteur.

Exemple

Prenons ces lignes issues du manifeste *La Voix féministe* (1916) d'Hélène Brion :

Les partis avancés nous disent volontiers à nous, féministes, lorsque menant le bon combat dans leurs rangs, nous sommes amenées par la force des choses à corser leurs revendications de nos propres revendications à nous femmes, – les partis avancés, volontiers agacés et ne comprenant pas, nous demandent souvent : « Mais enfin, qu'est-ce que votre féminisme ? Qu'est-ce qu'il demande en plus de ce que nous offrons ? »

Voici comment je pourrais contracter ce passage avec mes propres mots :

Les partis nous demandent souvent, à nous les femmes qui luttons à leurs côtés, quelles exigences supplémentaires peut porter le féminisme.

Vois-tu ce que j'ai fait ?

Je reprends bien évidemment les termes « féminisme » et « partis » car ce sont les mots clés du texte, essentiels à sa compréhension : il est donc normal qu'ils apparaissent dans mon résumé.

Mais mis à part ces termes, les **mots** utilisés dans ce résumé sont **les miens :** je ne les ai pas puisés dans le texte d'Hélène Brion.

J'ai aussi rédigé des **phrases différentes.**

Pour autant, je n'ai pas trahi la pensée de l'auteur. J'ai **restitué le sens du texte** avec mes propres mots.

De la même façon, tu vas devoir trouver des **formulations justes et pertinentes** pour donner un aperçu condensé mais fidèle du texte étudié.

B Tu dois respecter l'énonciation du texte

Si l'auteur dit « je », emploie aussi le « je ».

Si l'auteur utilise la troisième personne, utilise la troisième personne.

Si l'auteur a écrit son texte au futur, rédige ton résumé au futur.

Bref, la règle est simple : **utilise les mêmes pronoms personnels et temps verbaux que l'auteur.** C'est cela que l'on veut dire par « respecter l'énonciation du texte ».

Une erreur courante des élèves consiste à recourir à des formules comme « L'auteur affirme que... », « L'auteur prétend que... ».

Attention ! Ces expressions sont interdites !

Les utiliser revient à adopter une posture de commentateur du texte.

Or on te demande au contraire de te mettre à la place de l'auteur.

L'exercice est simple : **imagine que tu es l'auteur** et qu'on te demande simplement de réécrire ton texte dans un format plus court.

Tu remarques que dans mon exemple ci-contre, j'ai utilisé la première personne du pluriel **« nous »** : « Les partis nous demandent souvent, à nous les femmes qui luttons à leurs côtés, quelles exigences supplémentaires peut porter le féminisme. »

Pourquoi ?

Tout simplement parce que Hélène Brion emploie la première personne du pluriel dans son manifeste !

Je reprends donc la même énonciation dans mon résumé.

C Tu dois restituer la thèse de l'auteur objectivement

Il est possible que tu ne partages pas la thèse et les arguments de l'auteur.

Mais attention : tu ne dois surtout pas le montrer dans ta contraction de texte !

Ton but est de **restituer exactement** la thèse de l'auteur, sans la critiquer, la nuancer ni la déformer.

Un seul mot d'ordre : **sois fidèle au texte. Reste neutre et objectif(ve).** Ne propose pas d'interprétation personnelle ni d'avis sur le sujet évoqué.

Et si cela te démange, rassure-toi : l'essai qui suit va justement te permettre d'exprimer des opinions plus personnelles et engagées.

D Tu dois suivre le mouvement du texte

L'argumentation de l'auteur suit un certain ordre.

Eh bien **cet ordre est sacré :** tu dois le respecter coûte que coûte.

Imaginons que l'auteur énonce sa thèse à la fin du texte. Par souci de clarté, tu aimerais présenter cette thèse au début de ton résumé car cela te semble plus logique.

Grave erreur !

En évoquant les idées dans le désordre, tu trahirais le mouvement du texte.

La règle est simple : **suis les étapes du raisonnement** de l'auteur les unes après les autres.

E Tu dois respecter le nombre de mots imparti

C'est une des consignes les plus importantes de l'exercice : tu dois contracter le texte au quart, avec une marge d'erreur de plus ou moins 10 %.

Cela veut dire que si le texte fait 1 000 mots, ta contraction doit faire entre 225 et 275 mots.

Le nombre de mots autorisés est toujours indiqué dans la consigne et doit être respecté scrupuleusement.

Tu dois également inclure dans ton devoir une **barre oblique tous les 50 mots :** cela permet au correcteur de recompter plus rapidement.

Surtout, ne pense pas « tromper » l'examinateur en lui annonçant un mauvais compte. Il te pénaliserait lourdement.

Le mémo d'Amélie

Voici les règles d'or de la contraction de texte :

- **Reformule le texte** avec tes propres mots et tes propres phrases.
- **Respecte l'énonciation du texte** (si l'auteur dit « je », dis « je »).
- **Restitue l'argumentation de l'auteur objectivement,** sans la commenter ni la critiquer.
- **Suis le mouvement de l'énoncé,** l'ordre des arguments.
- **Tiens compte du nombre de mots imparti.**

3 Comment réussir une contraction de texte ?

Nous voilà au cœur du sujet !

Tu connais désormais les règles clés de la contraction de texte (si ce n'est pas le cas, file lire les pages 141 à 144 qui sont essentielles).

Et te voilà depuis une heure, seul(e) face à un texte à contracter…

Concrètement, comment t'organiser ?
Par où commencer ?

Voici ma méthode.

A Lis le texte et repère ses points essentiels

La première chose à faire, c'est de **lire le texte plusieurs fois.**

Idéalement, fais des lectures par objectif, c'est-à-dire des lectures qui ont un but précis :

1. **Repérer la thèse du texte.** L'extrait est argumentatif. L'auteur défend forcément une idée, une thèse. Quelle est-elle ? Identifie-la et résume-la en une phrase.
2. **Entourer les connecteurs logiques** (*car, c'est pourquoi, donc, ainsi, parce que, or…*). Ils t'aident à repérer l'articulation des arguments et donc l'enchaînement des idées.
3. **Surligner les mots clés** indispensables à la compréhension du texte.
4. **Distinguer les arguments et les exemples.** Les exemples purement illustratifs ne figureront pas dans ta contraction (tu peux les mettre entre parenthèses ou les barrer).
5. **Étudier la structure du texte.** Contient-il plusieurs paragraphes ? pourquoi ? quel est l'ordre des arguments et des exemples ?

B Reformule le texte au brouillon avec tes propres mots

Une fois le texte lu et compris, le travail au brouillon peut commencer.

À ce stade, le danger serait d'écrire ton résumé directement au propre, au fil de la plume.

En effet, la contraction de texte est un exercice beaucoup trop exigeant pour cela. Il faut le préparer en **plusieurs étapes.**

La première reformulation se fait toujours au brouillon, **sans tenir compte du nombre de mots imposés.**

Pourquoi ?

Car lors de cette première reformulation, tu vas te focaliser sur un seul objectif : t'affranchir des expressions du texte pour **réécrire chaque argument avec tes propres mots et tes propres phrases,** différentes de ceux de l'auteur.

Efforce-toi d'être le (la) plus synthétique possible, **sans te focaliser sur le décompte.**

Voici quelques astuces pour reformuler un texte de façon précise, avec ton propre vocabulaire :

- **Utilise des synonymes.**

Exemple

Un tableau → une peinture, une toile.

Un écrivain → un auteur, un essayiste, un dramaturge, un poète.

Contester → contredire, contrecarrer, critiquer, démentir, récuser, s'opposer, nier.

Abject → repoussant, répugnant, révoltant, sordide.

- **Remplace les périphrases par un terme précis.**

Exemple

L'homme qui cultivait son champ → le paysan.

Les hommes qui font la loi → les députés.

• **Emploie le mot juste.**

Exemple

Faire un voyage → voyager.

Faire une synthèse → synthétiser.

S'abîmer dans une longue contemplation → contempler.

Faire disparaître → supprimer.

• **Remplace une énumération par un seul terme.**

Exemple

Les fleuves, les montagnes, les lacs, les arbres et les fleurs → la nature.

• **Ne reprends pas les exemples illustratifs** dans ta contraction (c'est-à-dire les exemples qui illustrent un argument). Seuls les exemples argumentatifs (ceux qui font office d'argument) doivent apparaître sur ta copie.

• **Évite les phrases complexes.** Privilégie les phrases courtes : ton exposé gagnera en clarté, les idées seront plus condensées et tu réduiras le nombre de mots !

C Décompte le nombre de mots et améliore ton résumé en fonction du résultat

Une fois le premier jet effectué au brouillon, **compte le nombre de mots et inscris le résultat** au **stylo rouge** (ce code couleur est important, tu vas comprendre pourquoi par la suite).

À présent, deux possibilités s'offrent à toi.

1 Ton résumé est trop long

Relis-le pour raccourcir certains passages.

• Ne reste-t-il pas des périphrases à condenser ?

• Des expressions à remplacer par un mot plus juste ?

- Des phrases complexes à reformuler plus directement ?
- Des exemples illustratifs à supprimer ?

Réduis tout ce qui peut l'être.

Mais attention à ne pas supprimer des étapes essentielles de l'argumentation de l'auteur. Garde toutes les idées du texte. C'est **la concision** et la **précision** que tu dois travailler.

2 Ton résumé est trop court

Tu as peut-être oublié certains arguments de l'auteur.

Relis-toi attentivement en vérifiant que chaque étape de l'argumentation apparaît dans ta contraction.

D Recompte le nombre de mots et améliore ton résumé une seconde fois

Une fois la première correction effectuée, compte de nouveau le nombre de mots et note cette fois-ci le résultat au brouillon au **stylo vert.**

T'es-tu rapproché(e) du bon résultat ?

Si ce n'est pas le cas, entreprends une nouvelle relecture/réécriture.

Il est normal de compter les mots et de corriger ton résumé trois ou quatre fois. La contraction est un exercice rigoureux qui nécessite de multiples peaufinages !

Lors de chaque relecture, pose-toi les questions suivantes :

- Ai-je fait apparaître **chaque argument** ?
- Ai-je respecté l'**énonciation** du texte ?
- Suis-je resté(e) **neutre** et objectif(ve) ?
- Ai-je respecté l'**articulation logique** du texte ?
- Ai-je **reformulé avec mes propres mots** les idées de l'auteur, sans reprendre les termes du texte ?
- Ai-je **supprimé les exemples** illustratifs ?

- Ai-je corrigé les fautes d'**orthographe** et la **syntaxe** ?
- Ai-je respecté le **nombre de mots** ?

Si tu as répondu **oui** à toutes ces questions, il ne te reste plus qu'à recopier ta contraction de texte au propre !

Le mémo d'Amélie

Pour réussir ta contraction de texte, suis ces étapes clés :

1 : Lis le texte plusieurs fois.

2 : Reformule-le au brouillon, avec tes propres mots.

3 : Fais le décompte des mots et améliore ton résumé.

(L'étape 3 peut être répétée plusieurs fois si nécessaire.)

4 Comment compter les mots dans une contraction de texte ?

Tu le sais, **le décompte des mots fait partie intégrante de l'exercice.**

Ta contraction doit réduire le texte au quart, avec une marge de plus ou moins 10 %. Cela veut dire que si le texte fait 1 000 mots, ta contraction devra compter entre 225 et 275 mots. (Bien sûr, le nombre de mots requis sera précisé dans la consigne le jour J.)

Il te faudra également indiquer à la fin de ta contraction le nombre de mots employés et faire un décompte intermédiaire tous les 50 mots, à l'aide d'une barre oblique.

Maintenant, sais-tu exactement comment décompter les mots dans un texte ?

La règle d'or est la suivante : **un mot est une unité qui a un sens.**

Exemple

le médecin → le / médecin → 2 mots

l'hirondelle → l' / hirondelle → 2 mots

c'est-à-dire → c' / est- / à- / dire → 4 mots

la joie de vivre → la / joie / de / vivre → 4 mots

une machine à écrire → une / machine / à / écrire → 4 mots

Comme tu le vois, un mot peut être constitué d'une seule lettre si cette lettre a un sens. Ainsi, mêmes les mots élidés comme le « l » apostrophe comptent pour 1 mot.

Un mot composé comptera pour 2 mots si chacun de ses termes possède une signification.

Exemple

chou-fleur → chou- / fleur → 2 mots

aigre-doux → aigre- / doux → 2 mots

sage-femme → sage- / femme → 2 mots

prêt-à-porter → prêt- / à- / porter → 3 mots

En revanche, les unités qui n'ont pas de signification, ne comptent pas pour un mot.

Exemple

aujourd'hui → 1 mot (« hui » n'a pas de signification.)

Que mange-t-elle ? → Que / mange-t / elle ? → 3 mots (Le « t » entre « mange » et « elle » est une lettre euphonique : elle est ajoutée pour l'harmonie des sons mais n'a pas de signification.)

Voyons maintenant les cas particuliers.

Comptent pour 1 mot :

- **Les noms propres**

Exemple

Charles de Gaulle → 1 mot

Jean-Baptiste Poquelin → 1 mot

La Fontaine → 1 mot

• Les dates ou les chiffres

Exemple

1803 → 1 mot 483 / kilomètres → 2 mots 80 / jours → 2 mots

• Les sigles

Exemple

ONU → 1 mot UNICEF → 1 mot OTAN → 1 mot

• Le signe du pourcentage

Exemple

20 % → 20 / % → 2 mots (Le chiffre 20 compte pour 1 mot et % pour 1 mot.)

Voici quelques phrases qui combinent plusieurs cas de figure pour t'aider à bien comprendre comment compter les mots.

Exemple

- Qu'est-ce que c'est que cette histoire de Fantine ?

Réponse : 11 mots (Qu' / est- / ce / que / c' / est / que / cette / histoire / de / Fantine ?)

- Qui a mené Olympe de Gouges à l'échafaud en 1793 ?

Réponse : 9 mots (Qui / a / mené / Olympe de Gouges / à / l' / échafaud / en / 1793 ?).

- L'article 14 de la déclaration porte sur l'impôt.

Réponse : 10 mots (L' / article / 14 / de / la / déclaration / porte / sur / l' / impôt.)

- La Terre est à environ 8,32 minutes-lumière du Soleil.

Réponse : 10 mots (La / Terre / est / à / environ / 8,32 / minutes- / lumière / du / Soleil.)

- Simone de Beauvoir a publié *Le Deuxième Sexe* en 1949.

Réponse : 8 mots (Simone de Beauvoir / a / publié / *Le* / *Deuxième* / *Sexe* / en / 1949.)

CONTRACTION DE TEXTE

- La Nouvelle-Zélande se situe au sud-ouest de l'océan Pacifique.

Réponse : 11 mots (La / Nouvelle-Zélande / se / situe / au / sud- / ouest / de / l' / océan / Pacifique.)

- Ce droit proclamé depuis un demi-siècle ne trouve toujours pas d'application réelle.

Réponse : 14 mots (Ce / droit / proclamé / depuis / un / demi- / siècle / ne / trouve / toujours / pas / d' / application / réelle.)

- L'Ingénu lui dit d'abord qu'il l'aimait de tout son cœur.

Réponse : 14 mots (L' / Ingénu / lui / dit / d' / abord / qu' / il / l' / aimait / de / tout / son / cœur.)

- Il y va de bon cœur.

Réponse : 6 mots (Il / y / va / de / bon / cœur.)

- L'école publique, gratuite et laïque, est une institution essentielle de la République.

Réponse : 13 mots (L' / école / publique, / gratuite / et / laïque, / est / une / institution / essentielle / de / la / République.)

- Protégé par Louis XIV, Molière est pourtant de nombreuses fois attaqué par les religieux.

Réponse : 13 mots (Protégé / par / Louis XIV, / Molière / est / pourtant / de / nombreuses / fois / attaqué / par / les / religieux.)

Le mémo d'Amélie

Voici comment compter les mots de ta contraction :

- **Chaque unité qui a un sens compte pour 1 mot : l'État (2 mots), prêt-à-porter (3 mots).**
- **Les chiffres, les dates, les noms propres et les sigles comptent pour 1 mot.**

N'oublie pas d'inclure une barre oblique sur ta copie, tous les 50 mots, et de préciser à la fin de ta contraction le nombre exact de mot utilisés.

5 Comment m'améliorer en contraction de texte ?

La contraction de texte fait appel à deux compétences distinctes : la **compréhension** et la **rédaction.**

Ce sont des compétences qui te serviront durant toute ton existence. C'est pourquoi il est utile de t'y entraîner dès à présent afin d'acquérir de bons réflexes.

A Crée un carnet de vocabulaire

Enrichir ton vocabulaire t'aidera bien au-delà du bac de français.

C'est la clé pour mieux comprendre ce que tu lis, mieux rédiger, mieux t'exprimer – à l'écrit comme à l'oral – dans tous les domaines de ta vie.

Les mots t'offrent une chance inestimable de décrire le monde avec nuance, de partager tes émotions, ton ressenti, de défendre les idées qui te sont chères, de comprendre ce que les autres disent et écrivent.

Enrichir ton vocabulaire, c'est enrichir ta vie.

Bien sûr, au départ, améliorer son vocabulaire semble fastidieux. Il faut s'arrêter durant sa lecture, chercher un mot dans le dictionnaire, le recopier dans un carnet à relire régulièrement.

Mais crois-moi : **tu ne regretteras jamais cet effort.**

Dans ton carnet, je te conseille de **noter le mot nouveau, sa définition** et de recopier la **phrase ou l'expression où tu l'as rencontré,** afin de te rappeler comment l'utiliser en contexte.

Quand, au cours de la journée, en classe, dans un article, dans un livre, tu rencontres un mot inconnu, note-le quelque part, sur un Post-it ou dans ton téléphone, pour chercher sa définition ultérieurement et l'intégrer à ton carnet de vocabulaire.

Si tu as du mal à tenir ce carnet de vocabulaire, **donne-toi un objectif d'un nouveau mot par jour au minimum.** Je t'assure que 365 mots supplémentaires en un an dans ton vocabulaire peuvent faire une grande différence.

B Utilise le dictionnaire des synonymes

Quand tu rédiges une contraction de texte chez toi, utilise le dictionnaire des synonymes.

Il va te permettre :

- De reformuler les idées du texte.
- De trouver le mot juste.
- D'éviter des répétitions.
- D'enrichir ton vocabulaire.

C Fais des phrases simples

Pour reformuler un texte de façon claire et concise, simplifie tes phrases :

- Remplace les propositions subordonnées par un **groupe prépositionnel.**

Exemple

« Dès lors que le jour se lève » (7 mots)
→ « Dès le matin » (3 mots).

- Préfère la **forme active** à la forme passive.

Exemple

« Ces méthodes ont été critiquées par le gouvernement » (8 mots)
→ « Le gouvernement critique ces méthodes » (5 mots).

- Trouve le **mot juste** pour remplacer des expressions courantes.

Exemple

« faire la cuisine » (3 mots) → cuisiner (1 mot)

« ne pas être d'accord » (5 mots) → réfuter (1 mot)

D Soigne ton orthographe

Prends l'habitude de te relire et de corriger tes fautes d'orthographe.

Tu constateras que ton enseignant(e) entoure généralement les fautes qui reviennent souvent dans tes copies. Par exemple, certains élèves oublient les « s » au pluriel des adjectifs, ou confondent encore les terminaisons des verbes en *-er* ou *-é*. Profite de ton année de Première pour **corriger ces fautes récurrentes.**

E Entraîne-toi dès que possible sur des textes courts

Il est très facile de t'entraîner à la contraction de texte car tu peux résumer n'importe quel extrait de ton manuel de français, ou n'importe quel article de journal.

Tu n'es pas obligé(e) de travailler chaque fois sur un texte de 1 000 mots.

Choisis un texte de 300 mots et réduis-le au quart (75 mots). Cela ne te prendra que 15 ou 20 minutes et constitue un excellent entraînement.

Lors de ces brefs entraînements, utilise le dictionnaire des synonymes et note dans ton carnet de vocabulaire les nouveaux mots découverts.

Le mémo d'Amélie

Pour t'entraîner à la contraction de texte, travaille tes compétences de compréhension et de rédaction :

- **Crée un carnet de vocabulaire.**
- **Utilise un dictionnaire des synonymes.**
- **Simplifie tes phrases.**
- **Révise les règles d'orthographe que tu ne maîtrises pas encore.**
- **Entraîne-toi à contracter des textes courts, issus de ton manuel scolaire ou d'articles de journaux.**

6 Qu'attend-on de moi dans un essai ?

L'essai est un exercice souvent redouté car il faut y exprimer un point de vue personnel et construit.

Pourtant, les exigences de l'essai sont tout à fait accessibles.

Voici exactement ce qu'on attend de toi dans un essai.

A Une réponse claire, structurée et argumentée à la question

L'essai est un exercice argumentatif : tu dois convaincre le correcteur de la pertinence de ta réponse en avançant des arguments illustrés par des exemples.

Là où les choses se corsent, c'est que tu ne vas généralement **pas argumenter uniquement pour défendre ton point de vue** sur la question.

Tu vas souvent **envisager d'autres points de vue,** et leur trouver, à eux aussi, des arguments et des exemples.

Nous allons voir pages 158 à 160 comment réaliser cela dans un plan en 2 ou 3 parties.

B Des exemples précis et pertinents

Dans un essai, chaque argument est illustré par un ou plusieurs exemples.

Ces exemples peuvent être tirés de ta **culture générale** (actualité, cinéma, histoire...), mais il est essentiel, au bac de français, de te référer également à des **œuvres ou textes littéraires.**

Je t'entends déjà pousser des cris d'orfraie :
« Des textes littéraires ? Mais je n'en connais paaaaas ! »

Du calme. Si tu as passé tes dernières années au collège et au lycée, je t'assure que tu as davantage de culture littéraire que tu ne l'imagines.

Tu peux en effet mobiliser dans ton essai :

- Le texte à contracter.
- L'œuvre intégrale au programme de l'objet d'étude « La littérature d'idée du XVIe au XVIIIe siècle ».
- Les extraits d'œuvres proposés par ton enseignant(e) dans le cadre du parcours.
- La lecture cursive que tu as étudiée pour cet objet d'étude.
- Des œuvres ou extraits étudiés au collège ou au lycée.

Pour avoir ces exemples en tête le jour J, **dresse à l'avance l'inventaire de ta culture littéraire** en faisant la liste des textes que tu connais et entraîne-toi toute l'année à mobiliser cet inventaire.

Je te montre comment faire aux pages 177 à 179, « Comment travailler efficacement l'essai pendant l'année » !

C Une connaissance rigoureuse de l'œuvre au programme et de son parcours associé

L'essai a toujours un rapport avec l'œuvre étudiée dans le cadre de l'objet d'étude « La littérature d'idées du XVIe au XVIIIe siècle » et son parcours.

La raison est simple : l'œuvre lue doit te servir de support pour répondre à la question.

Autant dire que tu dois connaître suffisamment cette œuvre pour t'y référer de façon précise.

Pour cela, lis-la deux ou trois fois et réalise une **fiche approfondie sur le parcours.**

Je te conseille même de sélectionner une **quinzaine de citations clés** issues de cette œuvre : elles apporteront matière et précision à ton essai.

La connaissance précise de l'œuvre et son parcours au programme de l'objet d'étude « littérature d'idées » est ta meilleure alliée pour cette épreuve.

Rappel : Le jour du bac, trois sujets de contraction de texte suivie d'un essai seront proposés. Il y en a un pour chacune des trois œuvres au programme de l'objet d'étude « La littérature d'idées du XVIe au XVIIIe siècle ». Tu es donc certain(e) de pouvoir traiter un sujet qui correspond à l'œuvre que tu as étudiée en classe.

Ainsi, cette année, trois sujets te seront proposés : un sujet sur *Gargantua* de Rabelais ; un sujet sur *Les Caractères* de La Bruyère et un autre sur *La Déclaration des droits de la femme et de la citoyenne* d'Olympe de Gouges.

D Une rédaction dans une langue correcte

Eh oui, l'essai est un travail d'expression écrite ! Il vise à vérifier que tu sais t'exprimer dans une langue claire, précise et correcte.

Le jury va être particulièrement attentif à :

- La précision et la richesse de ton vocabulaire.
- La syntaxe de tes phrases.
- L'orthographe.
- La présentation et le respect des conventions typographiques.

Prends l'habitude de te relire régulièrement, d'améliorer tes phrases et d'enrichir ton vocabulaire.

Nous verrons à la fin de cette section (p. 177) comment progresser sur ces points !

7 Quel type de plan choisir pour mon essai ?

Tu as souvent entendu parler des différents **types de plans :** dialectique, thématique, notionnel...

Mais comment savoir quel plan se prête le mieux à ton essai ?

Il existe un **test imparable : celui de la question ouverte ou fermée** qui te permet de savoir si tu dois t'orienter vers un plan thématique ou dialectique.

Je t'explique tout.

A Le plan dialectique

C'est le fameux plan **thèse / antithèse** auquel on peut éventuellement rajouter une troisième partie, la **synthèse.**

Ce type de plan est fréquent mais attention : il ne fonctionne pas pour tous les sujets !

Un plan dialectique permet de répondre aux **questions fermées,** c'est-à-dire aux questions auxquelles tu peux répondre par oui ou par non.

Exemple

Voici un sujet d'essai que tu peux rencontrer au bac :

Dans un monde régi par la vitesse, l'immédiateté et le divertissement, l'école peut-elle encore accomplir ses missions ?

Vous développerez de manière organisée votre réponse à cette question en prenant appui sur les chapitres XI à XIV de Gargantua, *de Rabelais, sur le texte de l'exercice de la contraction et sur ceux que vous avez étudiés dans le cadre de l'objet d'étude « La littérature d'idées du XVI*e *siècle au XVIII*e *siècle ». Vous pourrez aussi faire appel à vos lectures et à votre culture personnelle.*

Ta réponse spontanée va forcément commencer par oui ou par non.

Oui, l'école peut encore accomplir ses missions.

Non, l'école ne peut plus accomplir ses missions correctement.

Prenons un autre exemple.

Selon vous, l'esprit des Lumières est-il toujours d'actualité ?

Ta réponse spontanée va forcément commencer par oui ou par non.

Oui, l'esprit des Lumières est toujours d'actualité.

Non, l'esprit des Lumières n'est plus d'actualité.

Il s'agit donc d'une question fermée qui appelle un plan dialectique.

B Le plan thématique ou notionnel

Le sujet d'essai correspond parfois à une **question ouverte,** c'est-à-dire une question à laquelle on ne peut pas répondre par oui ou non.

Par exemple, si je te demande : « Quels sont, selon vous, les buts poursuivis par l'école ? », il est impossible de répondre par oui ou par non.

Cette question est donc ouverte et appelle un plan thématique (appelé également plan notionnel).

Comment trouver des réponses à ce type de question ?

Il n'y a pas d'échappatoire : **il faut formuler toi-même plusieurs réponses possibles.**

Exemple

À la question *« Quels sont, selon vous, les buts poursuivis par l'école ? »*, on peut imaginer différentes réponses :

- La transmission de connaissances
- L'apprentissage de la vie en société
- La transmission de valeurs communes
- L'éveil à l'esprit critique
- L'apprentissage de la liberté d'expression

Pour l'instant, je me suis contentée de jeter quelques réponses possibles sur le papier.

Si ces réponses te paraissent compliquées, ne t'inquiète pas : les grandes idées à développer sont présentes dans le texte à contracter, proposé lors de l'épreuve. Celui-ci te fournit en effet toujours des pistes précieuses pour ton essai !

Bien entendu, ces réponses sont à approfondir, mais on peut déjà imaginer que certaines d'entre elles constitueront les grandes parties de mon essai.

C'est ainsi qu'on réalise un plan thématique.

Le mémo d'Amélie

Pour trouver le type de plan qui correspond à ton sujet, demande-toi si la question posée est ouverte ou fermée :

- **Si la question est fermée (on peut y répondre par oui ou non) : opte pour un plan dialectique.**
- **Si la question est ouverte (on ne peut pas y répondre par oui ou par non) : opte pour un plan thématique.**

8 Comment réussir un plan dialectique ?

Le plan dialectique a des allures de facilité : thèse / antithèse, et hop on pense que le tour est joué.

Mais le plan dialectique recèle en réalité **un piège** auquel tu dois faire très attention : il peut **se transformer en plan « oui-non ».**

Règle d'or : la thèse et l'antithèse ne doivent pas se contredire.

Un des moyens les plus efficaces de rater son essai est de faire ce que j'appelle un plan « oui-non ».

Un plan « oui-non » est un plan qui se contredit purement et simplement, donnant l'impression au correcteur que l'élève affirme à la fois une chose et son contraire.

Exemple

Imagine la question suivante : *« Les fraises sont-elles bonnes ? »*

Que vas-tu penser de la santé mentale du copain qui fera la réponse suivante :

I – Oui, les fraises sont bonnes.

II – Non, les fraises ne sont pas bonnes.

Ça te laisserait perplexe, non ? La seconde partie contredit purement et simplement la première partie.

Avec cet exemple, tu perçois immédiatement le ridicule d'un plan « oui-non » : ce plan ne propose en réalité aucune réponse à la question.

Et pourtant, c'est ce que font beaucoup d'élèves dans leur essai !

Alors qu'on leur pose une question qui demande réflexion et prise de position, ils proposent souvent un plan sur le modèle suivant :

I – Oui

II – Non

Ne tombe pas dans ce piège. Loin de se contredire, **tes deux parties doivent envisager successivement différentes facettes de la réponse.**

Exemple

Si l'on reprend l'exemple des fraises, on pourrait dire :

I – Oui, les fraises sont bonnes.

II – Toutefois, les fraises issues de cultures artificialisées ne sont pas aussi bonnes que les fraises sauvages.

Vois-tu la différence ? Cette fois, **la seconde partie apporte une nuance** à la première partie, et non une contradiction pure et simple.

Ton plan dialectique ne doit donc jamais être un plan binaire. Il doit être un plan nuancé sur le schéma :

I – Oui

II – Mais

Prenons maintenant un sujet d'essai type bac (on ne va quand même pas parler que de fraises !).

Exemple

Le but de l'école est-il d'apporter des connaissances ?

Le plan « oui-non » consisterait à écrire :

I – Oui, le but de l'école est d'apporter des connaissances.

II – Non, le but de l'école n'est pas d'apporter des connaissances.

Jette ce plan aux oubliettes car les deux parties se contredisent l'une l'autre.

À la place, il te faut trouver une seconde partie qui amène une nuance à la partie précédente, permettant ainsi de faire évoluer ton raisonnement selon le schéma :

I – Oui

II – Mais

Par exemple :

I – Oui, l'école a pour but premier d'apporter des connaissances.

II – Mais ses missions sont en réalité bien plus nombreuses.

Le mémo d'Amélie

Pour réussir un plan dialectique :

- **Veille à ce que ta thèse et ton antithèse ne se contredisent pas.**
- **Développe un plan nuancé, sur le modèle I – OUI / II – MAIS, qui fait progresser ton raisonnement.**

9 Comment réussir un plan thématique ?

Si la question de l'essai est une **question ouverte** (on ne peut pas y répondre par oui ou non), il faut te tourner vers un plan thématique.

Le principe du plan thématique ?

Chaque partie de ton essai est une réponse possible au sujet ou une définition de la notion du sujet.

Exemple

Prenons la question suivante : *« Pourquoi est-il si difficile d'éduquer à l'esprit critique ? »*

Comme il n'est pas possible de répondre par oui ou non à cette question, il s'agit d'une question ouverte qui appelle un plan thématique.

Pour élaborer ce plan, cherche plusieurs réponses possibles à cette question et ordonne-les de la plus simple à la plus subtile.

Voici des réponses qui peuvent te venir à l'esprit pour répondre à ce sujet :

- Notre société actuelle privilégie la vitesse et les réactions à vif au temps de la réflexion et de l'analyse.
- Les sources de désinformation sont nombreuses et rendent difficile la distinction entre le vrai et le faux.
- Il est difficile de s'assurer soi-même de la justesse de son raisonnement.
- La mauvaise foi peut nous pousser à tenir des discours faux ou insincères.
- L'habileté rhétorique peut travestir de mauvais raisonnements.

Ne t'autocensure pas : note au brouillon toutes les réponses auxquelles tu songes.

Si tu ne trouves aucun argument, relis le texte de la contraction et mobilise l'œuvre au programme. Ces deux ressources te fourniront toujours des arguments et des exemples pertinents.

Si, au contraire, tu as beaucoup d'arguments, note-les tous puis regroupe ceux qui vont ensemble et **organise-les du plus simple au plus subtil.** Certains arguments peuvent aussi te servir de sous-parties.

ESSAI

Exemple

Pour la question *« Pourquoi est-il si difficile d'éduquer à l'esprit critique ? »*, on peut aboutir au plan suivant :

I – Notre société ne favorise pas l'exercice de l'esprit critique.

A – La désinformation et les manipulations rendent difficile la distinction entre le vrai et le faux.

B – Notre société encourage l'immédiateté, la rapidité, les réactions à vif.

II – L'esprit critique exige des efforts et de l'honnêteté intellectuelle.

A – La pratique de l'esprit critique nécessite des efforts.

B – L'art de la rhétorique ne doit pas être utilisé pour masquer la mauvaise foi ou de faux raisonnements.

Tu te demandes peut-être comment distinguer les idées les plus simples des plus subtiles.

C'est facile : les idées les plus simples sont les plus faciles à démontrer, celles qui te viennent à l'esprit en premier.

Commence toujours par la réponse qui te semble la plus évidente, puis progresse vers des idées plus approfondies.

Le mémo d'Amélie

Pour réussir le plan thématique :

- **Cherche un maximum de réponses possibles à la question posée.**
- **Organise ces réponses de la plus simple à la plus subtile.**

10 Comment trouver des arguments et des exemples pour mon essai ?

Tout d'abord, assure-toi de faire la différence entre arguments et exemples.

Les arguments sont les affirmations que tu utilises pour appuyer ton idée principale.

Exemple

I – Notre société ne favorise pas l'exercice de l'esprit critique. (Idée principale.)

A – ... car la désinformation et les manipulations sont légion. (Argument n° 1.)

B – ... car notre société encourage l'immédiateté, la rapidité, les réactions à vif. (Argument n° 2.)

Comme tu le vois, les **arguments** sont des **affirmations qui restent abstraites.** C'est pourquoi il faut les illustrer par un ou plusieurs **exemples.**

Un exemple, c'est un **fait concret** qui illustre ton argument.

Exemple

Argument n° 1 : La désinformation est fréquente dans notre société.

Exemple tiré de l'actualité : Les « fake news » sont de fausses informations diffusées dans le but de manipuler l'opinion. Ces informations fallacieuses, non vérifiées par des méthodes d'investigation sérieuses, sont colportées très rapidement grâce aux réseaux sociaux.

Argument n° 2 : Nous ne sommes pas à l'abri de manipulations.

Exemple littéraire n° 1 : Dans *Le Malade imaginaire*, Molière met en scène des médecins charlatans qui utilisent des discours savants pour impressionner Argan, un hypocondriaque, et lui soutirer de l'argent.

Exemple littéraire n° 2 : Dans *Knock* de Jules Romain, Knock, un médecin peu scrupuleux, parvient à faire croire aux habitants d'un village qu'ils sont tous malades. Jules Romain montre que la peur peut être utilisée comme arme de manipulation.

Arguments et exemples sont **indissociables.**

Ce sont comme les deux faces d'une même pièce : l'une ne va pas sans l'autre.

Pour être certain(e) d'avoir un exemple en face de chaque argument, je te conseille, au brouillon, de réaliser un tableau à deux colonnes.

Arguments	Exemples
La désinformation est fréquente dans notre société.	Les « fake news » colportées *via* les réseaux sociaux.
Nous ne sommes pas à l'abri des manipulations.	• ***Le Malade imaginaire*, Molière :** des médecins charlatans utilisent un vocabulaire savant pour dissimuler leur ignorance et tromper Argan, le malade imaginaire. • ***Knock*, Jules Romain :** un médecin charlatan utilise la peur de la maladie pour contrôler les habitants d'un village.

Ce tableau à deux colonnes est la base de ton brouillon. Le remplir constitue l'étape la plus importante de ton travail.

Maintenant, une question essentielle se pose :

Comment trouver suffisamment d'arguments et d'exemples ?

Il n'y a qu'une méthode : **passe en revue toutes les ressources à ta disposition.**

1 Le texte à contracter

Ce texte est à utiliser dans ton essai :

- Il contient forcément un ou plusieurs arguments que tu peux reprendre.
- Certains passages peuvent servir d'exemples, pour illustrer un argument.

2 L'œuvre intégrale au programme et les textes étudiés en classe dans le cadre du parcours

Le sujet de l'essai est également en rapport avec l'œuvre intégrale et son parcours.

Exemple

Si tu as étudié *Gargantua* de Rabelais avec le parcours « La bonne éducation », tu es certain(e) que l'essai portera sur le thème de l'éducation.

À toi d'être malin (ou maligne) !

Mobilise des arguments et des **exemples issus de l'œuvre intégrale** et des **extraits vus en classe dans le cadre du parcours** (les textes distribués par ton enseignant(e) et ceux étudiés lors des bacs blancs).

Ces textes constituent l'essentiel de ta **banque d'exemples** sur le thème du parcours.

Efforce-toi de les utiliser : c'est un attendu clé de l'épreuve !

3 Ta culture personnelle et l'actualité

Dans un essai, tu n'es pas obligé(e) de recourir uniquement à des exemples littéraires.

Tu peux puiser des arguments et exemples dans ta culture personnelle ou dans l'actualité.

Par exemple, tu as certainement entendu parler du phénomène des « fake news », ces fausses informations qui sont volontairement créées pour manipuler l'opinion publique.

Eh bien, il s'agit d'un exemple tiré de l'actualité, de ta culture personnelle. Tu peux tout à fait l'utiliser.

Il ne faut donc pas te raidir d'effroi quand j'évoque ta « culture personnelle ». Nous avons tous acquis des connaissances sur le monde qui peuvent servir dans un essai.

Le mémo d'Amélie

Puise tes exemples et tes arguments :

- **Dans le texte à contracter.**
- **Dans l'œuvre intégrale.**
- **Dans les textes étudiés en classe dans le cadre du parcours.**
- **Dans ta culture personnelle et l'actualité.**

N'oublie pas : au brouillon, prépare un tableau à deux colonnes et inscris au moins un exemple en face de chaque argument.

11 Comment réussir l'introduction, le développement et la conclusion de mon essai ?

Ton essai doit contenir une introduction, un développement et une conclusion.

Ces trois étapes sont **indispensables.** Elles sont attendues par le correcteur et l'absence de l'une d'entre elles te pénaliserait.

Voyons ensemble comment réussir ces trois éléments essentiels de ton essai.

A L'introduction

Son but est d'envoyer d'entrée de jeu un message positif à ton correcteur.

Pour cela, elle doit être rédigée en un seul paragraphe et contenir trois étapes :

- **Étape 1 :** L'amorce ou accroche.
- **Étape 2 :** La présentation du sujet.
- **Étape 3 :** L'annonce de plan.

Étape 1 – Commence par une accroche (ou amorce)

Faire une accroche, c'est susciter l'intérêt de ton correcteur avec **une phrase qui inscrit le sujet dans un contexte plus général.**

Ce contexte général peut être une référence à l'objet d'étude, à des faits historiques, à une œuvre intégrale, un auteur, une citation...

Mais pour l'essai, je vais te donner une **astuce toute simple** qui marche à tous les coups : **utilise le texte de la contraction pour ton amorce.**

Exemple

Avec le sujet *« Pourquoi est-il si difficile d'éduquer à l'esprit critique ? »,* on peut proposer cette amorce :

Dans son article « Ce n'est pas la panacée ! », Sébastian Dieguez souligne la facilité avec laquelle chacun peut, sous couvert de sérieux et d'argumentation, se parer d'esprit critique, pour s'enfermer en réalité dans ses propres certitudes. (Accroche tirée du texte à contracter p. 180.)

Cet exemple t'aide-t-il à y voir plus clair ?

La question de l'essai entretient toujours un rapport étroit avec le texte à contracter.

Le plus simple, le jour de l'examen, est donc d'ouvrir ton introduction en évoquant le texte à contracter pour montrer qu'il amène naturellement à se poser la question de l'essai.

Surtout, **ne commence jamais ton amorce par une généralité comme :**

- « De tout temps, les hommes... »
- « Depuis toujours... »
- « Depuis la nuit des temps, les hommes... »

Ce sont des phrases « tarte à la crème » **à bannir de ton vocabulaire** car elles constituent des clichés faux et insipides.

Si tu sèches sur ton amorce et que tu ne parviens pas à t'appuyer sur le texte à contracter pour ouvrir l'introduction, tu peux toujours commencer directement par l'étape n° 2 : la présentation du sujet.

ESSAI

C'est moins orthodoxe, mais fais-moi confiance : mieux vaut cela qu'une amorce « tarte à la crème » qui agacerait ton correcteur.

Étape 2 – Présente le sujet

La présentation du sujet est l'étape la plus facile à réaliser.

Elle consiste simplement à **rappeler l'énoncé de ton sujet dans son intégralité, comme si ton correcteur ne l'avait jamais lu.**

Si le sujet contient un mot clé dont le sens n'est pas évident, tu peux également le définir, pour montrer que tu as bien compris le sujet.

Exemple

Tu peux écrire :

Dans son article « Ce n'est pas la panacée ! », Sébastian Dieguez souligne la facilité avec laquelle chacun peut, sous couvert de sérieux et d'argumentation, se parer d'esprit critique, pour s'enfermer en réalité dans ses propres certitudes. (Accroche tirée du texte à contracter.) L'esprit critique consiste à examiner la valeur des informations reçues avant de porter un jugement. (Définition du mot clé « esprit critique » dont le sens n'est pas évident.) Pourquoi est-il donc si difficile d'éduquer à l'esprit critique ? Quels sont les obstacles à l'exercice de l'esprit critique ? Comment en faire bon usage ? (J'énonce le sujet dans son intégralité, comme si le correcteur ne l'avait jamais lu.)

Étape 3 – Annonce le plan

Il ne reste plus qu'à annoncer les grandes parties de ton plan !

Exemple

Après avoir vu les raisons pour lesquelles notre société contemporaine rend difficile l'exercice de l'esprit critique, nous nous interrogerons sur les qualités requises pour développer cette attitude intellectuelle.

Mon conseil ? N'utilise pas d'expression comme « Dans une première partie », « Dans une deuxième partie » : elles sont trop scolaires pour un niveau lycée.

Remplace-les par des **formules plus légères :**

- Après avoir analysé (ta première partie)...
- ... nous verrons que (ta deuxième partie)...
- ... pour nous demander enfin si (ta troisième partie)...

B Le développement

Ton développement est composé de **deux ou trois grandes parties.**

Exemple

Pour le sujet « *Pourquoi est-il si difficile d'éduquer à l'esprit critique ?* », j'ai annoncé dans mon introduction un plan en deux parties :

I – Notre société contemporaine rend difficile l'exercice de l'esprit critique.

II – L'esprit critique exige rigueur et honnêteté intellectuelle.

Chacune de ces parties doit être étayée par **au moins deux sous-parties,** c'est-à-dire deux arguments qui viennent justifier l'idée principale de chaque grande partie.

Exemple

I – Notre société contemporaine rend difficile l'exercice de l'esprit critique...

A – ... car la multiplication des informations nuit à l'exercice de l'esprit critique.

B – ... car la culture de l'immédiateté ne favorise pas le temps de la réflexion.

Je propose ici deux sous-parties pour appuyer ma première grande partie.

Chacune de ces sous-parties formera un paragraphe.

Structure ensuite chacun de tes paragraphes de la façon suivante :

1. **Énonce ton argument.**
2. **Explique-le plus en détail.**
3. **Propose un ou deux exemples.**

Ces trois points sont la **clé d'un paragraphe argumenté réussi.**

ESSAI

Exemple

L'ère numérique s'accompagne d'une multiplication des informations dont les sources, pas toujours identifiables, nuisent à l'exercice de l'esprit critique qui nécessite de décrypter le vrai du faux. (J'ai énoncé mon argument.) C'est ainsi que les « fake news », ces informations fallacieuses créées par leurs auteurs pour manipuler l'opinion publique, sont devenues, depuis quelques années, un véritable problème de société. (J'ai donné un exemple.) Il faut rappeler que les « fake news » existent depuis bien longtemps – on parlait autrefois de rumeurs ou de légendes urbaines –, mais elles trouvent dans notre société actuelle un terreau fertile car les réseaux sociaux permettent de les créer et les colporter à une vitesse sans précédent. Ces fausses informations, dont le but est de manipuler l'opinion publique, paralysent l'esprit critique et doivent appeler à notre vigilance. (J'ai développé mon argument et mon exemple.)

C La conclusion

Son but est de **donner une réponse ferme et définitive à la question.**

Pour cela, il te faut suivre deux étapes :

- **Étape 1 :** Récapitule les étapes de ton plan et donne une réponse ferme et définitive à la question.
- **Étape 2 :** Fais une ouverture.

1 Rappelle les étapes de ton développement

Dans la mesure du possible, ne répète pas ton annonce de plan à l'identique. **Utilise des synonymes** pour résumer l'essentiel de ton raisonnement.

2 Fais une ouverture

L'ouverture est une phrase qui élargit la réflexion sur une **perspective plus générale.** C'est un moyen de montrer que la discussion pourrait se prolonger.

Pour l'essai, je te conseille d'appliquer une **astuce** toute simple : **propose une ouverture sur l'œuvre intégrale ou sur la lecture cursive effectuée dans le cadre du programme.**

Rappelle-toi : le sujet de l'essai entretient un lien étroit avec l'œuvre intégrale au programme. Le plus simple est donc de terminer l'essai avec un élargissement sur cette œuvre.

Comme pour l'accroche en introduction, **évite les généralités trop éloignées de ton sujet.** Par exemple, la question « Comment mieux éduquer à l'esprit critique ? » est bien trop large ! C'est une ouverture qui décrédibiliserait ta copie.

Exemple

Voici deux exemples de conclusion pour le sujet : *« Pourquoi est-il si difficile d'éduquer à l'esprit critique ? »*

Exemple de conclusion n° 1 :

Nous avons vu que l'esprit critique est difficile à enseigner. Le culte de la vitesse, dans notre société, et, à l'échelle individuelle, la mauvaise foi et l'envie d'avoir toujours raison, entravent les efforts et l'honnêteté intellectuelle nécessaires à son exercice. (Je récapitule les jalons de mon raisonnement et je donne ma réponse finale ferme et définitive.) Face aux pièges et aux manipulations, éduquer à l'esprit critique relève pourtant d'un enjeu citoyen majeur, afin que les individus puissent prendre collectivement des décisions informées et pertinentes quant à leur avenir. (Ouverture.)

Exemple de conclusion n° 2 :

Nous avons vu que l'esprit critique est difficile à enseigner. Le culte de la vitesse, dans notre société, et, à l'échelle individuelle, la mauvaise foi et l'envie d'avoir toujours raison, entravent les efforts et l'honnêteté intellectuelle nécessaires à son exercice pourtant indispensable. (Je récapitule les jalons de mon raisonnement et je donne ma réponse finale ferme et définitive.) Rabelais souhaitait d'ailleurs que le maître humaniste, Ponocrates, forme Gargantua à l'esprit critique. En effet, si les connaissances à acquérir par le jeune géant sont livresques, le précepteur reste avant tout un guide chargé d'éduquer son élève à une certaine attitude intellectuelle. (Ouverture sur l'œuvre intégrale.)

Le mémo d'Amélie

Ton essai rédigé est constitué de trois étapes indispensables :

- **1 : une introduction.**
- **2 : un développement.**
- **3 : une conclusion.**

12 Comment présenter mon essai ?

L'essai est un exercice qui doit respecter certaines règles académiques.

Voici comment présenter ton essai avec succès.

1 Soigne l'aspect « visuel »

Aère ta copie pour que ton correcteur identifie en un coup d'œil le nombre exact de parties et sous-parties dans ton devoir :

- **Saute 2 lignes après ton introduction.**
- **Saute 1 ligne entre chaque grande partie de ton devoir.**
- **Saute 2 lignes avant de commencer ta conclusion.**
- **Fais un alinéa au début de chaque paragraphe.**

Grâce à ces sauts de lignes et alinéas, ta copie sera plus claire et les étapes de ton argumentation plus évidentes.

2 Rédige ton plan

Au baccalauréat, le plan de ton essai ne doit pas être apparent : il doit être **rédigé.**

Qu'est-ce que cela veut dire ?

C'est simple : n'écris pas (comme au brouillon) un plan apparent avec des numéros et des lettres, tel que :

I – Notre société contemporaine rend difficile l'exercice de l'esprit critique.

A – La multiplication des informations nuit à l'exercice de l'esprit critique.

Rédige tes thèses et arguments sous forme de **phrases claires et simples,** sans les faire précéder d'une lettre ni d'un numéro.

Exemple

Tu peux écrire :

Notre société contemporaine rend difficile l'exercice de l'esprit critique.

Tout d'abord, l'ère numérique s'accompagne d'une multiplication des informations dont les sources, pas toujours identifiables, nuisent à son exercice.

Vois-tu la différence ? Le plan n'est pas visuellement apparent (avec les numéros des parties) mais il n'a pas disparu : les intitulés de mon plan sont formulés avec des phrases brèves et claires.

3 Respecte les règles typographiques

Le non-respect des règles typographiques est fréquent dans les copies et agace beaucoup les correcteurs.

Elles sont pourtant très simples à suivre !

• Souligne les titres d'œuvres à la règle

Quand tu écris un devoir à la main, souligne les titres d'œuvres à la règle.

Exemple

Dans le chapitre 15 de Gargantua, Rabelais souligne les conséquences désastreuses de l'enseignement médiéval sur le jeune géant.

Seuls les titres de poèmes, fables, chansons, chapitres ou articles de journaux sont entre guillemets.

Exemple

Dans « Vénus anadyomène » issu des Cahiers de Douai, Arthur Rimbaud réalise un anti-portrait parodique de Vénus, la déesse de l'amour qui a inspiré de nombreux poètes et peintres avant lui.

Dans « L'onde du chaos », troisième section du recueil Mes forêts d'Hélène Dorion, la poétesse interroge la possibilité d'existence de la poésie dans un monde « illyrique ».

Dans son article « Ce n'est pas la panacée ! », le journaliste Sébastian Dieguez souligne que l'esprit critique peut être singé.

ESSAI

Dans un livre ou sur Internet, le soulignement est remplacé par l'italique. Mais si ton devoir est manuscrit, les titres d'œuvres doivent être soulignés à la règle.

- **Place les citations entre guillemets**

Faire des citations dans un essai est toujours valorisé. N'hésite pas à citer et commenter des phrases ou expressions clés de l'œuvre intégrale ou du texte à contracter, mais sans oublier les guillemets.

Exemple

À l'article 9 de La Déclaration des droits de la femme et de la citoyenne, Olympe de Gouges ironise : « Toute femme étant déclarée coupable, toute rigueur est exercée par la loi. »

4 Varie ton vocabulaire et tes phrases

Au lycée, on te demande **un effort d'expression écrite** et il n'y a qu'une façon d'y parvenir : **en variant ton vocabulaire et tes phrases.**

On a tous quelques habitudes d'écriture dont il faut se défaire.

Par exemple, certains élèves utilisent trop souvent l'expression « Cette œuvre » : « Cette œuvre montre », « cette œuvre indique », « cette œuvre révèle »...

Or l'expression « cette œuvre » peut être remplacée par : « ce passage », « cet extrait », « cette ligne », « ce manifeste », « cet article », « ce pamphlet », « cette pièce de théâtre », « ce raisonnement », « ce chapitre », « cette phrase », « cette formule », « cette proposition », etc.

Varie également les verbes. Un auteur ou un texte peut « révéler » quelque chose, « dépeindre », « représenter », « communiquer », « dévoiler », « mettre en relief », « souligner », « esquisser », « exprimer », « indiquer », « marquer », « donner l'impression que », « présenter », « témoigner de », « accentuer », « amplifier », « dénoncer », « critiquer », etc.

Prends l'habitude d'utiliser chez toi un **dictionnaire des synonymes pour enrichir ton vocabulaire.** Petit à petit, tu n'auras plus besoin de dictionnaire car les mots te viendront plus facilement à l'esprit.

Varie aussi tes débuts de phrase pour éviter la monotonie dans ton devoir.

Exemple

Une phrase toute simple comme :

L'habileté argumentative permet de masquer des raisonnements fallacieux voire la mauvaise foi.

Pourrait être réécrite de cette façon :

Pour masquer un raisonnement fallacieux ou sa mauvaise foi, on peut recourir à l'habileté argumentative.

Tu peux ainsi diversifier les formules pour éviter que ne se suivent plusieurs phrases ayant la même construction syntaxique. Ces variations rendront ta copie plus plaisante à lire.

Le mémo d'Amélie

Voici les règles incontournables pour rédiger ton essai :

- **Saute 2 lignes après l'introduction et avant la conclusion.**
- **Saute 1 ligne entre chaque grande partie.**
- **Fais un alinéa au début de chaque paragraphe.**
- **Souligne les titres d'œuvres à la règle et mets les titres de poèmes et d'articles entre guillemets.**
- **Mets les citations entre guillemets.**
- **Varie tes phrases et ton vocabulaire.**

13 Comment travailler l'essai efficacement pendant l'année ?

La réussite à l'essai repose sur trois fondamentaux :

- la qualité de ton argumentation,
- ta connaissance de l'œuvre intégrale au programme,
- ta capacité à mobiliser des exemples variés.

Ce sont donc ces trois points qu'il te faut travailler tout au long de l'année pour être prêt(e) le jour J.

A Entraîne-toi à l'argumentation

Lis attentivement les chapitres de méthode sur l'essai (pages 155 à 177) et entraîne-toi régulièrement à **réaliser des plans rapides** en trouvant au moins deux grandes parties pour répondre à des sujets divers.

Le plan dialectique, qui est le plus fréquent, nécessite de l'entraînement car tu dois apprendre à le formuler de façon nuancée (sans tomber dans la caricature « oui-non »).

Prends régulièrement 15 à 20 minutes pour réaliser des micro-entraînements sur des questions variées et t'exercer ainsi à la dynamique argumentative.

B Travaille l'œuvre intégrale et son parcours

La question de l'essai est intimement liée à l'œuvre intégrale et son parcours au programme de l'objet d'étude « La littérature d'idées du XVIe au XVIIIe siècle ».

Pour mettre toutes les chances de ton côté, travaille l'œuvre et son parcours en profondeur.

Dans ton essai, tu ne peux en effet pas te contenter d'une référence vague à l'œuvre intégrale : **tes références devront être précises et développées.**

Exemple

Si tu souhaites avancer que l'éducation médiévale est nocive pour Gargantua, prouve-le par une **référence précise** tirée de l'œuvre de Rabelais.

Indique, par exemple, que dans le chapitre 15, Grandgousier, le père de Gargantua, constate que son fils devient « fou, niais, tout rêveur et assoti » au contact des théologiens.

Injecte ce niveau de précision dans tous tes exemples.

C Mobilise des exemples précis sur le thème du parcours

Connaître l'œuvre intégrale au programme ne suffit pas pour réussir un essai. Si tu souhaites choisir ce sujet au bac, **fais l'inventaire de ta culture générale sur le thème du parcours.**

Par exemple, pour *Gargantua*, le parcours porte sur « La bonne éducation ». Recense tous les textes que tu connais dans lesquels le thème de l'éducation est abordé :

- Les œuvres et textes lus et étudiés au collège et en Seconde.
- Les textes étudiés en classe pour la préparation de l'oral.
- Les œuvres cursives lues pour la préparation de l'oral.
- Tes lectures personnelles.
- Les textes que tu as étudiés seul(e) durant ton temps libre, dans un ouvrage scolaire ou sur commentairecompose.fr.

Bon à savoir : tu n'es pas obligé(e) d'avoir lu une œuvre intégralement pour t'en servir d'exemple dans un essai.

D Entraîne-toi à utiliser ta banque d'exemples

Une fois ta banque d'exemples réalisée, utilise-la régulièrement !

Prends des sujets d'essai, et pour chacun d'entre eux, **demande-toi quels textes et œuvres de ta banque pourraient servir et comment.**

Fais cet exercice régulièrement jusqu'à être parfaitement à l'aise avec ta banque d'exemples.

Comme pour les œuvres intégrales, **utilise tes références précisément.** On ne te demande pas de saupoudrer ton devoir de quelques titres d'œuvres et noms d'auteurs, comme autant de cases à cocher. Mieux vaut des références moins nombreuses mais développées de façon convaincante.

Le mémo d'Amélie

Pour te préparer à l'essai au bac :

- **Exerce-toi régulièrement à la dynamique argumentative** en réalisant des micro-entraînements de 15 à 20 minutes.
- **Étudie en profondeur l'œuvre intégrale** au programme et son parcours.
- **Fabrique-toi une « banque d'exemples »** sur le thème du parcours, et entraîne-toi à la mobiliser sur des sujets variés.

SUJETS DU BAC CORRIGÉS

Je te propose ici trois exemples de sujets de contraction de texte et essai, dont un intégralement rédigé.

Sujet 1

Œuvre : Rabelais, *Gargantua*, chapitre 11 à 24
Parcours : La bonne éducation

CONTRACTION DE TEXTE

Texte de Sébastian Dieguez, « Ce n'est pas la panacée[1] ! », *Books* n° 100, septembre 2019.

Vous résumerez ce texte en 254 mots. Une tolérance de +/– 10 % est admise : votre travail comptera au moins 229 et au plus 279 mots. Vous placerez un repère dans votre travail tous les 50 mots et indiquerez à la fin de la contraction le nombre de mots qu'elle comporte.

Qui songerait à s'opposer à l'esprit critique ? N'en a-t-on pas plus que jamais besoin à l'heure où prolifèrent les théories du complot et les fake news, où les idées extrêmes s'imposent à la tête de plus en plus de gouvernements, où l'expertise et la science font face à une défiance grandissante et où même la croyance en la Terre plate fait son retour ? D'ailleurs, lesquels parmi nous seraient prêts à reconnaître qu'ils manquent d'esprit critique ?

La Rochefoucauld s'en était déjà amusé : « Tout le monde se plaint de sa mémoire et personne ne se plaint de son jugement. » De fait, quand nous réclamons davantage d'esprit critique, ce n'est certainement pas à nous-même que s'adresse cette requête, mais plutôt à des catégories bien spécifiques d'individus. Les jeunes et les enfants, par exemple. Ne sont-ils pas vulnérables, naïfs et prompts à se faire manipuler ? Ne doit-on pas les prémunir contre les dangers d'un monde complexe et impitoyable ? Certes, mais beaucoup d'adultes ne sont pas en reste : ne croient-ils pas aveuglément la propagande qui leur est servie dans les médias, ne votent-ils pas contre leurs propres intérêts, ne colportent-ils pas les rumeurs les plus délirantes ? [...]

Il reste que certaines croyances bénéficient clairement de nos compétences critiques, celles-ci fournissant, pour ainsi dire, l'armature argumentative et intellectuelle pour les défendre. Plutôt que de contrecarrer nos intuitions et nos lubies, il arrive donc que l'esprit critique se mette entièrement à leur service. L'injonction à

« penser par soi-même » produit ainsi des effets ambigus. Il est certainement bon de se méfier des opinions conformistes et des idées reçues, mais d'un autre côté nous courons ainsi le risque de nous enfermer dans nos propres croyances, avec l'illusion que nous sommes dans le vrai simplement parce que nous avons raisonné. Une forme d'autarcie épistémique[2] ou d'esprit critique « à la carte », en somme : mes croyances sont les bonnes parce qu'elles sont les miennes...

Ces considérations débouchent sur un autre problème : il n'existe pas véritablement de méthode reconnue pour enseigner ou instiller l'esprit critique. Ce type d'éducation ciblée peut fonctionner dans un domaine donné, comme la logique formelle, la physique ou telle ou telle spécialité particulière à laquelle nous consacrons du temps et des efforts. Mais l'esprit critique ainsi développé se généralise assez mal d'un secteur à un autre. Pire, il peut même induire l'illusion que nos compétences s'étendent sans heurt et tout naturellement à des choses dont nous ne savons rien. On voit ainsi fleurir des « experts généralistes » qui n'hésitent pas à se prononcer indifféremment, du haut de leur compétence dans un domaine particulier (mettons la littérature ou les mathématiques), ou même aucun, sur la géopolitique, l'alimentation, la santé, l'économie, la psychologie ou l'histoire, un travers auquel le philosophe Nathan Ballantyne a récemment donné le nom d'« effraction épistémique ».

Mais ces problèmes associés à l'esprit critique ne sont encore rien à côté de la facilité avec laquelle on peut exploiter cette notion. S'il n'existe pas de méthode infaillible, ni même de définition définitive, pour l'esprit critique, chacun sait plus ou moins à quoi celui-ci devrait ressembler. Et, en l'absence de critères psychologiques et épistémiques clairs et nets, qu'est-ce qui empêche quelqu'un de singer simplement l'esprit critique, et même de se persuader qu'il peut s'en prévaloir ? Notre cerveau ne dispose pas d'un voyant lumineux qui nous indique objectivement que notre esprit critique est enclenché, ni que nos raisonnements ont abouti avec succès. En revanche, il est aisé d'en avoir la sensation et de la transmettre aux autres. La philosophe et artiste Adrian Piper a appelé cela la « pseudorationalité », et les psychologues parlent d'« illusion de savoir ». Souvent notre esprit critique n'en a que les apparences, et nous ne nous en rendons même pas compte.

Ainsi, on peut faire mine de ne s'intéresser qu'à la vérité tout en n'appliquant en réalité que l'« art d'avoir toujours raison » que préconisait Schopenhauer. « Faire sérieux » est à la portée de presque tout le monde ; les biais cognitifs et les rhétoriques fallacieuses[3] ne manquent pas pour y parvenir. Certains optent pour l'obscurité et le vague, d'autres produisent des graphiques et des formules qui « font » scientifique, d'aucuns épatent la galerie en citant des penseurs célèbres, d'autres encore ne disent que ce que leur auditoire veut entendre... Contre les objections, on pourra soigneusement choisir les chiffres qui nous arrangent, tenter de noyer le poisson, changer habilement de sujet, ou, encore plus subtilement, jouer la magnanimité afin de « prendre de la hauteur ». Tout cela exige des ressources mentales assez avancées, et il est parfois impossible de savoir si elles sont au service du débat raisonné ou de la simple mauvaise foi.

Endosser les apparences de la profondeur critique est en réalité un jeu d'enfant, produire des « raisonnements fantômes » à la portée du premier complotiste venu, et c'est hélas encore plus le cas si on nous y encourage en permanence et qu'on nous enseigne par mégarde ces compétences. Bien évidemment, on souhaiterait plutôt transmettre et favoriser le « véritable » esprit critique, celui qui serait insensible à nos croyances préétablies, à l'idéologie ambiante, à notre tempérament, à nos goûts et nos inclinations, à la propagande, aux modes intellectuelles, à nos jugements moraux... Mais on peut se demander si, comme pour une forme « pure » de l'empathie, une telle chose est seulement possible ou même souhaitable.

Quand on cherche des solutions à nos problèmes contemporains, en appeler à « plus d'esprit critique » n'est au mieux guère plus efficace qu'une formule incantatoire[4]. Au pire, si c'est pour que chacun se conforte dans l'idée de sa supériorité intellectuelle et morale, cela ne pourra qu'aggraver la situation. Peut-être vaudrait-il mieux renoncer à l'idée d'esprit critique tant que celle-ci est conçue comme une panacée.

(1 017 mots)

1. Panacée : ce qu'on croit capable de guérir tous les maux. **2. Autarcie épistémique :** fait de s'enfermer dans ses propres représentations. **3. Biais cognitifs et rhétoriques fallacieuses :** usages trompeurs des idées et de la parole. **4. Formule incantatoire :** formule répétée mais qui reste inefficace.

ESSAI

Pourquoi est-il si difficile d'éduquer à l'esprit critique ?

Vous répondrez à cette question en prenant appui sur *Gargantua* de Rabelais, sur le texte de l'exercice de la contraction et sur ceux que vous avez étudiés dans l'année dans le cadre de l'objet d'étude « La littérature d'idées du XVIe siècle au XVIIIe siècle ». Vous pourrez aussi faire appel à vos lectures et à votre culture personnelle.

Proposition de corrigé

Ce corrigé est intégralement rédigé, comme tu devras le faire le jour du bac. Observe attentivement la composition : sauts de ligne, alinéas, etc., pour reproduire la même chose dans tes devoirs.

CONTRACTION DE TEXTE

Face à la prolifération des thèses fallacieuses et des fausses informations, tout le monde s'accorde à reconnaître la nécessité de s'armer d'esprit critique. Mais personne ne s'en considère dépourvu. C'est chez les autres qu'on déplore l'absence d'esprit critique, particulièrement chez les jeunes, / alors que les adultes sont tout autant manipulés et influençables.

> Reformule le texte avec tes propres mots. Ici, seule l'expression clé « esprit critique » est reprise, car elle est essentielle à la compréhension du texte.

Exercer notre esprit critique ne nous prémunit pas contre les raisonnements erronés. L'esprit critique est même souvent dévoyé pour nous conforter dans nos propres croyances sous prétexte que nous les avons soumises à notre raisonnement. Il nous emprisonne alors / dans nos certitudes.

> Respecte l'énonciation du texte : l'auteur écrit à la première personne du pluriel.

Par ailleurs, aucune méthode n'est établie pour inculquer l'esprit critique : exercé dans une spécialité que l'on connaît, il ne peut s'étendre à des secteurs dont on ne maîtrise pas le savoir.

> Les connecteurs logiques appuient l'articulation entre les différents paragraphes.

Pire encore, l'absence de définition claire de l'esprit critique permet / à quiconque de s'en prévaloir à mauvais escient. Nous parvenons ainsi à convaincre les autres, par des procédés rhétoriques, que notre raisonnement est sérieux, quand bien même nous sommes de mauvaise foi.

> L'auteur détaille les procédés utilisés pour influencer son auditoire. Tu peux les résumer avec la formule englobante « par des procédés rhétoriques ».

Feindre l'esprit critique est d'une facilité déconcertante. L'esprit critique authentique, qui nécessite de se / détacher de nos goûts et préjugés, est sans doute impossible à acquérir.

Aussi, invoquer sans cesse l'esprit critique comme remède universel est au mieux inutile, au pire dangereux. Cela risque d'amplifier les problèmes en convaincant chacun de la supériorité de sa propre intelligence et de son éthique.

(249 mots)

> Indique le nombre de mots à la fin de ta contraction.

ESSAI

Dans son article « Ce n'est pas la panacée ! », Sébastian Dieguez souligne la facilité avec laquelle chacun peut, sous couvert de sérieux et d'argumentation, se parer d'esprit critique pour s'enfermer dans ses propres certitudes. L'esprit critique consiste à examiner la valeur des informations reçues avant de porter un jugement. Pourquoi est-il donc si difficile d'éduquer à l'esprit critique ? Quels sont les obstacles à l'exercice de l'esprit critique ? Après avoir vu les raisons pour lesquelles notre société contemporaine rend difficile l'exercice de l'esprit critique, nous nous interrogerons sur les qualités requises pour développer cette faculté.

Astuce : utilise le texte de la contraction pour ouvrir ton introduction.

Rappelle l'énoncé de ton sujet, comme si ton correcteur ne l'avait jamais lu.

Annonce ton plan en fin d'introduction.

Notre société actuelle, qui voue un culte à la vitesse, ne favorise pas l'exercice de l'esprit critique.

Le développement de l'esprit critique est pourtant au cœur du modèle éducatif français, qui valorise les compétences sur les connaissances, à l'instar de ce que préconisait Rabelais dans Gargantua. Dans ce roman, le jeune géant subit d'abord une éducation médiévale traditionnelle dispensée par des théologiens qui imposent l'apprentissage par cœur. Cette pédagogie s'avère désastreuse : Gargantua devient « tout rêveur et assoti » (chapitre 15). Son père confie alors son instruction à Ponocrates, un professeur humaniste qui privilégie la curiosité, la réflexion et le dialogue. Cette éducation humaniste est un succès. Dans le chapitre « De l'institution des enfants » issu des Essais, Montaigne critique également l'éducation scolastique basée sur la mémoire. Par la métaphore du gavage, il dénonce une pédagogie répétitive, fondée sur l'ingestion sans digestion : « On ne cesse de criailler à nos oreilles, comme qui verserait dans un entonnoir, et notre charge ce n'est que redire ce qu'on nous a dit. » Pour Rabelais et Montaigne, le précepteur doit être un guide à l'écoute de son élève, en dialogue permanent avec lui. Alors que ce modèle éducatif prévaut en France, force est de constater avec Sébastian Dieguez que l'esprit critique demeure cependant difficile à acquérir. Quelles en sont les raisons ?

Formule clairement ta première idée directrice.

Énonce ensuite ton premier argument précédé d'un alinéa.

Appuie-toi sur l'œuvre au programme pour illustrer tes arguments.

Le monde a bien changé depuis le XVIe siècle. L'ère numérique s'accompagne d'une multiplication d'informations dont les sources ne sont pas toujours identifiables. Ce déferlement de données nuit à l'esprit critique, qui suppose de décrypter le vrai du faux. C'est ainsi que les « fake news », ces informations fallacieuses créées par leurs auteurs pour manipuler l'opinion publique, sont devenues depuis quelques années un véritable problème de société. Il faut rappeler que les « fake news » existent depuis bien longtemps – on parlait autrefois de rumeurs ou de légendes urbaines –, mais elles trouvent dans notre société actuelle un terreau fertile via les réseaux sociaux qui permettent de les produire et de les colporter à une vitesse sans précédent. Ces fausses informations, dont le but est de manipuler l'opinion publique, paralysent l'esprit critique et doivent appeler à notre vigilance.

Quand tu changes d'argument, commence un nouveau paragraphe précédé d'un alinéa.

Tu peux recourir à des exemples issus de ta culture générale.

Le culte de la vitesse tend également à freiner l'esprit critique. Notre société valorise en effet l'immédiateté : il convient désormais de trouver toutes les informations rapidement, en un clic, ou de commenter l'actualité à vif, souvent en direct. S'invitent ainsi sur les plateaux télévisés des experts autoproclamés prêts à donner leur avis sur tous les sujets. Nombre de personnes communiquent également des opinions irréfléchies via les réseaux sociaux. La réaction prend le pas sur la réflexion. Or l'esprit critique requiert du temps et du recul. Pour se défaire de ses préjugés, il convient de se documenter, de lire, de se confronter à des opinions diverses. Or notre société privilégie désormais le visuel sur l'écrit, pourtant essentiel à une compréhension nuancée des problématiques contemporaines. Dans son ouvrage La Fabrique du crétin digital (2019), Michel Desmurget, docteur en neurosciences, alerte sur les dangers de la consommation des écrans récréatifs. Les nouvelles générations ne seraient pas confrontées, à travers les écrans, à la richesse langagière présente dans les livres. Cet effondrement du langage les priverait des ressources et outils nécessaires au développement de leur esprit critique.

Quand tu changes d'argument, commence un troisième paragraphe.

Si l'esprit critique est si difficile à enseigner, c'est aussi parce qu'il requiert rigueur, efforts, honnêteté intellectuelle et humilité.

Énonce clairement l'idée directrice de ta seconde partie.

Le flou qui entoure la définition de l'esprit critique conduit certains à confondre esprit critique et doute systématique. Or l'esprit critique n'est pas synonyme de défiance permanente. Il correspond, au contraire, à la capacité d'ajuster son niveau de confiance, en distinguant les simples opinions des informations validées par des preuves sérieuses. Exercer son esprit critique, c'est donc évaluer la fiabilité d'une source. Quelle est son origine ? Cette source a-t-elle des raisons de mentir ? Est-elle mêlée à des conflits d'intérêts ? Quelle est son expertise ? Quelles sont les preuves à l'appui de ses arguments ? Mon niveau de connaissance me permet-il d'évaluer cette information ? Il ne s'agit pas de se défier de tout mais d'accorder sa confiance uniquement aux sources fiables et aux informations solidement prouvées. Remémorons-nous la fable de Jean de La Fontaine « Les Poissons et le Cormoran » : un cormoran fait croire aux poissons d'un étang qu'ils sont en danger car un humain va venir pêcher. Les poissons s'interrogent : « Seigneur Cormoran, / D'où vous vient cet avis ? Quel est votre garant ? / Êtes-vous sûr de cette affaire ? » Ils décident toutefois de croire le cormoran, oubliant que l'oiseau a tout intérêt à ce mensonge. Ce dernier les installe en effet dans des eaux peu profondes pour les gober plus facilement. Cette fable rappelle que l'esprit critique implique de distinguer les sources des informations pour n'accorder sa confiance qu'à celles qui sont fiables.

> Puis énonce ton premier argument. (Chaque argument correspond à un paragraphe précédé d'un alinéa.)

> Puise dans tes lectures de Seconde et Première pour développer des exemples.

L'esprit critique peut aussi être singé comme le rappelle Sébastian Dieguez dans son article « Ce n'est pas la panacée ! ». En effet, l'habileté argumentative masque parfois des raisonnements fallacieux voire de la mauvaise foi. On peut, par des procédés rhétoriques, donner une impression de sérieux, effrayer, manipuler les chiffres, etc. Rabelais offre un exemple de ces discours manipulateurs à travers la figure du précepteur sophiste qui, dans le chapitre 21 de <u>Gargantua</u>, justifie le réveil contre nature de Gargantua en citant les Psaumes de la Bible : « vanum est vobis ante lucem surgere » (« il est vain de vous lever avant la lumière du jour »). Rabelais se moque des maîtres de rhétorique qui cachent leur ignorance derrière des arguments d'autorité. Dans notre société où les stratégies de communication et le visuel priment souvent sur le fond, éduquer à l'esprit critique suppose de décrypter

> Utilise le texte à contracter : il contient des arguments et exemples que tu peux reprendre.

> Les textes analysés en classe te fournissent des exemples précis pour ton essai.

les procédés rhétoriques et d'étudier le fonctionnement des biais cognitifs, pour tenter de se soustraire à leurs influences.

Finalement, ne vaut-il pas mieux faire preuve d'humilité face à l'esprit critique ? Ce ne sont pas seulement les autres qui sont manipulables : nous le sommes tout autant qu'eux, souligne avec humour Sébastian Dieguez dans son article. Se croire doté d'un esprit critique aiguisé, c'est s'illusionner, car le véritable esprit critique « serait insensible à nos croyances préétablies, à l'idéologie ambiante, à notre tempérament, à nos goûts et nos inclinations, à la propagande, aux modes intellectuelles, à nos jugements moraux... » : il est inaccessible. L'esprit critique se développe grâce à un regard extérieur, capable de se détacher de sa propre culture, pour mieux la regarder en face et l'évaluer. C'est pourquoi en littérature, le recours à un personnage étranger qui porte un regard naïf sur la société est fréquent. Ce sont par exemple deux Persans qui, dans les Lettres persanes de Montesquieu, observent avec curiosité la société française du XVIIIe siècle. Voltaire use du même procédé dans L'Ingénu où la société européenne, soumise au regard innocent du jeune Huron, apparaît dans toute son absurdité.

De temps en temps, emploie la forme interrogative pour dynamiser ton argumentation.

L'esprit critique est difficile à enseigner. Dans une société d'information qui voue un culte à la vitesse, nous sommes tentés de préférer, à la rigueur et à l'honnêteté intellectuelle, la mauvaise foi et le confort de croire que l'on a toujours raison. Face aux pièges et aux manipulations, éduquer à l'esprit critique relève pourtant d'un enjeu citoyen majeur, afin que les individus puissent prendre collectivement des décisions informées et pertinentes quant à leur avenir.

Dans ta conclusion, rappelle brièvement ta réponse à la question.

Sujet 2

Œuvre : La Bruyère, *Les Caractères*, livre XI

Parcours : Peindre les Hommes, examiner la nature humaine

CONTRACTION DE TEXTE

Texte de Clara Degiovanni, « L'astrologie, un art de figer les caractères », *Philosophie magazine*, publié le 29 mai 2021.

Vous résumerez ce texte en 193 mots. Une tolérance de +/– 10 % est admise : votre travail comptera au moins 174 et au plus 212 mots. Vous placerez un repère dans votre travail tous les 50 mots et indiquerez à la fin de la contraction le nombre de mots qu'elle comporte.

« Un caractère bien fade est celui de n'en avoir aucun », écrit La Bruyère. Le moraliste l'avait déjà remarqué : rien de pire que de ne pas avoir de personnalité. L'astrologie[1] remédie à cette crainte d'être une coquille vide grâce au « thème astral » offrant à chacun – pour peu qu'il soit né – un portrait détaillé de son caractère, à découvrir en un coup d'œil sur les sites dédiés. Ce panorama des grands types de personnalités, divisés en douze signes astrologiques, fait écho au travail du moraliste, qui a lui aussi recensé les différents tempéraments dans son unique œuvre – celle de toute une vie : *Les Caractères* (1688). La Bruyère permet ainsi de saisir les ressorts psychologiques de cette pratique éminemment controversée.

L'astrologie explique le caractère

On a toujours voulu comprendre le caractère de nos semblables. Pourquoi mon chef part-il au quart de tour ? Pourquoi mon fils se laisse-t-il tout le temps marcher sur les pieds ? Pour saisir les origines des différents types de tempéraments, il y a eu plusieurs méthodes. Dans ses *Caractères*, La Bruyère explique que certains avaient choisi de *« rédui[re] les mœurs aux passions, et que l'on explique celles-ci par le mouvement du sang, par celui des fibres et des artères ».* Cette réduction de la psychologie à la physiologie, inspirée de la théorie des humeurs, élaborée par Hippocrate au IVe siècle av. J.-C, a perduré jusqu'au XVIIIe siècle. À l'époque, on ne disait pas « mélancolique » comme un capricorne contrarié, mais « atrabilaire » comme un producteur de « bile noire ».

Peu importe la manière, on a toujours voulu comprendre les caractères. Ce sont les recoins les plus intimes de la personnalité de nos semblables qui nourrissent les conversations les plus passionnées. Ainsi, les hommes sont constamment en quête d'une *« science qui décrit les mœurs, qui examine les hommes, et qui développe leurs caractères. »* Dans les astres ou dans le sang : tout est bon pour tenter de sonder les mystères de nos personnalités.

L'astrologie rassure

L'astrologie crée des familles et des familiarités. Cet intérêt ludique pour les différents types de personnalités cache un besoin plus profond : celui de se rattacher à une grande famille de caractères. Il y a le club des lions, fougueux, celui des vierges, organisé… Ranger les caractères en douze signes astrologiques répond ainsi à un désir d'appartenance.

La passion de l'astrologie traduit aussi une volonté de lire dans l'avenir : c'est d'ailleurs le principe de l'horoscope. Pas étonnant, explique La Bruyère : celui qui connaît bien les caractères sait prévoir le futur. Son livre, en *« déployant d'abord les pensées, les sentiments et les mouvements des hommes »* lui a ainsi permis de découvrir *« le principe de leur malice et de leurs faiblesses »*. Parce qu'il comprend les humains, il *« prévoit aisément tout ce qu'ils sont capables de dire ou de faire »*. Ainsi, le moraliste ne *« s'étonne plus de mille actions vicieuses ou frivoles dont leur vie est toute remplie »*. L'astrologie répond à ce même désir de prévision et de contrôle de l'existence individuelle et sociale.

Le risque de figer le caractère

L'astrologie offre un remède aux versatiles[2]. La Bruyère avait une conscience aiguë des fluctuations du caractère de chacun. *« Les hommes n'ont point de caractère ; ou, s'ils en ont, c'est celui de n'en avoir aucun qui soit suivi. »* Cette inconstance menace les fondements d'une identité que l'on voudrait stable. Pour compenser, l'on mobilise une quantité d'efforts à persister dans notre caractère, ce qui fait que l'on *« souffre beaucoup à être toujours les mêmes »*. Il y a donc dans cette détermination du caractère selon le signe astrologique, une volonté de le figer dans le marbre[3] : « Je suis gémeau depuis ma naissance, je le serai jusqu'à ma mort. »

Mais l'astrologie n'est pas sans danger. Il peut y avoir un effet très pernicieux[4] dans cette tendance à établir des types de caractères fixes. La Bruyère nous met en garde : *« Dire d'un homme colère, inégal, querelleux, chagrin, pointilleux, capricieux, "c'est son humeur", c'est avouer sans y penser que de si grands défauts sont irrémédiables. »* Tout comme l'humeur, le signe astrologique n'est ni une excuse, ni une fatalité impossible à contrer. Ce n'est pas parce que vous êtes gémeau que vous avez le droit de ne jamais répondre au téléphone et de ne pas respecter vos engagements…

La liberté, selon La Bruyère, nous rend *« seul arbitre de ce qu'on fait ou de ce qu'on ne fait point »*. Il est donc déconseillé de se cacher derrière son signe astrologique pour justifier ses agissements. Méthode testée… et désapprouvée !

(772 mots)

1. **Astrologie** : art de déterminer les caractères et le destin des hommes par l'étude des astres. 2. **Versatiles** : personnes qui changent souvent d'opinion. 3. **Figer dans le marbre** : rendre fixe, constant, inchangeable. 4. **Pernicieux** : dangereux.

ESSAI

Selon vous, quelle est la part de déterminisme et de libre arbitre dans la construction de notre caractère ?

Vous répondrez à cette question en prenant appui sur *Les Caractères* (livre XI) de La Bruyère, sur le texte de l'exercice de la contraction et sur ceux que vous avez étudiés dans l'année dans le cadre de l'objet d'étude « La littérature d'idées du XVIe siècle au XVIIIe siècle ». Vous pourrez aussi faire appel à vos lectures et à votre culture personnelle.

Proposition de corrigé

Dans ce corrigé, le plan de l'essai est apparent pour faciliter ta lecture et ta compréhension. Le jour J, n'oublie pas que le plan ne doit pas apparaître et que les idées directrices doivent être rédigées.

CONTRACTION DE TEXTE

L'astrologie pallie l'inquiétude d'être dépourvu de caractère en attribuant une personnalité aux douze signes du zodiaque. Cette classification discutable rappelle *Les Caractères* de La Bruyère qui répertorie les différents tempéraments.

Vouloir comprendre le comportement des autres est une constante chez l'homme. Que la psychologie humaine ait été / expliquée par la physiologie jusqu'au XVIIIe siècle, ou qu'elle soit interprétée par les astres, tout moyen pour essayer de percer l'énigme des caractères humains suscite l'engouement.

L'astrologie, sous ses dehors divertissants, permet non seulement de se relier de manière sécurisante à une grande famille de / caractères, mais aussi de répondre au désir de connaître l'avenir. La Bruyère voyait d'ailleurs dans l'étude des caractères une façon de se prémunir des vices des hommes en prévoyant leurs actions.

Pour masquer son inconstance, l'individu tente de rester fidèle à son prétendu tempérament, au prix parfois / d'efforts incongrus. Le risque de l'astrologie, c'est d'offrir à chacun un prétexte pour persévérer dans ses défauts, au nom d'un caractère qui se voudrait immuable.

L'homme est pourtant libre d'agir et ne devrait pas rendre l'astrologie responsable de ses actes.

(198 mots)

ESSAI

Introduction

Dans son article « L'astrologie : un art de figer les caractères », Clara Degiovanni rappelle que l'homme demeure libre et ne devrait pas se réfugier derrière un signe astrologique pour justifier un comportement répréhensible. Si on met de côté l'astrologie, dont l'influence sur la personnalité est discutable, force est tout de même de reconnaître que la construction de notre caractère est influencée par des déterminismes biologiques, sociaux, historiques, culturels... Quelle est donc la part des déterminismes et du libre arbitre dans la construction de notre caractère ? Après avoir évoqué les déterminismes qui agissent sur nos comportements, nous verrons que l'homme demeure un être capable de se perfectionner.

I – Notre caractère est influencé par de nombreux déterminismes

A – La nature humaine serait immuable

- Les moralistes du XVIIe siècle estiment que la nature humaine présente des **traits psychologiques invariables et persistants**, que l'on retrouve en tout temps et en tout lieu.

Exemple : Dans le livre XI des *Caractères*, La Bruyère tente de saisir ce qui fait l'essence de la nature humaine. Il développe une **vision pessimiste**, exposée dès la première remarque : les hommes sont pleins de vices, « ils sont ainsi faits, c'est leur nature ». Selon lui, l'inconstance, l'incohérence, la vanité, la jalousie, l'égocentrisme, la peur de la mort sont ces traits psychologiques invariables qui fondent la nature humaine.

B – Notre caractère est influencé par notre culture et notre parcours de vie

- Le caractère d'un individu est façonné par la culture dans laquelle il grandit, son éducation, sa religion, sa famille, son lieu de vie, sa langue, sa classe sociale...

Exemple : Dans le livre VI « Des biens de fortune » des *Caractères*, La Bruyère montre que la classe sociale et la richesse influent sur le comportement. Ainsi, le fortuné Giton se montre odieux et condescendant tandis que Phédon, allégorie du pauvre, est en retrait, timide et inapte à toute interaction sociale.

- En littérature, cette influence est particulièrement visible : un personnage de roman n'est d'ailleurs généralement pas détaché de son milieu et de son époque. Le romancier prend en compte les **déterminismes sociaux, biologiques et historiques** qui agissent sur la trajectoire de ses héros.

CONTRACTION DE TEXTE – ESSAI

Exemple : Zola, chef de file du naturalisme, considère le roman comme un laboratoire dans lequel l'écrivain expérimente le rôle des déterminismes sociaux et biologiques sur les personnages. Ainsi, dans *L'Assommoir* (1877), il analyse comment l'hérédité et le milieu social ouvrier agissent comme une fatalité sur Gervaise, qui finit par sombrer dans l'alcoolisme.

C – Notre comportement est aux prises avec l'inconscient

- L'inconscient, théorisé par Sigmund Freud, correspondrait à la partie profonde du psychisme dont nous n'avons pas conscience. Constitué de souvenirs et pulsions refoulées, l'inconscient influencerait nos actions, qui seraient motivées par des mobiles cachés.

Exemple : L'inconscient peut se manifester lors de lapsus, de rêves.

II – Nous restons toutefois libres de perfectionner notre caractère

A – Les déterminismes ne doivent pas servir de prétexte à l'inaction

- Les déterminismes existent, mais la liberté demeure, qui compose avec ces déterminismes, et nous rend responsables de nos agissements.

Exemple : La Bruyère lui-même rappelle que la liberté rend « seul arbitre de ce que l'on fait ou de ce qu'on ne fait point ».

- La mauvaise foi est une insincérité envers nous-mêmes et les autres. Elle nous pousse à chercher des prétextes pour justifier notre inaction ou nos mauvais comportements. Si nous sommes ainsi, c'est la faute des autres, de la société, du destin, de notre signe astrologique…

Exemple : Dans son article, Clara Degiovanni rappelle que l'astrologie est parfois utilisée pour justifier un comportement défaillant. Par exemple, un individu prétend être de nature colérique, et refuse ainsi de faire les efforts nécessaires pour s'améliorer.

- Prendre conscience des déterminismes sociaux, biologiques et psychiques, c'est déjà essayer de nous en libérer.

Exemple : Si l'inconscient est une force qui nous influence, entreprendre une psychanalyse peut nous aider à nous libérer de nos pulsions refoulées. Si notre culture nous a indéniablement façonnés, porter un regard ouvert et curieux sur le monde nous aide à prendre conscience de nos préjugés et à devenir plus tolérants.

B – Le caractère humain est perfectible

- Si les traits persistants de la nature humaine relevés par La Bruyère – égoïsme, jalousie, inconstance, vanité – sont bien réels, il n'en reste pas moins que l'homme est capable de s'améliorer. La perfectibilité de son caractère est ce qui le distingue des autres animaux.

Exemple : Chacun a la possibilité, aux termes d'efforts, de perfectionner son caractère. Un colérique peut, par des lectures, un suivi psychologique, de la volonté, s'améliorer et modifier son comportement.

- La littérature, parce qu'elle porte un regard lucide sur la nature humaine, nous aide à devenir meilleurs.

Exemple : Les pièces de Molière, qui dénoncent par le rire un vice humain, incitent le spectateur à corriger ses défauts. Ainsi, *Le Malade imaginaire* (1673) ridiculise l'hypocondrie et la naïveté face aux discours savants tandis que *Le Misanthrope* (1666) appelle à la modération et à davantage de cohérence entre propos et actes.

C – L'éducation joue un rôle essentiel dans la perfectibilité de l'homme

- L'éducation permet, par-dessus tout, de nous perfectionner et de déployer nos talents. Elle nous rend plus sociables, ouverts, tolérants, compréhensifs et empathiques grâce à l'apprentissage de la vie en collectivité, aux règles de savoir-vivre et à la politesse. L'acquisition de connaissances et de compétences dans des domaines variés nous donne l'occasion de nous améliorer.
- Pour les humanistes du XVIe siècle, l'éducation revêt une importance capitale car elle permet à l'homme d'exprimer le meilleur de sa nature.

Exemple : Dans *Gargantua* de Rabelais, les hommes et les femmes bien éduqués vivent dans l'étonnante abbaye de Thélème dont la devise est « Fais ce que tu voudras ». Loin de créer des conflits, cette liberté individuelle mène à une société fraternelle et épanouie. L'éducation permet ainsi le perfectionnement de chaque individu et de la société dans son ensemble.

Conclusion

Même si la construction de notre caractère est influencée par des déterminismes biologiques, sociaux, historiques et psychiques, nous avons vu que chaque individu est perfectible et ne doit pas se retrancher derrière la mauvaise foi pour refuser de s'améliorer. L'éducation, les arts, la littérature incitent particulièrement l'homme à porter un regard clairvoyant sur lui-même et à devenir meilleur.

Sujet 3

Œuvre : Olympe de Gouges, *Déclaration des droits de la femme et de la citoyenne* – Parcours : Combattre pour l'égalité

CONTRACTION DE TEXTE

Texte d'Hélène Brion[1], *La Voie féministe*, 1916, D.R.

Vous résumerez ce texte en 228 mots. Une tolérance de +/– 10 % est admise : votre travail comptera au moins 206 et au plus 250 mots. Vous placerez un repère dans votre travail tous les 50 mots et indiquerez à la fin de la contraction le nombre de mots qu'elle comporte.

Les partis avancés nous disent volontiers à nous, féministes, lorsque menant le bon combat dans leurs rangs, nous sommes amenées par la force des choses à corser leurs revendications de nos propres revendications à nous femmes, – les partis avancés, volontiers agacés et ne comprenant pas, nous demandent souvent :

« Mais enfin qu'est-ce que votre féminisme ? Qu'est-ce qu'il demande en plus de ce que nous offrons ? »

Et ici ils se divisent en deux clans tout aussi convaincus, chantant même antienne[2], à mot près : Le socialisme suffit à tout ! Le vrai féminisme c'est d'être socialiste ! Vous n'avez pas besoin d'être féministes, il doit vous suffire d'être socialistes, pleinement, intégralement – toute la question sociale est là !

Et l'autre clan : Le syndicalisme[3] suffit à tout ! Le vrai féminisme, c'est d'être syndicaliste. Si vous êtes vraiment syndicaliste, cela doit vous suffire car le syndicalisme intégral, c'est la vraie solution de la question sociale et vous n'avez que faire des boniments[4] de l'action parlementaire !

Elles commencent à être quelques-unes, les militantes féministes, qui ont entendu ces refrains !

Au nom d'elles toutes, je voudrais essayer d'expliquer ici pourquoi c'est faux, pourquoi les militants hommes eux-mêmes n'y croient pas beaucoup et se sentent troublés et inquiets devant le féminisme qui s'affirme et qu'ils ne comprennent pas ; pourquoi les militantes femmes doivent continuer plus que jamais à arborer cette étiquette représentant une doctrine qui seule apporte solution à une foule de questions sociales dont le socialisme et le syndicalisme semblent ignorer même l'existence.

Socialisme et syndicalisme s'efforcent surtout d'améliorer le sort des travailleurs et des classes pauvres.

Or, les femmes sont plus exploitées encore par la collectivité masculine en tant que femmes qu'elles ne le sont par le capital en tant que productrices.

Et sans sortir du monde ouvrier, la preuve m'en est facile à faire, car la plus criante injustice qui frappe la travailleuse – ouvrière, employée ou fonctionnaire – est cette inégalité de salaire pour un même travail que chacun peut constater. Or, cette injustice vise non la productrice, mais la femme. C'est la femme qui est dépréciée comme travailleuse *a priori* par cette mesure odieuse et stupide qu'un usage séculaire[5] a consacré.

Un exemple entre mille, et d'ailleurs point n'en serait besoin :

Élisabeth Trundle, nous raconte Gustave Téry dans *le Journal*, est arrêtée à Brooklyn pour port d'habits masculins. « Que voulez-vous ? dit-elle aux juges, je suis relieuse de mon métier. Si je travaille dans un atelier vêtue en femme, on me donne 30 francs par semaine, habillée en homme, j'en gagne 75 ! »

Sans commentaire !

Ce premier point une fois acquis qui nous montre la femme plus victime encore parce que femme que parce que travailleuse, comparons un peu le travail qui est imposé à l'individu féminin à l'atelier et dans la famille.

À l'atelier la femme a un salaire fixe, si minime soit-il ; elle a des heures de travail réglées si nombreuses soient-elles et elle en a de libres. À l'atelier elle se sent une dignité de productrice, de travailleuse, elle dit fièrement « mon argent » en parlant du salaire qu'elle touche, si infime soit-il. Si lamentable que soit sa position, elle ne sera pas frappée à l'atelier par l'entrepreneur ou le contremaître[6] sans qu'une opinion publique ne l'aide à se faire rendre justice.

Dans la famille... ses heures de travail ne sont pas limitées. Elle se doit tout le temps, à toute heure du jour et de la nuit, elle se doit à tous : vieux parents, mari, enfants, malades ou bien portants, et elle ne peut jamais avoir le sentiment que sa tâche est finie. Pour ce labeur écrasant, pour cet esclavage perpétuel, elle ne touche pas un centime et elle n'a pas droit au beau titre de travailleuse. Elle n'est pas productrice. Vous entendrez couramment l'homme du peuple et même de la petite bourgeoise dire avec orgueil :

« Oh ! moi, ma femme ne fait rien. Je ne veux pas qu'elle travaille. Elle ne fait que "son ménage". »

Et l'homme qui parle ainsi a bien le sentiment qu'il nourrit sa femme à ne rien faire : volontiers il le lui dira et fera sentir qu'il est le maître.

Et la loi, expression de la volonté et de la pensée des *homme seuls*, la loi en juge ainsi et consacre ce sentiment – la loi sur les retraites ouvrières notamment, qui ne compte le travail ménager comme métier que lorsqu'il est exercé par une mercenaire[7].

L'exposé des deux situations ne laisse pas de doute ; c'est dans la famille que la femme est le plus opprimée ; en venant à l'atelier et à l'usine, elle conquiert un semblant d'indépendance et l'attrait puissant qu'elle y trouve, ainsi qu'à cette vie plus variée d'ailleurs, entre pour un facteur non négligeable dans le mouvement social qui, de plus en plus, fait sortir les femmes du foyer.

Eh bien c'est précisément là où elle est le plus opprimée, dans la famille, à *son* foyer, que le syndicalisme ne peut rien pour elle. À peu près impuissant déjà pour défendre la travailleuse exploitée par le travail à domicile, il est radicalement impuissant pour défendre la femme qui souffre de l'oppression, de l'exploitation familiale.

(915 mots)

1. Hélène Brion : institutrice féministe et socialiste, figure militante marquante du début du XXe siècle. Dans son manifeste *La Voie féministe*, elle critique l'incapacité de ses camarades de lutte masculins à inclure l'émancipation des femmes dans leur programme socialiste. **2. Antienne** : propos que l'on répète. **3. Syndicalisme** : mouvement ayant pour objectif de rassembler des personnes exerçant la même profession, afin de défendre leurs intérêts. **4. Boniments** : propos dont l'objectif est de plaire. **5. Séculaire** : qui existe depuis plusieurs siècles. **6. Contremaître** : personne qualifiée qui dirige le travail d'un groupe d'ouvriers dans un atelier. **7. Mercenaire** : personne qui perçoit un salaire en contrepartie de son travail.

ESSAI

En littérature, l'écrit polémique est-il, selon vous, le meilleur moyen de mener un combat pour l'égalité ?

Vous répondrez à cette question en prenant appui sur la *Déclaration des droits de la femme et de la citoyenne*, d'Olympe de Gouges, sur le texte de l'exercice de la contraction et sur ceux que vous avez étudiés dans l'année dans le cadre de l'objet d'étude « La littérature d'idées du XVIe siècle au XVIIIe siècle ». Vous pourrez aussi faire appel à vos lectures et à votre culture personnelle.

Proposition de corrigé

Dans ce corrigé, le plan de l'essai est apparent pour faciliter ta lecture et ta compréhension. Le jour J, n'oublie pas que le plan ne doit pas apparaître et que les idées directrices doivent être rédigées.

CONTRACTION DE TEXTE

Les organisations politiques ne comprennent pas ce que notre féminisme peut demander de plus que leurs propres exigences. Pour les uns, les revendications socialistes englobent les demandes féministes. Pour les autres, ce sont celles du syndicalisme. Cette idée, qui ne convainc pas les hommes eux-mêmes, est erronée. Seul notre / combat féministe peut résoudre de nombreux problèmes sociaux ignorés par les autres partis.

Le socialisme et le syndicalisme se préoccupent essentiellement du prolétariat alors que les femmes sont exploitées davantage par les hommes que par le capital. Ainsi, à travail équivalent, une travailleuse gagne moins qu'un travailleur. Il s'/agit d'une injustice ancestrale révoltante qui vise la femme parce qu'elle est femme.

La femme est également victime de son statut de femme dans la famille.

Au travail, elle est respectée par son supérieur, a des horaires et peut s'enorgueillir de gagner un salaire, aussi dérisoire soit-/il. Dans son foyer, elle assume gratuitement un travail harassant et sans fin, sans obtenir la reconnaissance de son époux ni de la société. La loi, qui n'exprime que la volonté du sexe masculin, n'inclut pas le travail domestique dans le calcul des retraites.

Si la femme s'/émancipe un peu en travaillant à l'extérieur, son plus grand asservissement s'opère donc au sein de la famille. Or c'est justement à cet endroit-là que le syndicalisme n'a aucun pouvoir pour intervenir.

(237 mots)

ESSAI

Introduction

Dans son manifeste *La Voix féministe* paru en 1916, Hélène Brion n'hésite pas à recourir à la tonalité polémique pour enjoindre aux femmes de poursuivre leur lutte pour l'égalité. L'écrit polémique est-il, en littérature, le meilleur moyen de mener un combat pour l'égalité ? Quels sont les avantages de la tonalité polémique ? Si la force et l'agressivité des textes polémiques permettent de conduire efficacement un combat pour l'égalité, nous verrons qu'en littérature, toute la palette des tonalités a, en réalité, le pouvoir de servir une telle lutte.

I – L'écrit polémique est un moyen efficace de mener un combat pour l'égalité

A – La prise de position agressive divise la société et lance le débat

• L'adjectif polémique vient du grec *polemikos* qui signifie « relatif à la guerre ». L'écrit polémique est en effet un texte qui critique, attaque, avec vivacité et agressivité. Cette agressivité divise la société et provoque une réaction chez les lecteurs.

Exemple : Dans le court texte « Les droits de la femme » qui précède sa *Déclaration* de 1791, Olympe de Gouges s'adresse aux hommes de façon virulente, par une suite de questions rhétoriques agressives : « Dis-moi ? Qui t'a donné le souverain empire d'opprimer mon sexe ? Ta force ? Tes talents ? »

• Le vocabulaire du combat mobilise le lectorat autour de valeurs jugées menacées.

Exemple : Dans son manifeste, Hélène Brion a recours au champ lexical du combat (« le bon combat », « revendications », « clans », « militantes », « continuer plus que jamais », « défendre »). Les valeurs jugées en danger sont clairement définies : il s'agit de celles défendues par le féminisme, « une doctrine qui seule apporte solution à une foule de questions sociales ».

B – L'écrit polémique implique le lecteur et l'oblige à prendre parti

• L'écrit polémique interpelle toujours le lecteur ou l'interlocuteur, à travers toute la variété des marques de l'énonciation. Il a ainsi souvent recours à la deuxième personne du singulier (tu) ou du pluriel (vous) et à l'impératif.

Exemple : Dans le postambule de sa *Déclaration des droits de la femme et de la citoyenne*, Olympe de Gouges s'adresse directement aux femmes, qu'elle implique dans son combat *via* des verbes à l'impératif : « Femme, réveille-toi ! »

• Impossible pour le lecteur de prendre de la distance par rapport à un texte polémique. Il est désigné comme impliqué dans le problème ou la solution, et ne peut donc jamais rester neutre. Cette approche binaire est censée lui insuffler la force de combattre contre le clan adverse.

Exemple : Olympe de Gouges encourage les femmes à rejoindre son combat à travers des questions rhétoriques qui empêchent toute neutralité : « Femmes, quand cesserez-vous d'être aveugles ? Quels sont les avantages que vous avez recueillis dans la Révolution ? »

• Dans un texte polémique, l'auteur s'implique directement, ce qui lui confère le charisme fascinant d'un chef de file.

Exemple : Hélène Brion s'implique personnellement dans son combat pour l'égalité femmes-hommes dont elle devient un porte-drapeau : « Au nom d'elles toutes, je voudrais essayer d'expliquer ici pourquoi c'est faux ».

C – L'écrit polémique marque les esprits

- L'écrit polémique use parfois d'un vocabulaire outrancier, dont l'objectif est de choquer le lectorat pour le faire réagir.

Exemple : Dès l'ouverture de son essai féministe *King Kong théorie* (2006), l'écrivaine contemporaine Virginie Despentes emploie des mots crus pour scandaliser le lectorat : « J'écris de chez les moches, pour les moches, les vieilles, les camionneuses, les frigides, les mal baisées, les imbaisables, les hystériques, les tarées, toutes les exclues du grand marché à la bonne meuf. »

- Le recours aux figures d'insistance comme l'anaphore, ou d'opposition comme l'oxymore et l'antithèse, imprime un souvenir durable dans la mémoire du lecteur.

Exemple : Le chiasme d'Olympe de Gouges dans son postambule : « ce sexe autrefois méprisable et respecté, et depuis la Révolution, respectable et méprisé » marque l'esprit du lecteur.

II – Néanmoins, d'autres tonalités permettent de mener un combat efficace contre les inégalités

A – Les textes pathétiques mobilisent le lectorat en faisant appel à l'empathie et aux émotions

- Les textes pathétiques, parce qu'ils suscitent de vives émotions comme la pitié ou la souffrance, peuvent toucher profondément le lecteur et gagner sa sympathie pour un combat.

Exemple : Dans *Les Misérables* (1862), Victor Hugo dépeint Fantine, contrainte de se prostituer pour échapper à ses créanciers. La description pathétique de la jeune femme révolte le lecteur contre le quasi-esclavage des femmes pauvres : « Elle a tout ressenti, tout supporté, tout éprouvé, tout souffert, tout perdu, tout pleuré. »

- Le texte pathétique invite à se mettre à la place des autres. L'empathie est un puissant moyen de faire bouger les lignes.

Exemple : Dans *Supplément au voyage de Bougainville* (1772), Denis Diderot défend la condition des femmes à travers l'émouvante plaidoirie de Polly Baker, jugée pour avoir donné naissance à des enfants hors mariage. L'histoire de cette femme séduite et abandonnée par l'homme qu'elle a aimé émeut le lecteur et incite à un changement législatif. L'histoire de Polly Baker n'est d'ailleurs pas sans rappeler le court passage pathétique du postambule de la *Déclaration des droits de la femme et de la citoyenne* d'Olympe de Gouges : « Une jeune personne sans expérience, séduite par un homme qu'elle aime, quittera ses parents pour le suivre ; l'ingrat la laissera après quelques années. »

B – Les textes comiques ou satiriques dénoncent les inégalités par le rire

- Les textes comiques ou satiriques visent à faire rire, mais portent aussi une charge critique contre les cibles qu'ils décrédibilisent. Il s'agit d'un moyen efficace de défendre un combat pour l'égalité.

Exemple : Dans la comédie *L'École des femmes* (1662), Molière met en scène un vieil homme qui souhaite se préserver du cocuage en épousant une jeune fille élevée au couvent. Cette pièce permet à Molière de caricaturer les discours misogynes et dénoncer la prétendue supériorité masculine : « Votre sexe n'est là que pour la dépendance ; du côté de la barbe est la toute-puissance. »

- L'ironie et les décalages comiques font ressortir l'absurdité des discours qui s'opposent à l'égalité.

Exemple : Dans « De l'esclavage des nègres », issu de *L'Esprit des lois* (1748), Montesquieu feint de défendre les thèses esclavagistes pour montrer leur absurdité.

C – Le mélange des tonalités parvient à toucher un large lectorat

- Les essais jouent souvent sur de multiples tonalités, dont le registre polémique, sans exclure la réflexion philosophique, historique, biologique ou sociale.

Exemple : *Le Deuxième Sexe* (1949) de Simone de Beauvoir est un essai féministe à caractère presque encyclopédique. La richesse des sources citées, tirées de domaines variées, fait de cet ouvrage une référence pour ceux qui militent pour l'égalité femmes-hommes.

- C'est finalement l'écriture en elle-même, et non une tonalité en particulier, qui constitue une arme de combat au service de l'égalité. Toutes les ressources du langage peuvent être mobilisées pour défendre une cause.

Exemple : Olympe de Gouges incorpore une incroyable variété de procédés et tonalités dans sa *Déclaration des droits de la femme et de la citoyenne* : pastiche d'un texte juridique, ton polémique, procédés oratoires marquants, description pathétique d'une femme séduite et abandonnée.

Autre exemple : L'essai *Libérées* (2017) de Titiou Lecoq met en lumière le combat féministe en mêlant tonalités polémiques et comiques.

Conclusion

L'écrit polémique, par sa volonté de marquer les esprits et d'interpeller le lecteur, est sans aucun doute un moyen efficace pour mobiliser un lectorat autour d'un combat pour l'égalité. Mais c'est en réalité l'écriture en elle-même, et non un registre en particulier, qui constitue l'arme la plus efficace pour défendre l'égalité. Preuve en est les nombreuses œuvres, comme la *Déclaration des droits de la femme et de la citoyenne* d'Olympe de Gouges, qui ont recours à une large palette de procédés et tonalités pour faire entendre leur combat.

5

L'ÉPREUVE ORALE

1 Qu'attend-on de moi à l'oral de français ?

Des choses assez simples !

- **Que tu saches lire** un texte de façon expressive.
- **Que tu saches analyser** un texte littéraire.
- **Que tu saches répondre à une question de grammaire liée au programme de Première ou Seconde.**
- **Que tu saches défendre et justifier un point de vue personnel** sur une œuvre intégrale.

Voyons ensemble à quoi font référence ces quatre compétences.

A Savoir lire de façon expressive

« Lire » et « lire de façon expressive » sont deux choses distinctes !

L'examinateur se doute bien que tu sais lire depuis quelques années déjà.

Ce qu'il cherche à évaluer, c'est si tu sais lire un texte de façon engageante, pleine de sens, et si tu sais adresser cette lecture à un public.

C'est là-dessus que portent les 2 points consacrés à la lecture du texte.

Je te montre comment améliorer ta lecture à voix haute dans les pages suivantes.

B Savoir analyser un texte littéraire

L'analyse d'un texte littéraire à l'oral n'est pas bien différente d'une analyse à l'écrit. Elle s'appuie en effet sur les mêmes règles :

- **Tu dois répondre à un projet de lecture** annoncé dans l'introduction.
- **Tu dois faire ressortir l'implicite du texte.**
- **Tu ne dois jamais séparer le fond et la forme :** les procédés relevés sont toujours analysés et interprétés.
- **Tu dois dérouler une argumentation** pour répondre à ta problématique.

C'est plutôt une bonne nouvelle : ce que tu as acquis en travaillant le commentaire pour l'écrit va donc te servir pour l'oral.

C Réaliser l'analyse syntaxique d'une phrase

C'est une des nouveautés de la réforme : l'examinateur va te demander de faire l'analyse syntaxique d'une phrase tirée du texte à analyser.

Cette question de grammaire porte prioritairement sur le **programme de Première :** la négation, l'interrogation et les propositions subordonnées conjonctives circonstancielles.

Depuis 2021, elle peut aussi porter sur le **programme de Seconde** (les temps verbaux, la phrase complexe et la proposition subordonnée relative). Elle est notée sur 2 points.

Pour la réussir, il te suffit de consacrer quelques heures à travailler ce programme de grammaire qui est en réalité assez simple à maîtriser.

Et même si la grammaire n'a jamais été ton fort, ne t'inquiète pas : je récapitule tout le programme de Première dans cet ouvrage.

D Défendre ton point de vue sur une œuvre intégrale

L'entretien porte sur **l'une des œuvres intégrales** lues dans l'année.

Après avoir présenté synthétiquement l'œuvre que tu as choisie, tu seras invité(e) par l'examinateur à approfondir ou nuancer ton point de vue.

Les exigences de la réforme sont très claires : on attend des élèves un **engagement** vis-à-vis de l'œuvre choisie.

Tu dois la connaître et pouvoir en parler de façon **précise.**

Mais ce n'est pas tout !

Tu dois aussi pouvoir **défendre ton point de vue** personnel sur cette œuvre.

Je te montre dans les pages suivantes comment te préparer efficacement à cet entretien !

Le mémo d'Amélie

L'oral de français vise à vérifier que tu as acquis les compétences suivantes :

- **Tu sais lire un texte de façon expressive.**
- **Tu sais analyser un texte littéraire.**
- **Tu maîtrises le programme de grammaire.**
- **Tu sais défendre et justifier un point de vue personnel sur une œuvre intégrale.**

2 La lecture du texte : comment la réussir ?

La lecture du texte est l'occasion parfaite de gagner 2 points facilement.

Bien évidemment, lire le texte ne sera pas suffisant pour obtenir 2 points.

Il va te falloir faire une **lecture expressive** du texte.

Voici quatre astuces pour y parvenir.

1 Lis plus lentement

Les élèves lisent presque toujours trop rapidement.

Bien sûr, tu n'es pas dans les conditions idéales. C'est ton oral de français, tu as le visage qui chauffe, les mains moites, le stress qui monte, ce qui t'amène souvent à lire le texte à toute vitesse.

ÉPREUVE ORALE

Or, il va falloir contrecarrer cette tendance !

Car savoir lire de façon expressive, c'est justement savoir **lire lentement,** en respectant toutes les pauses indiquées par la **ponctuation :** points, points-virgules, virgules, points de suspension...

Les pauses rendent ta lecture plus vivante et montrent aussi ton **plaisir de lire.**

Pense aux acteurs qui récitent des textes ou des poèmes : ils font régulièrement des pauses pour maintenir notre attention.

Sans tomber dans un jeu d'acteur exagéré, lis ton extrait lentement et **respecte scrupuleusement la ponctuation.**

Ne te préoccupe pas du temps que prend ta lecture. Si le texte est long, l'examinateur t'interrompra pour te demander de passer à l'explication de texte.

Le temps requis pour lire le texte ne doit jamais te pousser à accélérer ta lecture.

2 Mets l'accent sur les mots clés

Dans une phrase, tous les mots n'ont pas la même importance. Or les mots importants doivent être prononcés de façon plus appuyée et plus lente.

Exemple

Dans un texte ironique, les mots qui portent la charge ironique sont plus importants que les autres ; tu peux les accentuer.

Dans un dialogue de théâtre, varie le ton quand tu changes de personnage.

Enfin, si tu lis des didascalies, adopte un timbre de voix plus neutre pour les différencier des dialogues des personnages.

3 Ne lis pas tout le texte à la même vitesse

Une erreur fréquente est de lire tout le texte à la même vitesse.

Cela part généralement d'une bonne intention : tu veux montrer à l'examinateur que tu lis de façon « régulière ».

Mais lire tout un texte à la même vitesse est monotone.

En réalité, **certains passages du texte sont moins importants** que d'autres, et peuvent être lus un peu **plus rapidement.**

À l'inverse, des **phrases clés** méritent d'être lues **plus lentement.**

Par exemple, si tu lis un passage dramatique, avec du suspense, ralentis le tempo.

Certains mots sont si importants qu'il est judicieux de faire une pause juste avant de les prononcer (par exemple le dernier terme d'une gradation).

Ce sont ces variations de tempo qui montrent que tu as compris le texte et qui rendent ta lecture pleine de vie et de sens.

4 Regarde régulièrement ton examinateur

L'examinateur va également noter ta capacité à adresser ta lecture à un public (en l'occurence, lui !).

Évite de marmonner tout bas, sans lever les yeux de ta feuille.

La lecture à voix haute n'est pas destinée à toi-même : c'est un partage. Tu dois avoir l'intention de faire découvrir cette lecture à la personne devant toi.

Lève la tête régulièrement et regarde ton examinateur (si cela te gêne, regarde-le entre les deux yeux : il ne verra pas la différence).

Ces moments où tu regardes l'examinateur sont brefs, mais ce sont eux qui montrent que tu lui adresses ta lecture.

Le mémo d'Amélie

Faire une lecture expressive s'apprend ! Entraîne-toi à voix haute dans ta chambre pour être prêt(e) le jour J :

- **Lis plus lentement.**
- **Mets l'accent sur les mots clés.**
- **Ne lis pas tout le texte à la même vitesse.**
- **Lève régulièrement les yeux de ta feuille pour regarder ton examinateur.**

3 Comment réussir l'explication linéaire d'un texte ?

La première partie de l'oral consiste en l'**explication linéaire d'un texte** de ton descriptif. Une fois ton texte choisi par l'examinateur, tu as 30 minutes pour préparer ton explication.

Qu'est-ce qu'une explication linéaire ?

C'est **une analyse qui suit le mouvement du texte,** qui l'analyse donc ligne par ligne.

Cela peut sembler facile, mais ce n'est pas si évident car il y a trois maladresses à éviter :

- **L'absence de plan** et de projet de lecture.
- **La paraphrase.**
- **La juxtaposition de remarques** non liées les unes aux autres.

Comment réussir ton explication linéaire sans tomber dans ces trois pièges ?

Voici mes conseils !

Tu peux retrouver un exemple de lecture linéaire à la p. 237 ainsi que de nombreuses lectures linéaires rédigées sur les œuvres du programme sur commentairecompose.fr.

A Fais une introduction et propose une problématique

Commence ton explication par une introduction qui situe brièvement le texte dans l'œuvre intégrale ou le parcours.

Propose ensuite une **problématique,** c'est-à-dire une question à laquelle tu te proposes de répondre et qui va servir de fil conducteur à ton analyse.

Généralement, une problématique a été abordée en classe avec ton professeur : tu peux donc la reprendre.

La problématique est essentielle car c'est elle qui va donner cohérence et unité à ta présentation. Sans elle, tes remarques et observations n'auraient pas de finalité.

Tu pourras te référer à cette problématique tout au long de ta présentation pour montrer que tu proposes un projet global d'interprétation du texte.

B Suis un plan

Une analyse linéaire n'est pas une analyse sans plan !

Dans une explication linéaire, le plan est à trouver dans le **mouvement du texte,** dans sa **structure interne.**

Pour trouver le plan, il faut donc t'interroger sur la composition du texte, son mouvement, ses étapes.

Identifie deux à quatre mouvements dans le texte qui constituent des axes d'étude pertinents et donne un titre à ces parties. Chacune de tes parties fondées sur le mouvement du texte propose en effet une orientation, une interprétation.

Exemple

Pour introduire ton plan, tu peux utiliser les phrases suivantes :

On peut distinguer deux étapes dans ce texte.

Dans la première étape, de la ligne 1 à 10, l'auteur...

Dans la seconde étape, de la ligne 11 à 23, l'auteur...

C Mêle constamment le fond et la forme

C'est la même règle que pour le commentaire, et elle est fondamentale : **mêle le fond et la forme** tout au long de ton explication en montrant que les procédés du texte (la forme) accompagnent le sens du texte (le fond).

Pour y parvenir, suis le schéma suivant :

- **Je cite le texte.**
- **J'identifie le procédé.**
- **Je l'analyse, je l'interprète.**

Pense aussi à **rapporter tes analyses à ta problématique.** C'est l'une des clés de ta réussite à l'oral : tes analyses doivent tendre vers un but, celui de répondre à la problématique.

Dois-tu commenter chaque mot du texte ?

Bien sûr que non ! En 10 minutes, tu n'en as pas le temps.

Sélectionne uniquement les citations et procédés qui soulignent la cohérence de ton interprétation.

Si l'explication est linéaire, il n'est pas interdit pour autant de **rapprocher des procédés qui apparaissent à différents endroits du texte.** L'analyse linéaire n'est pas un carcan qui t'empêche d'appréhender le texte dans sa globalité.

D Fais une courte conclusion

Pense à finir ton exposé par une courte conclusion :

- **Rappelle les étapes de ta présentation** (donc le mouvement du texte) **et répond à ta problématique.**
- **Propose une ouverture :** sur un autre texte, l'œuvre intégrale, le parcours, le mouvement littéraire ou un autre art.

Le mémo d'Amélie

L'explication linéaire est un exposé structuré qui répond à un projet de lecture. Voici mes conseils pour la réussir :

- **Fais une introduction et définis une problématique** qui servira de fil conducteur à ton explication.
- **Fonde-toi sur le mouvement du texte** pour trouver un plan et nomme tes parties.
- **Analyse et interprète les procédés relevés** et rattache tes analyses à tes idées directrices et à ta problématique.
- **Fais une conclusion.**

4 Comment tirer profit des 30 minutes de préparation ?

Le jour de ton oral, l'examinateur va te remettre une fiche avec :

- le texte retenu (parmi ceux de ton descriptif) pour ton explication linéaire ;
- une question de grammaire portant sur une phrase ou une partie de phrase du texte à étudier.

Tu bénéficies alors de **30 minutes de préparation.**

Comment tirer profit de ces 30 minutes ?

Voici mes conseils.

1 Commence par la question de grammaire

Si tu gardes la question de grammaire pour la fin, il y a fort à parier que tu n'auras pas le temps de l'aborder correctement.

Prends 4-5 minutes au début de ta préparation pour faire l'analyse syntaxique de la phrase proposée (je t'explique comment procéder dans les pages suivantes).

Concentre-toi ensuite sur ton explication linéaire.

2 Lis le texte à étudier deux ou trois fois avec un surligneur

Prends 5 minutes pour relire le texte. Cette lecture rapide va t'aider à te remémorer les points clés de l'extrait à étudier et à **identifier la structure interne** du texte.

Profite de cette lecture pour **surligner les citations et procédés essentiels** que tu souhaites commenter.

N'hésite pas à utiliser **plusieurs couleurs** pour rassembler visuellement les éléments dont l'analyse sera similaire.

3 Élabore ton plan au brouillon

Écris ensuite ton plan de lecture linéaire au brouillon : quelles sont les deux, trois ou quatre grandes étapes de ce texte et comment les intituler ?

4 Définis ta problématique

Ta problématique va souligner l'unité et la cohérence de ton interprétation. Elle est indispensable !

5 Prends des notes pour ta lecture linéaire

Sur ton brouillon, note l'analyse des procédés relevés (ceux que tu as surlignés dans le texte).

Quels effets produisent-ils ?

Quelle interprétation en fais-tu ?

Comment les rattaches-tu à la problématique ?

Ne rédige pas des phrases entières comme dans un commentaire.

Écris les procédés littéraires et leurs effets **sous forme de notes.**

Exemple

Au brouillon, tu peux par exemple écrire :

v. 8 : antithèse « ris/pleure » → sentiments contradictoires du poète.

À partir de ces notes, tu élaboreras des **phrases plus naturelles** à l'oral.

Les seuls passages que tu peux rédiger intégralement sont l'annonce de plan, les transitions et l'ouverture en conclusion car ce sont des moments charnières de ton exposé.

6 Organise tes feuilles de brouillon

Pour éviter de te retrouver devant l'examinateur avec dix feuilles volantes que tu retournes dans tous les sens, suis ces règles simples :

- **N'écris qu'au recto** de tes feuilles et numérote-les.
- **Utilise une feuille différente** pour l'introduction, la conclusion et chaque partie.

S'il te reste du temps en fin de préparation, tu pourras compléter proprement ton brouillon, sans qu'il soit nécessaire d'ajouter des flèches et astérisques (*) qui te feraient perdre le fil de ta présentation.

7 Surligne en couleur les passages à citer

Surligne directement dans le texte les mots et expressions à citer. C'est très important car tu n'as pas le temps de recopier toutes les citations sur ton brouillon.

8 Mets des bouchons d'oreilles

Durant tes 30 minutes de préparation, un autre élève passe son oral devant toi, ce qui est toujours perturbant.

Pour te concentrer, pense à mettre des bouchons d'oreilles. La réussite tient parfois à ce genre de détails !

Le mémo d'Amélie

Voici comment bien gérer tes 30 minutes de préparation :

- **Commence par la question de grammaire.**
- **Définis la problématique et le plan de ton explication linéaire.**
- **Surligne dans le texte les procédés à analyser.**
- **Note au brouillon tes analyses (sans rédiger des phrases entières) et rattache-les à ta problématique.**
- **Rédige l'introduction et la conclusion.**
- **Utilise des bouchons d'oreilles pour faciliter ta concentration.**

5 La question de grammaire : comment l'aborder ?

À l'oral, on va te poser une **question de grammaire** sur une phrase ou une partie de phrase issue du texte étudié.

Cette question de grammaire est notée sur **2 points.**

Je sais que l'évocation du mot grammaire te fait souvent dresser les cheveux sur la tête, mais rassure-toi : au bac, la grammaire est plutôt l'occasion de gagner facilement 2 points à l'oral.

Et cela pour plusieurs raisons :

1. Pour le bac, la grammaire est circonscrite au **programme de Seconde et de Première**. C'est un programme restreint, facile à maîtriser en **quelques heures de travail !**

2. Les examinateurs posent toujours le même type de questions (nous allons le voir dans les pages suivantes). Tu peux donc t'y préparer facilement.

Le mémo d'Amélie

- **La question de grammaire est notée sur 2 points.**
- **Elle t'est donnée au début de l'examen. Tu peux donc profiter des 30 minutes de préparation pour y répondre.**
- **Elle porte sur le programme étudié en Seconde (les temps verbaux, la phrase complexe et la proposition subordonnée relative) et en Première (la négation, l'interrogation et les propositions subordonnées conjonctives circonstancielles).**

6 Comment répondre à une question de grammaire sur la négation ?

Généralement, tu n'as pas de difficulté à repérer une phrase négative, qui est le contraire d'une phrase affirmative.

Exemple

Je vais à Paris. → phrase affirmative
Je **ne** vais **pas** à Paris. → phrase négative

Mais, tu le sais, il existe de multiples façons d'exprimer la négation.

Exemple

Je pourrais aussi dire :
Je **ne** vais **plus** à Paris.
Je **ne** vais **jamais** à Paris.
Je **ne** vais **qu'**à Paris.
Je **ne** vais **ni** à Paris **ni** à Rome.

Il existe donc plusieurs types de négations, et c'est là que les choses se corsent : **au bac, on va te demander d'identifier et d'analyser ces différentes négations.**

Alors, comment analyse-t-on une négation ? C'est parti :

La négation totale

Comment la reconnaître ?

Pour la reconnaître, c'est très simple : il s'agit de repérer la négation « ne... pas » ou « ne... point » qui encadre le verbe.

On dit que les négations « ne... pas » et « ne... point » sont totales car elles nient généralement la phrase entière.

Exemples : « Nous **n'**en sommes tout de même **pas** là... »
(*Pour un oui ou pour un non*, Sarraute.)
« L'attente où j'ai vécu **n'**a **point** été trompée »
(*Le Menteur*, Corneille, I, 1.)

Parfois, en présence d'un complément circonstanciel, la négation en « ne... pas » ou « ne... point » ne nie pas la phrase entière mais seulement une circonstance. Il faut alors le préciser.

Exemples : Elle ne va pas à la gym tous les jours.

→ La négation porte sur la circonstance « tous les jours » car la phrase signifie : elle va à la gym, **mais pas tous les jours**.

La négation partielle

Comment la reconnaître ?

La négation partielle se forme avec l'adverbe « ne » suivi d'un mot négatif : « ne... jamais », « ne... aucun », « ne... rien »...

On dit que la négation est partielle car elle ne porte que sur une partie de la phrase. La négation partielle peut en effet exprimer les notions de :

- **Temps.**

Exemples : « Tu **ne** comprendras **jamais**... »
(*Pour un oui ou pour un non*, Sarraute.)
« Dis-moi, Monsieur Rémy **n'**est donc **pas encore** venu ? »
(*Les Fausses Confidences*, Marivaux, I, 2.)

• **Lieu.**

Exemple : « Et, n'étant nulle part, peut être n'importe où ! » (Baudelaire, *Les Fleurs du Mal*, « Le voyage ».)

• **Personne ou objet.**

Exemples : « Mais, comme nous n'avons personne en main pour cela, j'ai résolu de jouer un tour de ma tête. »
(*Le Malade imaginaire*, Molière, III, 2.)
« Il n'y a jamais rien eu entre nous... »
(*Pour un oui ou pour un non*, Sarraute.)

La négation restrictive

Comment la reconnaître ?

La négation restrictive est ultra simple à repérer puisqu'elle n'existe que sous une seule forme : « ne... que ».

Exemple : « Il se peut bien qu'on m'ait fait la leçon, et que je ne sois qu'un perroquet mal appris. »
(*On ne badine pas avec l'amour*, Musset, II, 5.)

ASTUCE : si tu peux remplacer la négation dans une phrase par « uniquement » ou « seulement », c'est qu'il s'agit d'une négation restrictive :

Exemple :
Il se peut [...] que je ne sois qu'un perroquet mal appris.
→ Il se peut [...] que je sois seulement un perroquet mal appris.
→ Il se peut [...] que je sois uniquement un perroquet mal appris.

Les cas particuliers

Comment les reconnaître ?

Certains mots permettent de construire une phrase négative, notamment :

• Le mot « non » qui peut renforcer une négation ou même être utilisé comme un mot-phrase.

Exemple : « Lui ? Non vraiment. »
(*Les Fausses Confidences*, Marivaux, III, 6.)

• La conjonction de coordination « ni... ni » qui s'emploie avec « ne » pour nier plusieurs choses à la fois.

Exemple : « Si vous pouviez encor douter de mon courage,
Je **ne** vous guérirais **ni** d'erreur **ni** d'ombrage »
(*Le Menteur*, Corneille, III, 1.)

• La préposition « sans ».

Exemple : « Que ceux qui l'ont amené **sans** me consulter le remmènent. »
(*Les Fausses Confidences*, Marivaux, III, 7.)

La négation lexicale

Comment la reconnaître ?

La négation peut aussi être exprimée par des préfixes, qui font alors porter la négation sur un seul mot.

Exemples :

Anormal	**Anti**constitutionnel	**Im**possible	**In**imaginable
Irresponsable	**Mal**entendant	**Més**entente	**Non**-respect

Le mémo d'Amélie

À l'oral, on peut te demander d'analyser la négation dans une phrase. On attend alors de toi :

- **D'identifier si la négation est totale, partielle ou restrictive.**
- **De repérer les négations lexicales.**

7 Comment répondre à une question de grammaire sur l'interrogation ?

L'interrogation est sans doute le point de grammaire le plus simple du programme.

Quand on te demande d'étudier ou d'analyser l'interrogation, on attend de toi deux choses :

1. Que tu identifies si l'interrogation est directe ou indirecte.
2. Que tu identifies si l'interrogation est totale ou partielle.

Ces distinctions sont très simples à mettre en œuvre :

1 Interrogation directe ou indirecte

L'interrogation directe

Comment la reconnaître ?

L'interrogation est directe lorsqu'elle se termine par un point d'interrogation et comporte (la plupart du temps) une inversion sujet-verbe.

Exemple : « Combien de fois un honnête homme **peut-il** aimer ? »
(*On ne badine pas avec l'amour*, Musset, II, 5.)

L'interrogation indirecte

Comment la reconnaître ?

L'interrogation est indirecte lorsqu'une proposition interrogative indirecte est subordonnée à une proposition principale comportant un verbe interrogatif (se demander, s'interroger…).

L'interrogative indirecte a deux particularités :
- Elle se termine par un point.
- Elle ne comporte pas d'inversion sujet-verbe.

Exemple :
Interrogative directe : Ai-je tort ou raison de me faire religieuse ?
Interrogative indirecte : « Je voudrais m'instruire, et savoir si j'ai tort ou raison de me faire religieuse. »
(*On ne badine pas avec l'amour*, Musset, II, 5.)

En fait, nous avons déjà vu la notion d'interrogation directe et indirecte à la p. 110, quand je t'ai montré comment formuler ta problématique dans un commentaire.

Souviens-toi :

- **Interrogative directe :** Comment cet incipit dresse-t-il le portrait d'une cour somptueuse ? *(Inversion sujet-verbe et point d'interrogation.)*

- **Interrogative indirecte :** Nous nous demanderons comment cet incipit dresse le portrait d'une cour somptueuse. *(Pas d'inversion sujet-verbe et un point.)*

Dans tes devoirs, fais particulièrement attention à ne pas mélanger interrogative directe et indirecte. Une erreur à ce niveau-là serait lourdement sanctionnée puisqu'il s'agit d'un des trois points de grammaire à maîtriser parfaitement pour le bac.

2 Interrogation totale ou partielle

Tu sais désormais construire une interrogation directe ou indirecte.

Il ne reste plus qu'à distinguer interrogation totale et partielle !

L'interrogation totale

Comme son nom l'indique, l'interrogation totale porte sur la totalité de la phrase.

Comment la reconnaître ?

J'ai une astuce toute simple : demande-toi si on peut répondre par oui ou par non à la question.

Si c'est le cas, il s'agit toujours d'une interrogation totale !

Exemple 1 : « M'avez-vous abandonnée, ô mon Dieu ? »
(*On ne badine pas avec l'amour*, Musset, III, 8.)
Tu peux répondre par oui ou par non. Il s'agit donc d'une interrogation totale.

Exemple 2 : « Il ne vous aime plus ? »
(« Belles-de-jour », *Les Vrilles de la vigne*, Colette.)
Tu peux répondre par oui ou par non. Il s'agit donc d'une interrogation totale.

L'interrogation partielle

L'interrogation partielle porte sur une partie de la phrase.

Comment la reconnaître ?

- L'interrogation partielle contient toujours un mot interrogatif (pourquoi, comment, lequel, qui, que, quoi, quels, quelle...).

- On ne peut pas y répondre par oui ou par non.

Exemple 1 : « Pourquoi une fatale curiosité m'a-t-elle poussé à écouter le dialogue de Dame Pluche et de la nièce ? »
(*On ne badine pas avec l'amour*, Musset, II, 2.)
Cette question contient un mot interrogatif : pourquoi. Tu ne peux pas y répondre par oui ou par non. Il s'agit d'une interrogation partielle.

Exemple 2 : « Où avais-je la tête ? »
(*Les Vrilles de la vigne*, « Un rêve », Colette.)
Cette question contient un mot interrogatif : où. Tu ne peux pas y répondre par oui ou par non. Il s'agit d'une interrogation partielle.

Exemple 3 : « [...] et son amour, au désespoir, lui fait trouver moyen de s'introduire dans la maison de sa bergère pour apprendre ses sentiments, **et savoir d'elle la destinée à laquelle il doit se résoudre.** »
(*Le Malade imaginaire*, Molière, II, 5.)
Cette question indirecte comporte un mot interrogatif : laquelle. Tu ne peux pas y répondre par oui ou par non. Il s'agit d'une interrogation partielle.

Le mémo d'Amélie

À l'oral du bac, on peut te demander d'analyser une interrogation. Tu dois alors déterminer si l'interrogation est :

- directe ou indirecte

et

- totale ou partielle.

Pense à toujours justifier ta réponse (présence ou non du point d'interrogation, de l'inversion sujet-verbe...).

8 Comment répondre à une question de grammaire sur les propositions subordonnées conjonctives circonstancielles ?

Es-tu pétrifié(e) à la simple lecture du titre de ce chapitre ?

Détends-toi : tu utilises des propositions subordonnées conjonctives circonstancielles tous les jours, et tu t'en portes très bien !

Il s'agit tout simplement de propositions subordonnées qui ont une fonction de complément circonstanciel, c'est-à-dire qui **précisent les circonstances de l'action :** temps, lieu, but, conséquence, concession, condition...

Exemple

Dès que tu es prêt, appelle-moi.

→ **Proposition subordonnée circonstancielle de temps.**

Il faut protéger la planète **puisqu'il en va de notre survie**.

→ **Proposition subordonnée circonstancielle de cause.**

Bien que le français ne soit pas sa matière préférée, il a travaillé et obtenu une très bonne note à l'examen.

→ **Proposition subordonnée circonstancielle de concession.**

Au bac, on te demande d'identifier ces propositions et surtout de **préciser les circonstances qu'elles expriment.**

Ces circonstances sont au nombre de sept : temps, cause, conséquence, but, concession, condition, comparaison.

La proposition subordonnée conjonctive circonstancielle de temps

Comment la reconnaître ?

Elle commence généralement par : quand, dès que, lorsque, aussitôt que, depuis que, pendant que, au moment où...

Exemple : « – Ô buffet du vieux temps, tu sais bien des histoires,
Et tu voudrais conter tes contes, et tu bruis
Quand s'ouvrent lentement tes grandes portes noires. »
(« Le Buffet », *Cahiers de Douai*, Rimbaud.)

La proposition subordonnée conjonctive circonstancielle de cause

Comment la reconnaître ?

Elle commence généralement par : parce que, puisque, vu que, comme...

Exemple : « **Comme c'est un sujet très difficile** il faut donc que j'ouvre un cahier. »
(« Le Mimosa », *La Rage de l'expression*, Ponge.)

La proposition subordonnée conjonctive circonstancielle de concession

Comment la reconnaître ?

Elle commence généralement par : quoique, bien que...

Exemple : « **Quoique je sortisse rarement de ma solitude**, la complaisance que j'avais pour ma fille m'engageait quelquefois à divers petits voyages, que j'abrégeais autant qu'il m'était possible. »
(*Manon Lescaut*, Abbé Prévost.)

La proposition subordonnée conjonctive circonstancielle de but

Comment la reconnaître ?

Elle commence généralement par : pour que, afin que...

Exemple : « Ô Seigneur ! ouvrez-moi les portes de la nuit
Afin que je m'en aille et que je disparaisse ! »
(« Veni, Vidi, vixi », *Les Contemplations*, Victor Hugo.)

ÉPREUVE ORALE

La proposition subordonnée conjonctive circonstancielle de conséquence

Comment la reconnaître ?

Elle commence généralement par : si bien que, de sorte que...

Exemple : « C'est que je l'aime avec une passion **si** violente, **qu'elle me rend le plus infortuné de tous les hommes**. »
(*Manon Lescaut*, Abbé Prévost.)

La proposition subordonnée conjonctive circonstancielle de condition

Comment la reconnaître ?

Elle commence généralement par : si, à condition que, à moins que...

Exemple : « **Si je vous épousais**, ne devriez-vous pas répondre avec franchise à toutes mes questions, et me montrer votre cœur à nu ? »
(*On ne badine pas avec l'amour*, Musset, II, 5.)

La proposition subordonnée conjonctive circonstancielle de comparaison

Comment la reconnaître ?

Elle commence généralement par : plus... que, moins... que, aussi... que, ainsi que..., de même que...

Exemple : « En recevant la robe et le bonnet de médecin, vous apprendrez tout cela, et vous serez après **plus habile que vous ne voudrez**. »
(*Le Malade imaginaire*, Molière, III, 14.)

L'examinateur pourra te demander de transformer une proposition subordonnée conjonctive circonstancielle en groupe nominal.

Exemple

Transformation de la proposition subordonnée circonstancielle de temps en groupe nominal complément circonstanciel de temps :

« Quand vous entrez dans une maison de jeu, la loi commence par vous dépouiller de votre chapeau. »
(*La Peau de chagrin*, Balzac.)

→ Lors de l'entrée dans une maison de jeu, la loi commence par vous dépouiller de votre chapeau.

À l'inverse, il pourrait te demander de transformer un complément circonstanciel en proposition subordonnée.

Exemple

Transformation du complément circonstanciel de comparaison en proposition subordonnée conjonctive circonstancielle de comparaison :

« Sur l'onde calme et noire où dorment les étoiles
La blanche Ophélia flotte comme un grand lys »
(« Ophélie », *Cahiers de Douai*, Rimbaud.)

→ La blanche Ophélia flotte comme flotterait un grand lys.

Le mémo d'Amélie

Pour le bac, tu dois être capable d'identifier les propositions subordonnées conjonctives circonstancielles et de préciser les circonstances qu'elles expriment :

- **Temps**
- **Cause**
- **Conséquence**
- **But**
- **Concession**
- **Condition**
- **Comparaison**

Entraîne-toi aussi à transformer des compléments circonstanciels en propositions subordonnées circonstancielles et vice versa. C'est un exercice fréquemment proposé par les examinateurs !

9 L'entretien : comment réussir ma présentation de l'œuvre intégrale ?

Lors de la seconde partie de l'oral, tu présenteras à l'examinateur l'œuvre que tu as choisie parmi celles étudiées en classe ou proposées par ton professeur au titre des lectures cursives obligatoires.

Cette présentation de l'œuvre ne dure que 2 minutes environ et va servir de point de départ à l'entretien.

Comment la réussir ?

Voici mes conseils.

1 Présente l'œuvre (30 secondes)

Présente l'œuvre de façon synthétique :

- Son titre et son auteur
- Son époque et son contexte.
- Présente brièvement les thèmes clés de l'œuvre.

2 Expose les raisons de ton choix (1 à 2 minutes)

Le nouveau programme est très clair : les élèves doivent s'investir personnellement dans la préparation de l'oral et justifier leurs choix et leurs points de vue sur les œuvres.

Pour y parvenir, pose-toi les questions suivantes :

- Pourquoi, parmi les œuvres lues dans l'année, as-tu choisi cette œuvre plutôt qu'une autre ? Qu'est-ce qui a guidé ton choix ?
- Que t'a apporté la lecture de cette œuvre ?
- T'a-t-elle amené(e) à approfondir certains sujets ? certains auteurs ?

Attention ! On ne te demande pas tes goûts (j'aime ou je n'aime pas), mais une capacité à **justifier tes choix et tes points de vue** : qu'as-tu aimé et pourquoi ? Qu'as-tu moins aimé et pourquoi ? Qu'est-ce qui t'a intéressé(e) dans cette œuvre ? Qu'as-tu appris ?

De même, attention au sens du mot « personnel » ! Il ne s'agit pas de livrer des anecdotes intimes sur ta vie privée. Être personnel, c'est montrer que l'œuvre a suscité chez toi des **émotions particulières,** t'a fait **changer de regard** sur certains sujets (une période historique, un auteur...).

3 Sois synthétique

En 2 minutes, tu n'as pas le temps de livrer une étude approfondie d'une œuvre intégrale. Tu es donc noté(e) sur ta capacité de synthèse : choisis **uniquement les idées clés** que tu souhaites faire passer.

Si tu te montres trop bavard(e) et si tu ne vas pas droit à l'essentiel, l'examinateur sera obligé de t'interrompre pour mener l'entretien et tu n'obtiendras pas tous les points pour la présentation de l'œuvre.

Le mémo d'Amélie

La seconde partie de l'oral commence par une courte présentation de l'œuvre que tu as choisi de présenter à l'entretien (2 minutes environ). Pour réussir ta présentation :

- **Présente l'œuvre, son contexte et ses thèmes principaux (30 secondes).**
- **Explique les raisons pour lesquelles tu as choisi cette œuvre parmi celles lues dans l'année (1 à 2 minutes).**

10 L'entretien : comment répondre efficacement ?

L'entretien porte sur l'œuvre que tu as choisi de présenter parmi celles étudiées en classe ou proposées par ton professeur au titre des lectures cursives obligatoires.

Une fois ta présentation de l'œuvre terminée, l'examinateur va rebondir sur tes propos en te demandant d'approfondir certains aspects, de nuancer ou d'étoffer ton point de vue.

Voici les fondamentaux pour réussir cet entretien.

1 Donne des réponses précises et argumentées

Pour réussir l'entretien, il y a une règle d'or : tes réponses doivent être détaillées et se fonder le plus possible sur des passages précis de l'œuvre.

L'entretien n'est en effet pas là pour vérifier que tu as lu l'œuvre. Pour l'examinateur, c'est déjà acquis !

L'entretien est là pour vérifier ta compréhension de l'œuvre et évaluer ta capacité à **défendre ta lecture et argumenter ton point de vue** sur celle-ci.

Or défendre un point de vue, ce n'est pas affirmer un goût (ou un dégoût) pour une œuvre : c'est proposer une réflexion argumentée, précise et illustrée sur cette œuvre.

Autrement dit, si tu te contentes d'affirmer tes goûts (« J'ai beaucoup aimé tel thème »), tu n'auras aucun point.

Tu dois toujours **démontrer ton point de vue** (« Ce que j'ai aimé dans cette œuvre, c'est que tel thème est traité de façon originale car... On le voit très bien au chapitre 10 lorsque... »).

C'est comme dans un essai : chaque idée doit être illustrée par un exemple précis.

Défendre une lecture personnelle est un véritable travail argumentatif.

2 Montre-toi ouvert(e) au dialogue

N'essaie pas de « plaquer » sur chaque question un cours ou des développements appris sur l'œuvre.

Montre-toi au contraire ouvert(e) au dialogue.

Pour cela, prends en compte les questions de l'examinateur, et nuance tes propos s'il te demande de revenir sur certains points de ta réflexion.

L'entretien est un moment où tu dois **échanger avec l'examinateur** et non être dans une posture de récitation de cours.

Essaie de trouver un juste milieu entre connaissances à restituer et spontanéité dans tes réponses.

3 Établis des liens entre l'œuvre étudiée et d'autres œuvres ou d'autres arts

Une partie de la note porte sur ta capacité à faire le lien entre l'œuvre lue et les autres champs du savoir.

Une œuvre littéraire n'est pas un objet coupé du monde. Elle s'inscrit dans un **contexte** et **elle dialogue avec d'autres œuvres** et d'autres champs du savoir (l'histoire, la géographie, la biologie, la philosophie, la politique...).

Il y a des chances pour que l'examinateur t'invite à faire des liens entre l'œuvre présentée et d'autres textes étudiés dans l'année ainsi que d'autres champs du savoir. Sois-y préparé(e) !

4 Soigne ton expression orale

C'est une évidence mais mieux vaut la rappeler : l'examinateur note la **qualité de ton expression orale.**

Fais des phrases complètes et syntaxiquement correctes. Utilise un vocabulaire courant à soutenu.

Fais attention aux **fautes de français rédhibitoires !**

Exemple

Voici quelques exemples de fautes de français rédhibitoires.

Le redoublement de sujet

« Ce livre, ~~il~~ montre », au lieu de « **Ce livre montre** ».

« Rimbaud, ~~il~~ critique Napoléon III », au lieu de « **Rimbaud critique Napoléon III** ».

L'oubli du « ne » de la négation

« L'auteur Ø veut pas faire de compromis » au lieu de « l'auteur **ne** veut pas faire de compromis ».

L'emploi de « malgré que » (qui n'est pas français) au lieu de bien que (+ subjonctif)

« **Bien que** je ne **sois** pas habitué à lire de la poésie, j'ai beaucoup apprécié ce recueil. »

Les tics de langage

Supprime les « euuuuh » trop fréquents, les « ouais », ou « 'fin voilà » qui remplacent la ponctuation.

Le mémo d'Amélie

L'entretien à l'oral porte sur une œuvre intégrale que tu as choisie. Assure-toi de savoir :

- **Justifier ton point de vue sur l'œuvre.**
- **Répondre aux questions sur l'œuvre de façon précise et illustrée.**
- **Être ouvert(e) au dialogue.**

Pour te préparer, j'ai recensé pour toi les questions fréquemment posées par les examinateurs. Retrouve-les en flashant ce QR Code :

11 Comment faire une fiche de lecture ?

Pour préparer l'entretien, réalise une fiche de lecture approfondie sur l'œuvre que tu as choisi de présenter.

Voici le canevas que je te conseille d'adopter pour ta fiche.

1 Note le titre, l'auteur et le genre

Mentionne sur ta fiche de lecture le titre de l'œuvre, son auteur et son genre.

En quelques phrases, situe l'œuvre dans son contexte historique et littéraire.

En d'autres termes, replace l'œuvre dans un mouvement littéraire et regarde si l'ouvrage est lié à un contexte culturel ou historique particulier (monarchie absolue, guerre, etc.).

Évite la biographie détaillée de l'auteur ou les rappels historiques de 3 pages. La fiche de lecture n'est pas un article Wikipédia ! Pour qu'elle te serve le jour de l'oral, elle doit être synthétique car tes réponses à l'oral doivent être courtes.

2 Analyse brièvement les thèmes de l'œuvre

Quels sont les thèmes de l'œuvre ?

Les thèmes n'ont rien à voir avec le résumé du livre. Il s'agit des sujets et problèmes abordés.

Regarde comment je m'y prends quand j'analyse les thèmes d'une œuvre intégrale dans cet ouvrage p. 19 à 88.

3 Résume l'œuvre en un paragraphe

Résume l'œuvre en un paragraphe, comme si tu rédigeais la quatrième de couverture.

Écarte les intrigues secondaires, **va droit au but.**

Ce court résumé t'aidera à te remémorer l'œuvre mais aussi à répondre rapidement à d'éventuelles questions portant sur l'intrigue.

4 Liste les personnages

Liste les personnages principaux en soulignant leur **rôle** et leurs **caractéristiques.** Qu'apportent-ils au récit ? Que représentent-ils ?

Ne fais pas une liste de personnages de trois pieds de long. Une ou deux phrases pour camper les personnages clés suffisent.

Cette liste te permettra de **te référer précisément aux personnages par leur nom** et d'avoir en mémoire quelques adjectifs les qualifiant.

5 Étudie le décor

Le décor est soigneusement choisi par l'auteur. Il participe à **l'atmosphère générale** de l'œuvre.

Quel est ce décor ? Que symbolise-t-il ? Change-t-il au cours de l'œuvre ? Que nous apprend-il sur les personnages ou sur le thème de l'ouvrage ?

6 Qualifie le style de l'auteur

Caractérise le **style de l'auteur** et analyse l'**effet qu'il produit,** comme je le fais dans les fiches de lecture présentes dans cet ouvrage p. 19 à 88.

Quel type de phrases l'auteur utilise-t-il (phrases courtes, amples, rapides) ? Quel niveau de langage ? Quels procédés littéraires caractérisent son écriture ?

Note éventuellement **une ou deux citations** courtes.

7 Réfléchis au message critique, moral ou philosophique de l'œuvre

Réfléchis à la portée de l'œuvre. Au-delà de l'intrigue, qu'a voulu nous transmettre l'auteur ? **Quel message** fait-il passer ?

Le livre dresse-t-il une critique de certaines personnes, d'un milieu particulier, d'un type de comportement ? L'œuvre délivre-t-elle un **message philosophique ?**

Cette partie est essentielle car elle va te permettre de montrer ta compréhension subtile de l'œuvre et de défendre ton point de vue sur celle-ci.

8 Fais le bilan : quel est le lien entre cette œuvre et ton programme ?

- On arrive au plus important ! Demande-toi :
- Quel est le lien de l'œuvre avec le parcours au programme ?
- Pourquoi, parmi les 8 œuvres lues dans l'année, as-tu choisi de présenter cette œuvre ?
- Qu'as-tu apprécié dans cette œuvre et pourquoi ?
- Qu'as-tu moins aimé et pourquoi ?

Travaille **ton point de vue personnel** sur l'œuvre car c'est ce qui sera valorisé lors de l'entretien.

Le mémo d'Amélie

Pour préparer efficacement ton entretien avec l'examinateur :

- **Fais une fiche de lecture sur l'œuvre que tu as choisi de présenter à l'oral.**
- **Travaille ton point de vue personnel sur cette œuvre et réfléchis aux raisons pour lesquelles tu l'as choisie plutôt qu'une autre.**

6

AU SECOURS, JE SUIS STRESSÉ(E) !

1 Au secours, faut-il faire des fiches ?

T'est-il déjà arrivé d'apprendre un cours ou une analyse de texte pour te rendre compte, trois mois plus tard, que tu as presque tout oublié ?

Si c'est le cas, tu as tout à gagner à faire des fiches.

Mais avant d'apprendre comment les faire, voici quelques fondamentaux à connaître pour que tes fiches te servent vraiment.

A C'est le fait de FAIRE les fiches TOI-MÊME qui compte

Une fiche n'est utile que si tu la fais toi-même : c'est ce que montrent toutes les études en pédagogie.

Quand tu fais un exercice de maths ou un commentaire de français, tu sais qu'il ne sert à rien de recopier le travail d'un camarade ou de consulter directement un corrigé. **Seul le fait de faire les exercices te garantit de progresser.**

Pour les fiches, c'est la même chose : si tu veux qu'elles te servent à quelque chose, **fais-les toi-même.**

B Une fiche n'est pas un recopiage du cours

Faire une fiche t'oblige à passer le cours au tamis pour en extraire l'essentiel et le structurer à ta façon.

C'est donc un exercice qui te demande de réfléchir activement face à ton cours.

Cela ne veut pas dire que ta fiche ne suivra pas l'ordre du cours, mais fais attention à ce qu'elle n'en devienne pas un recopiage passif.

Demande-toi : quels sont les éléments essentiels du cours ? Ceux qu'il faut absolument retenir pour le bac ?

Il te faut extraire ces éléments, les organiser et, éventuellement, les reformuler avec tes mots.

C Fais des fiches courtes

La tentation, quand on commence à réaliser ses premières fiches au lycée, est de recopier 80 % de son cours dans sa fiche, en supprimant uniquement quelques exemples ou détails.

Or le but d'une fiche est d'extraire **l'essentiel du cours**, ce qu'il faut retenir coûte que coûte pour l'examen. Une bonne fiche, c'est donc une fiche qui ne garde en général que **30 % du cours**.

Bien sûr, cela demande un peu d'entraînement. Mais une fois la méthode acquise, elle te servira pendant toutes tes études. Cela vaut le coup, non ?

Le mémo d'Amélie

Faire des fiches est très utile à condition de les faire toi-même, en réfléchissant à leur composition, sans recopier passivement le cours.

2 Au secours, je ne sais pas faire des fiches !

Je vais te donner deux techniques pour faire des fiches utiles, efficaces et faciles à mémoriser.

A Technique n° 1 : la technique QQQOCP

La technique QQQOCP consiste à te poser six questions clés sur ton cours et à y répondre. Ces six questions sont les suivantes :

1. Qui ?
2. Quoi ?
3. Quand ?
4. Où ?
5. Comment ?
6. Pourquoi ?

Comme je te le disais dans le chapitre précédent, **une fiche est une véritable composition :** tu sélectionnes et organises les éléments du cours dans une nouvelle forme plus facilement mémorisable.

Comment sélectionner les informations importantes à retenir ?

En te posant les six questions ci-dessus et en y répondant.

Voici les deux étapes pour faire tes fiches avec la méthode QQQOCP :

Étape 1 : Relis ton cours en cherchant les réponses aux six questions.

Étape 2 : Rassemble tes réponses dans une fiche.

Imaginons une fiche sur un mouvement littéraire : le surréalisme.

Tu trouveras sur mon site commentairecompose.fr un cours sur le surréalisme.

Au lieu de suivre mot à mot l'organisation de mon cours, pose-toi les six questions QQQOCP :

1. Qui ?
2. Quoi ?
3. Quand ?
4. Où ?
5. Comment ?
6. Pourquoi ?

Trouve les réponses dans mon cours et inscris-les sur ta fiche.

Exemple

Le surréalisme

1 Qui ?

André Breton : le « pape » du surréalisme avec son *Manifeste du surréalisme*.

Poésie : Éluard et Aragon.

Peinture : Magritte, Dalí, Man Ray, Chirico.

2 Quoi ?

Un mouvement littéraire de la première moitié du XXe siècle…

… qui touche tous les arts : la littérature, la peinture, la sculpture…

… et veut aller au-delà des apparences.

3 Quand ?

Apollinaire invente le terme « surréaliste » en 1917.

Apogée du surréalisme dans l'entre-deux-guerres.

Prend fin dans les années 1960 avec la mort d'André Breton.

4 Où ?

En Europe.

5 Comment ?

En explorant l'amour fou et passionnel.

En explorant l'inconscient et le rêve.

En ayant recours à des images insolites : antithèses, oxymores, hypallages…

En adoptant une grande liberté formelle : écriture automatique, vers libre, absence de ponctuation, collages…

6 Pourquoi ?

Sentiment de révolte et d'horreur après la Première Guerre mondiale.

Influence du dadaïsme né en 1916 : goût pour le scandale et la révolte.

Pour accéder directement à la pensée (l'inconscient est découvert par Freud au début du siècle).

Pour s'engager en politique et « changer la vie ».

Voilà, ta fiche est prête !

Tu constates que **cette fiche est beaucoup plus courte que mon cours.** Sa réalisation t'a demandé de **« remâcher »** mon cours pour y trouver les réponses aux questions posées.

L'avantage de cette méthode, c'est qu'elle te pousse à **lire activement ton cours,** comme un enquêteur qui recherche des indices pour répondre à ses questions.

La méthode QQQOCP fonctionne très bien pour les cours de fond en français (sur les mouvements littéraires, les œuvres intégrales...) mais aussi dans toutes les matières (économie, histoire-géo...).

B Technique n° 2 : Le *mind mapping*

Le *mind mapping* – ou carte mentale en français – permet d'**organiser ta fiche de manière spatiale et visuelle, sous forme de schéma.**

C'est le psychologue Tony Buzan qui a créé cet outil et ses avantages sont surprenants.

En effet, une *mind map* fait fonctionner les deux hémisphères de ton cerveau en même temps : l'hémisphère droit qui traite les mots et la logique, et l'hémisphère gauche qui traite les formes, les couleurs et l'espace.

Résultat : faire une *mind map* mobilise ces deux hémisphères et améliore tes capacités de réflexion, de compréhension et de mémorisation.

Ça te tente d'essayer ?

Voici comment réaliser une *mind map* :

1. Prends une feuille au format paysage et écris ton sujet de cours au milieu de la page.

2. Fais partir des branches sur lesquelles tu inscris les parties du cours (I., II., III.).

3. De ces branches, tu peux faire partir d'autres branches (les sous-parties A, B, C) et ainsi de suite pour chacune de ces branches (1, 2, 3).

4 Ajoutes-y des dessins et de la couleur si tu le souhaites.

Les couleurs ne sont pas là pour « faire joli » mais parce que notre cerveau retient les informations grâce au sens et au plaisir. Tu mémorises donc mieux ta *mind map* si tu la colores et l'illustres !

Exemple

Voici un exemple de *mind map* sur le surréalisme :

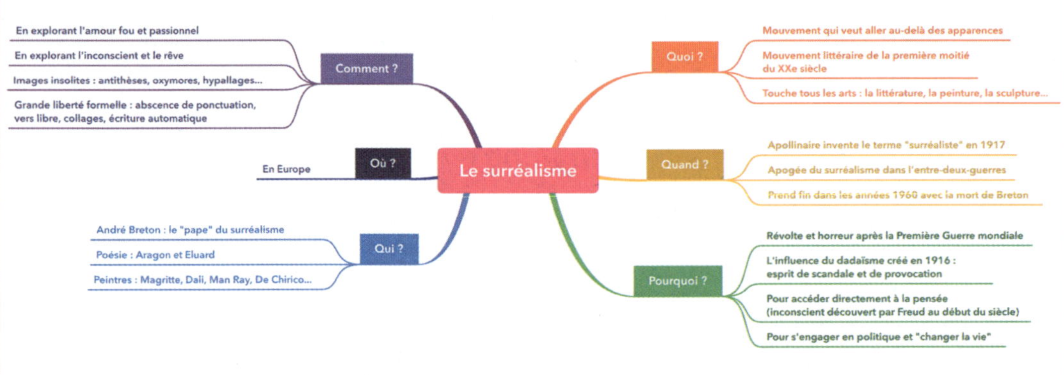

Dans l'exemple ci-dessus, j'ai utilisé les six questions QQQOCP pour former les branches de ma carte mentale.

Mais tu peux aussi utiliser la structure du cours (I, II, III puis A, B, C) pour construire les ramifications de ta carte. C'est particulièrement efficace pour une analyse de texte à mémoriser à l'oral.

Quelques conseils pour réussir tes *mind maps* :

- **Reste bref (brève)** en écrivant uniquement les mots clés dans ta *mind map*.
- **Écris sur les branches** et non au bout de ces dernières. Le regard est en effet naturellement guidé par les branches pour cueillir l'information.

Les avantages des mind maps :

- Exposer les informations sous **une forme arborescente** correspond davantage au fonctionnement de notre cerveau, qui établit spontanément des liens entre les idées. En reproduisant sur ta feuille ce fonctionnement, tu améliores ta compréhension et ta mémorisation du cours.
- N'hésite pas à utiliser des **logiciels gratuits** comme Xmind pour réaliser tes *mind maps*. Tu pourras alors facilement déplacer, ajouter ou retrancher des branches à ta carte mentale et la rendre ainsi ultra modulable.

Le mémo d'Amélie

Teste différentes façons de faire tes fiches pour adopter celle qui te convient le mieux. Deux techniques sont très efficaces :

- **La méthode QQQOCP : tu te poses 6 questions sur ton cours (Qui ? Quoi ? Quand ? Où ? Comment ? Pouquoi ?) et tu rassembles tes réponses dans ta fiche.**
- **La *mind map* ou carte mentale qui t'aide à visualiser les informations de façon spatiale sur un schéma.**

3 Au secours, je ne sais pas faire des fiches pour mes lectures linéaires !

Pour tes lectures linéaires, je te conseille de réaliser des fiches classiques toutes simples.

Notes-y :

- Quelques phrases d'introduction (auteur, contexte, œuvre).
- Les 2 à 4 mouvements du texte.
- Des procédés clés associés à des analyses.
- Une conclusion et une ouverture.

Pour le développement, ne rédige pas des phrases entières. Privilégie une prise de notes synthétique et use de flèches et signes divers pour synthétiser l'essentiel.

Exemple

Prenons le portrait de Julien Sorel dans *Le Rouge et le Noir* de Stendhal :

« Eh bien, paresseux ! tu liras donc toujours tes maudits livres, pendant que tu es de garde à la scie ? Lis-les le soir, quand tu vas perdre ton temps chez le curé, à la bonne heure. »

Julien, quoique étourdi par la force du coup, et tout sanglant, se rapprocha de son poste officiel, à côté de la scie. Il avait les larmes aux yeux, moins à cause de la douleur physique, que pour la perte de son livre qu'il adorait.

« Descends, animal, que je te parle. » Le bruit de la machine empêcha encore Julien d'entendre cet ordre. Son père qui était descendu, ne voulant pas se donner la peine de remonter sur le mécanisme, alla chercher une longue perche pour abattre des noix, et l'en frappa sur l'épaule. À peine Julien fut-il à terre, que le vieux Sorel, le chassant rudement devant lui, le poussa vers la maison. Dieu sait ce qu'il va me faire ! se disait le jeune homme. En passant, il regarda tristement le ruisseau où était tombé son livre ; c'était celui de tous qu'il affectionnait le plus, *Le Mémorial de Sainte-Hélène*.

Il avait les joues pourpres et les yeux baissés. C'était un petit jeune homme de dix-huit à dix-neuf ans, faible en apparence, avec des traits irréguliers, mais délicats, et un nez aquilin. De grands yeux noirs, qui, dans les moments tranquilles, annonçaient de la réflexion et du feu, étaient animés en cet instant de l'expression de la haine la plus féroce. Des cheveux châtain foncé, plantés fort bas, lui donnaient un petit front, et dans les moments de colère, un air méchant. Parmi les innombrables variétés de la physionomie humaine, il n'en est peut-être point qui se soit distinguée par une spécialité plus saisissante. Une taille svelte et bien prise annonçait plus de légèreté que de vigueur. Dès sa première jeunesse, son air extrêmement pensif et sa grande pâleur avaient donné l'idée à son père qu'il ne vivrait pas, ou qu'il vivrait pour être une charge à sa famille. Objet des mépris de tous à la maison, il haïssait ses frères et son père ; dans les jeux du dimanche, sur la place publique, il était toujours battu.

Stendhal, *Le Rouge et le Noir,* partie I, chapitre 4, 1830.

Sur mon site, j'ai rédigé une analyse linéaire de ce passage :
https://commentairecompose.fr/le-rouge-et-le-noir-portrait-julien-sorel/

Si tu étudies ce passage pour l'oral, il ne faudrait pas chercher à apprendre par cœur mon analyse.

Pour la retenir, tu dois extraire uniquement l'essentiel dans une fiche.
Voici un exemple :

Stendhal écrit *Le Rouge et le Noir* en 1830, à un moment où la France sort de la période de la **Restauration** sous Louis XVIII et Charles X et **entre dans une période de monarchie constitutionnelle** sous Louis Philippe, roi des Français. **Stendhal,** admirateur de Napoléon et qui a eu une carrière militaire, **déteste la Restauration et la monarchie. *Le Rouge et le Noir*** apporte le témoignage de cette transition historique à travers l'itinéraire de **Julien Sorel,** un personnage individualiste et énergique qui gravit les échelons de la société.

Présente l'auteur, l'époque et l'œuvre intégrale. Sélectionne uniquement des éléments utiles à l'analyse du texte étudié.

En quoi cet extrait campe-t-il le portrait d'un héros complexe ?

Propose une problématique qui va servir de fil conducteur à ton analyse.

I – L'opposition entre le père et le fils

(Les deux premiers paragraphes)

L'analyse étant linéaire, note le mouvement du texte sur ta fiche.

A – Une opposition théâtralisée

• **Parole paternelle dépréciative** : « Eh bien paresseux ! » → opposition entre le père et le fils.

• **Parler familier** du père à travers le **polyptote** (« liras », « livres », « Lis-les ») → parole circulaire, répétitive + le **père Sorel emploie certains mots pour d'autres** comme « scie » pour « scierie ».

Utilise des flèches et des signes pour raccourcir ta pensée.

• **Tournure orale** du père : « Descends animal **que** je te parle » → paroles d'un homme d'action.

Ne rédige pas des phrases entières : note uniquement l'essentiel.

• **Julien** est absorbé par sa lecture. **Position en hauteur** → aspire à s'élever par l'effort intellectuel.

• **Registre tragique** avec **champ lexical de la violence** → rend Julien sympathique car il est victime.

Le champ lexical de la violence est simple à retrouver dans le texte. Il n'est donc pas utile de le recopier : tu le retrouveras facilement pendant les 30 minutes de préparation.

• « étourdi » et « tout sanglant » font penser aux combats **épiques → résistance physique du héros.**

B – De nombreux symboles

• **Champ lexical de la machine** → la scierie est un espace hostile, bruyant et **menaçant** pour l'homme.

• **Analogie humoristique** entre la chute de Julien chassé par le « vieux Sorel » et la chute d'Adam poussé par Dieu hors du paradis terrestre → **parodie du péché originel** → Julien sort **de l'enfance** pour se plonger dans le monde adulte.

• **Perte du livre** sur Napoléon dans le ruisseau → Julien voue un culte à l'empereur + symbolise le renoncement aux rêves de l'enfance.

Pas besoin de noter toutes les citations car elles sont faciles à retrouver dans le texte.

PAS DE STRESS !

II – Le portrait de Julien Sorel : un portrait ambigu (Le dernier paragraphe)

Nomme tes parties pour structurer ta présentation.

A – Une faiblesse apparente

• Portrait aux termes **péjoratifs** : « baissés », « petit », « faible »... → traits **féminins.**

• Opposition entre l'**apparence** et la **réalité intérieure : « en apparence ».**

B – Julien, un personnage ambigu

Tu peux définir des sous-parties mais ce n'est pas obligatoire.

• Personnage **hors du commun** : traits « **irréguliers** », « **saisissante** ».

• Originalité du personnage avec adverbe d'intensité « extrêmement ».

• Regard animé de « **feu** » et de « **haine** » → **prédateur au regard perçant**, prêt à saisir la moindre opportunité pour réussir.

• **Champ lexical de la sauvagerie qui** tend à **animaliser** Julien : « aquilin », « grands yeux noirs », « feu »... → potentiel de violence, capacité à **s'adapter** à un monde impitoyable.

Ne note pas toutes les citations car elles sont simples à retrouver dans le texte.

• « Il haïssait ses frères et son père » → incarne l'**ingratitude**, l'**infidélité.**

• Mais il suscite aussi l'**empathie** → personnage **dramatiquement intéressant.**

Conclusion

Rappelle la problématique et réponds-y.

À travers ce portrait contrasté, plein de **paradoxes,** Stendhal campe un héros complexe.

Julien Sorel n'est pas l'incarnation de la grandeur et de la pureté, mais un personnage ambigu, fait d'ombre et de lumière.

Il apparaît ainsi comme le produit du **romantisme,** avec ses contrastes et ses oppositions.

J'ouvre ici sur le mouvement littéraire. Tu peux aussi élargir sur l'œuvre intégrale ou sur un autre texte de ton descriptif.

4 Au secours, je ne retiens rien !

Assieds-toi bien sur ta chaise car j'ai une annonce importante à te faire : **notre cerveau est programmé pour effacer les informations que l'on reçoit.**

Oui, tu as bien lu : ton cerveau ne retient pas tout ce que tu vois ou entends mais, au contraire, efface rapidement la majorité des informations qui se présentent à toi.

Les neurosciences ont ainsi montré qu'au bout de 24 heures, notre cerveau efface 75 % des informations de la journée précédente, et 83 % de ces mêmes informations au bout d'une semaine seulement.

Le souci (tu l'as peut-être constaté), c'est que **le cerveau efface TOUT sans distinction.**

Alors comment lui faire comprendre que tu veux retenir pour le mois de juin ce cours sur les mouvements littéraires ou cette analyse de texte ?

Voici deux méthodes qui marchent bien :

- **Méthode 1 :** Réactiver tes connaissances.
- **Méthode 2 :** Actionner ton profil d'apprentissage.

A La magie de la réactivation

Le seul moyen de se souvenir à long terme d'une information est de la réactiver plusieurs fois à intervalles réguliers.

Pourquoi ?

Parce que lorsque nous présentons la même information plusieurs fois à notre cerveau, il la classe comme « importante » et la stocke dans notre mémoire à long terme.

C'est ce qu'on appelle la méthode de la réactivation, qui est d'une puissance incroyable si tu la mets en place tout au long de l'année.

Des neuroscientifiques nous indiquent le calendrier à suivre pour tirer au mieux profit de notre mémoire.

J + 1 1re réactivation du cours

Cette première étape est essentielle : **pour mémoriser un cours, relis-le dès le lendemain.** Si tu attends plus de 24 heures, tu auras oublié la majorité de ce qu'il fallait retenir. Chaque jour, prends 10 ou 15 minutes pour relire tes cours de la veille.

J + 7 2e réactivation du cours

Une semaine après ton cours, relis-le une deuxième fois.

Cette réactivation à J + 7 va envoyer un signal à ton cerveau : « Cette information est importante. Garde-la en stock. »

Une relecture de quelques minutes peut faire l'affaire. Ce qui compte, c'est de réactiver cette connaissance au bout de 7 jours pour lui éviter de tomber dans l'oubli.

J + 30 3e réactivation du cours

Un mois après, réactive de nouveau ton cours.

À partir de la troisième réactivation, ton cerveau comprend que **l'information est vraiment importante et mérite d'être mémorisée à long terme**. Il va la prendre plus au sérieux et la stocker 3 à 4 mois de plus pour voir si elle sert de nouveau.

J + 3 mois 4e réactivation du cours

Réactive alors ton cours 3 mois plus tard (si tu attends plus longtemps, ton cerveau effacera les informations).

Cette quatrième réactivation ancre l'information dans ton cerveau pour 6 ou 7 mois supplémentaires. Ce n'est pas rien !

J + 6 mois 5e réactivation du cours

Avec une cinquième réactivation, tu es parti(e) pour te souvenir très longtemps des informations mémorisées.

Mes conseils pour réussir tes réactivations :

- **Réactiver tes connaissances,** c'est relire attentivement ton cours ou ta fiche. Ne t'en fais pas une montagne : selon la taille de ton cours, cela ne te prendra que quelques minutes à un quart d'heure. C'est rapide et facile à mettre en place.
- **Planifie toutes tes séances de réactivation** dans ton agenda pour ne pas les oublier.

Cette technique de la réactivation requiert un peu d'organisation mais est très efficace. Essaie-la. Tu seras surpris(e) du résultat !

B Actionne ton profil d'apprentissage

Sais-tu que l'on mémorise mieux une information si elle est associée à une sensation ou une émotion ?

Tu as peut être déjà entendu parler de la madeleine de Proust qui illustre parfaitement ce propos. Le narrateur d'*À la recherche du temps perdu* mange une madeleine dont le goût et l'odeur le replongent dans des souvenirs d'enfance.

Ce phénomène de la madeleine de Proust est très connu des neuroscientifiques : à partir d'une sensation, il est fréquent de pouvoir retrouver des souvenirs.

Or, cela fonctionne aussi avec un cours...

Si tu mobilises tes sens au moment où tu apprends ton cours, si tu y mets de l'humour et de la couleur, tu vas créer des connexions neuronales fortes qui te permettront de te souvenir de ton cours plus facilement.

Voici des astuces concrètes pour y parvenir en fonction de ton profil d'apprentissage :

- **Si tu es visuel(le),** c'est-à-dire si la vue est ton sens dominant pour apprendre : essaie d'imaginer et de visualiser ton cours sous forme d'images, de photos ou d'un film projeté à l'écran. Tu peux aussi essayer d'écrire les mots clés du cours sur une feuille, avec des couleurs ou des dessins.
- **Si tu es auditif(ve),** c'est-à-dire si tu mémorises mieux en écoutant les paroles et les sons : rappelle-toi la voix du professeur. Te souviens-tu de ses intonations ? Tu peux aussi t'enregistrer pour te réécouter lire le cours.

PAS DE STRESS !

• **Si tu es verbal(e),** c'est-à-dire si tu retiens mieux les informations en t'entendant parler et en les répétant à haute voix : mets-toi dans la peau d'un journaliste ou d'un conférencier qui explique le cours à voix haute face à un auditoire.

• **Si tu es kinesthésique,** c'est-à-dire si tu as besoin de mouvement pour apprendre : bouge en apprenant ta leçon. Tu peux par exemple lire tes leçons en marchant dans ta chambre ou même jouer ton cours comme une pièce de théâtre. N'hésite pas à y mettre de l'humour !

Tu ne sais pas quel est ton meilleur profil d'apprentissage ?

Même si l'on a souvent un profil d'apprentissage dominant (visuel, auditif…), nous sommes réceptifs à toutes ces façons d'apprendre.

Essaie chacune de ces techniques et tu trouveras celle qui marche le mieux pour toi.

Le mémo d'Amélie

Ton cerveau efface tout, très vite ! Pour mémoriser tes cours et tes analyses de texte pour le bac, voici deux méthodes efficaces à combiner :

• **Réactive tes connaissances** à J + 1, J + 7, J + 30, J + 3 mois et J + 6 mois.

• **Fais appel à tes sens** (vue, ouïe, mouvements…) quand tu apprends un cours afin de mieux l'ancrer dans ta mémoire.

5 Au secours, je n'arrive pas à lire une œuvre intégrale !

Ta lecture quotidienne se cantonne-t-elle aux 2 minutes de déchiffrage de la boîte de céréales du petit déjeuner ?

Tu t'affoles à l'idée de devoir lire 8 œuvres intégrales cette année ?

Rassure-toi, j'ai quelques astuces dans mon sac pour faire passer sans douleur la lecture des 8 œuvres intégrales au programme.

A Lis une analyse de l'œuvre AVANT de lire l'œuvre

Cela peut te paraître surprenant, mais je te conseille de lire mes résumés et explications sur les œuvres littéraires avant de lire les œuvres en question.

Tu trouveras une analyse des œuvres au programme dans le chapitre 2 de cet ouvrage et sur mon site commentairecompose.fr.

Il faut comprendre une chose : un classique littéraire n'est pas une série ou un feuilleton dont on aimerait maintenir le suspense jusqu'à la fin.

Connaître ce qui va arriver au personnage principal ne va pas gâcher ta lecture car l'intérêt d'une œuvre littéraire ne réside pas dans le suspense de l'histoire mais dans **les intentions de l'auteur et la façon dont il transmet ses intentions.**

Quels sont le sens de l'œuvre, ses indices cachés, sa portée symbolique ?

En quoi l'œuvre s'inscrit-elle dans un contexte littéraire qu'elle illustre ?

C'est cela qu'on te demande de comprendre au bac de français.

Or, il n'est pas facile de faire attention à ces points lors d'une première lecture de l'œuvre...

C'est là que tu comprends l'intérêt de lire un résumé et une analyse de l'œuvre avant de lire l'œuvre : cette préparation fait office de « première lecture » et te permet d'aborder l'œuvre plus facilement et avec un œil plus averti.

B Prévois des plages horaires de lecture de 30 minutes

Je vais peut-être te décevoir, mais la croyance selon laquelle on peut faire plusieurs choses en même temps est fausse.

Et cela vaut aussi pour toi : si tu lis en regardant la télé-réalité, Facebook ou en écrivant tes textos, tu n'arriveras pas à venir à bout de ton œuvre intégrale !

Pour avancer dans ta lecture, **mets ton portable en mode avion et lis au moins 30 minutes d'affilée.** Trente minutes, c'est le minimum pour t'immerger vraiment dans une œuvre et la comprendre.

C Prépare un planning de lecture

Anticiper son temps de lecture, c'est l'astuce « anti-découragement » pour ceux qui n'aiment pas lire.

Le principe est simple : lis une page en te chronométrant, puis multiplie ce chiffre par le nombre de pages. Tu obtiens alors une estimation du temps nécessaire pour lire l'ouvrage.

Par exemple, si tu mets en moyenne 70 secondes, c'est-à-dire 1 minute et 10 secondes, pour lire une page de *L'Étranger* de Camus, sachant que ce livre fait 180 pages, tu calculeras qu'il te faut 12 600 secondes (70 × 180) pour lire ce roman, soit 210 minutes, c'est-à-dire environ 3 h 30. Ce n'est pas tant que ça finalement !

Prévois alors **des plages horaires de lecture dans ton agenda**, par exemple 7 séances de 30 minutes de lecture.

Le mémo d'Amélie

Même si tu n'es pas un(e) grand(e) lecteur(trice), je t'assure que la lecture de 8 œuvres dans l'année n'est pas si difficile si tu mets en place les bons réflexes :

- **Lis un résumé et une analyse de l'œuvre** avant d'entamer sa lecture.
- **Quand tu lis, fais-le au moins pendant 30 minutes** sans distraction.
- **Planifie des plages horaires de lecture** dans ton agenda.

6 Au secours, je suis stressé(e) !

Quand tu te sens stressé(e), as-tu remarqué que les gens ont une tendance compulsive à te donner des conseils qu'il est trop tard pour appliquer : « il fallait t'y prendre plus tôt », « il faut mieux t'organiser dans l'année », etc.

Évidemment, si tu as une tendance pathologique à préparer tes examens la veille au soir à 22 heures, tu ne te mets pas dans des conditions idéales pour arriver serein(e) à l'examen.

Mais le stress n'est pas toujours lié à un manque d'organisation.

Même très bien préparés, nous ressentons du stress face aux devoirs à rendre, aux évaluations, aux examens, aux choix d'orientation…

Pour naviguer sereinement parmi tout ça, il faut t'offrir chaque jour un sas de « décompression » où tu cesses de te projeter dans le futur pour t'ancrer quelques minutes dans le moment présent.

Comment faire précisément ?

Il y a deux courts exercices que je conseille à mes élèves et qui les aident à être plus sereins au quotidien : le « scan corporel » et l'attention à la respiration.

On trouve de nombreuses études scientifiques sur ces exercices (que l'on appelle exercices de pleine conscience) et il est prouvé qu'ils améliorent l'attention, la concentration, la confiance en soi, la créativité et diminuent le stress et la dépression.

Encore plus surprenant : une pratique de quelques minutes par jour suffit à produire des effets.

Intéressant, non ?

Il y a juste une règle d'or à respecter : quand tu fais l'un de ces exercices, mets ton téléphone en mode avion. Eh oui, le but de ces exercices est de t'offrir une bulle de décompression et de déconnexion : ton téléphone ne doit pas se mettre à vibrer pendant que tu les fais.

Tu as envie d'essayer ? Tu vas voir, ça ne prend pas beaucoup de temps.

Voici les deux exercices. Tu pourras choisir chaque jour celui que tu préfères ou les alterner selon tes envies.

A Le scan corporel

Cet exercice se nomme « scan corporel » car **ta conscience va balayer chaque partie de ton corps comme le rayon X d'un scanner.**

Pourquoi faire cela ?

Car en prenant conscience de tes sensations corporelles, tu t'ancres dans le moment présent, tu calmes ton esprit, tu améliores ton attention et diminues ton stress.

Voici comment procéder.

Allonge-toi au calme sur un tapis de sol ou sur ton lit et ferme les yeux.

Inspire et expire profondément 4 ou 5 fois avec le ventre en portant ton attention sur ton ventre qui se gonfle et se dégonfle. Prends le temps d'inspirer et d'expirer. Tu peux par exemple compter 5 secondes pour l'inspiration et 5 secondes pour l'expiration.

Prends conscience des points de contact de ton corps avec le matelas. Ressens le poids de ton corps sur le matelas.

Puis porte ton attention sur ton pied gauche. Ressens-le entièrement : les orteils, la plante du pied, le dessus du pied.

Déplace ton attention à la cheville, puis au mollet, au tibia, au genou, à l'arrière et à l'avant de la cuisse.

Observe les sensations que tu ressens dans chacune de ces parties du corps.

Tu peux ressentir des picotements, une sensation de froid, de chaud, une douleur, des fourmillements... Toutes les sensations sont possibles. Ne cherche pas à les changer ou à les faire partir. Observe juste ce qui est là, ressens-le, puis passe à la partie du corps suivante.

Fais la même chose avec ta jambe droite : tes orteils, puis ton pied, ton mollet, ton tibia, ton genou, etc., jusqu'en haut de la cuisse.

« Scanne » ensuite les autres parties de ton corps : le ventre, la poitrine, le bas du dos, les omoplates, les épaules.

Déplace ensuite ton attention sur tes bras, en commençant par les doigts et en remontant jusqu'aux épaules.

Prends autant de temps que tu le souhaites pour balayer les différentes parties de ton corps. Il n'y a pas d'urgence ! **L'essentiel est de prendre conscience de tes sensations et de les observer quelques secondes.**

Termine en étant attentif(ve) aux sensations de ton visage et de ton cuir chevelu.

Une fois toutes les parties de ton corps « scannées », ouvre les yeux, étire-toi et reprends le cours de tes activités.

B L'attention à la respiration

Voici le deuxième exercice que je te propose.

Assieds-toi sur une chaise, le dos droit (légèrement décollé du dossier de ta chaise), les pieds au sol, les épaules détendues, les mains posées sur les cuisses et ferme les yeux.

Sens le contact de tes pieds avec le sol puis le contact de tes mains sur tes cuisses. Tu ressens peut-être des picotements, du froid, une sensation de lourdeur, de chaleur… Tes sensations changent de moment en moment : observe-les telles qu'elles sont, sans chercher à les maintenir ni à les changer.

Au bout de quelques minutes, place ton attention au niveau des narines et ressens l'air qui entre et qui sort juste en dessous de la narine. Porte tout simplement attention à ta respiration, à ce filet d'air qui entre et sort de tes narines.

Tu vas te rendre compte que tu perds souvent la sensation de ta respiration car tes pensées t'entraînent ailleurs. Dès que tu t'en aperçois, prends-en simplement conscience (« Tiens, je me suis laissé distraire par mes pensées. »). Ramène alors calmement ton attention à ta respiration et à la sensation de l'air qui entre et sort par tes narines.

Au bout de quelques minutes, ouvre les yeux, étire-toi et reprends le cours de tes activités.

Pratique l'attention à la respiration sans chercher la performance : ce n'est pas un exercice qui se « réussit », c'est une expérience qui se vit à l'instant T.

Le mémo d'Amélie

Pratique le scan corporel ou l'attention à la respiration chaque jour ne serait-ce que quelques minutes : tu ressentiras des effets bénéfiques sur ton humeur et ton attention.

Bien sûr, ne cherche pas dans ces exercices une « recette miracle » qui t'immuniserait à jamais contre le stress. Mais ces petits exercices vont t'aider à bien mieux gérer ton stress et ton attention au quotidien. Essaie-les : ils sont vraiment utiles !

7 Au secours, je panique (juste avant un examen) !

Les exercices précédents t'aident à réduire ton stress et à améliorer ton attention sur le long terme.

Mais que faire face à un pic de stress intense, juste avant un examen par exemple, quand tu ne peux pas t'allonger devant tout le monde pour faire un scan corporel ?

En cas d'urgence, je te conseille deux techniques efficaces :

- **t'étirer ;**
- **respirer profondément par le ventre.**

Ça te paraît trop facile ?

Pourtant, s'étirer et respirer profondément ont des **effets immédiats** sur le stress.

La raison est simple : corps et esprit sont intimement liés.

En parvenant à détendre ton corps, tu vas immédiatement aider ton esprit à se calmer.

Voici comment t'y prendre.

A Des étirements simples

Étirements des muscles latéraux du cou

Assis(e) ou debout, le menton légèrement rentré, penche ta tête d'un côté pour amener ton oreille vers ton épaule.

N'essaie pas de lever ton épaule : c'est ta tête qui se penche vers ton épaule.

Fais ce mouvement 4 ou 5 fois en expirant profondément, des deux côtés.

Étirement de la nuque

Assis(e) ou debout, le dos droit, rentre ton menton dans la poitrine en expirant profondément.

Sens-tu un étirement dans la nuque et le haut du dos ? C'est bon signe : c'est que tu te relâches.

Inspire en redressant la tête.

Fais ce mouvement 4 ou 5 fois.

Étirement et relâchement de tout le corps

Debout, inspire profondément en levant tes bras au-dessus de ta tête et en t'étirant en arrière, bras et jambes tendus. Tu vas sentir un étirement le long des jambes, du ventre et de la poitrine.

Puis expire profondément en étirant ton dos en avant jusqu'à ce que tes mains touchent le sol de chaque côté des pieds, tête vers les genoux.

Dans cette position, la tête en bas, les jambes tendues (sinon tu ne t'étires pas), inspire et expire profondément 3 fois. À chaque expiration, relâche complètement le haut du corps tout en gardant les jambes tendues.

Puis redresse-toi en déroulant ton dos vertèbre par vertèbre.

Répète ce mouvement autant de fois que tu le souhaites. Il te permet d'étirer et de relâcher en quelques secondes toutes les parties du corps : jambes, buste, dos, cou, bras. C'est ce qui le rend si efficace face à une montée de stress !

B La respiration par le ventre

Nous avons tendance à respirer avec la cage thoracique (le haut du corps), alors que la respiration « par le ventre » alimente mieux nos cellules en oxygène et chasse les toxines : elle est donc plus efficace pour calmer les angoisses.

Comment respirer « par le ventre » ?

Le principe est simple :

1 Quand tu sens le stress monter, inspire par le nez jusqu'à ce que l'air fasse gonfler ton ventre puis ta poitrine (sans dégonfler ton ventre).

2 Lorsque tes poumons sont remplis au maximum, expire lentement par le nez ou la bouche en rentrant le ventre pour faire sortir l'air.

3 Tu peux poser une main sur ton ventre pour le sentir se gonfler à chaque inspiration et se dégonfler à chaque expiration.

Cet exercice est simplissime, discret mais efficace en cas de montée de stress.

Le mémo d'Amélie

Tu te sens envahi(e) par le stress ?

Dans ces moments-là, fais quelques étirements et respirations profondes par le ventre.

C'est en agissant directement sur ton corps que tu vas réduire ton stress.

8 Au secours, je n'arrive pas à être attentif(ve) en cours !

« SOIS ATTENTIIIIIIIF(VE) ! »

Le cri de Mme Fabela, la professeure de français, vient de t'arracher à ta rêverie.

Elle te demande de répéter ce qu'elle vient de dire. Toute la classe te regarde.

Euh... Tes joues s'empourprent... Tu n'as aucune idée du sujet du cours...

Tu as l'impression d'avoir déjà vécu cette situation ?

Rassure-toi : **il est difficile d'être attentif toute la journée** et il ne faut pas culpabiliser de ne pas y arriver tout le temps.

Mais ne te laisse pas dépasser par les cours par manque d'attention.

Ton temps est une donnée précieuse, et vu que tu dois passer plusieurs heures par jour en classe, autant que ces heures servent à quelque chose.

Avant d'entrer dans le vif du sujet, il faut déjà comprendre ce qu'est l'attention.

On est attentif quand nos pensées sont en accord avec ce qui se passe à l'extérieur de nous.

Imaginons que ton professeur fait un cours sur le romantisme. Tu es attentif(ve) si tes pensées sont en lien avec ce cours : les explications de ton professeur font naître dans ton esprit des images et des questions en rapport avec le romantisme.

Au contraire, si tes pensées divaguent et t'entraînent loin, c'est que tu n'es pas attentif(ve) à ce qui se passe autour de toi.

Alors comment parvenir à maintenir cet état d'attention plus facilement et plus longtemps ?

Voici trois astuces.

A Astuce 1 : identifie POURQUOI tu veux être attentif(ve)

Avant d'entreprendre une tâche, quelle qu'elle soit, prends 5 secondes pour identifier pourquoi tu veux être attentif(ve).

Par exemple :

- **Je veux être attentif(ve) pendant 20 minutes** pour mémoriser mon analyse de texte pour le prochain bac blanc.
- **Je veux être attentif(ve) pendant l'heure de cours** pour avoir moins de travail à la maison et être mieux préparé(e) pour le DS du mois prochain.
- **Je veux être attentif(ve) à la correction de cet essai** pour repérer mes erreurs et ne plus les refaire.

Identifier pourquoi tu vas être attentif(ve) ne prend que 5 secondes.

Mais **cette opération mentale est ESSENTIELLE** car ton cerveau a besoin de comprendre l'intérêt de ce qu'il entreprend pour s'immerger pleinement dans une tâche.

B Astuce 2 : prends rapidement connaissance du cours avant d'y assister

Les neuroscientifiques ont fait une découverte fascinante : **pour apprendre, notre cerveau a besoin de sans cesse comparer ce qu'on lui dit à ce qu'il sait déjà.**

Quand tu écoutes un cours, ton cerveau compare donc ce qu'il entend à ce qu'il connaît et fait une multitude d'allers-retours pour ajuster ses connaissances.

Cela veut dire que tu apprends bien plus efficacement sur un sujet qui t'est déjà familier que sur un sujet dont tu ne connais rien.

Vois-tu comment tirer profit de cette découverte ?

C'est simple : **prépare rapidement ton cours AVANT le cours.**

« Sympa ce livre qui nous ajoute du travail en plus », t'entends-je marmonner.

Promis, ce conseil te fera en réalité gagner beaucoup de temps.

Exemple

Reprenons notre exemple : ton professeur de français vous a prévenus qu'il commencerait la semaine suivante une séquence sur le romantisme.

Le week-end, prends 15 minutes pour :

- **regarder ma vidéo** sur le romantisme sur commentairecompose.fr ;
- **ou lire le chapitre sur le romantisme** dans ton manuel scolaire.

Quinze minutes sont suffisantes pour arriver en classe avec quelques connaissances sur le sujet, auxquelles tu pourras rattacher le cours de ton professeur.

Or, c'est cette courte préparation qui va te permettre d'être plus attentif(ve) et intéressé(e) en cours.

C Astuce 3 : entraîne ton attention

Te souviens-tu des deux exercices de « décompression » p. 248, le scan corporel et l'attention à la respiration ?

En plus de calmer ton stress et favoriser ton sommeil, ces exercices **améliorent ta faculté d'attention.**

Je les ai découverts vers mes 25 ans, et j'aurais adoré que quelqu'un m'en parle plus tôt, quand j'avais ton âge. C'est pourquoi j'ai tenu à te les faire découvrir dans ce livre. Teste-les : ces exercices sont vraiment précieux !

Le mémo d'Amélie

L'attention est comme un muscle qui se travaille !
Pour l'améliorer, suis ces 3 conseils :

- **Avant chaque tâche, identifie la raison pour laquelle tu souhaites être attentif(ve).**
- **Prépare ton cours à l'avance (même rapidement).**
- **Pratique l'exercice du scan corporel et/ou celui de l'attention à la respiration le plus souvent possible.**

9 Au secours, je suis souvent fatigué(e) !

Tu luttes pour ne pas t'endormir au cours d'histoire de M. Michon, tu as développé des cernes de panda, tu bâilles tout au long du dîner en jetant un œil sur les réseaux sociaux et tes parents sentent que tu ne t'intéresses pas du tout à leurs questions...

Tu vas me dire que les journées sont trop courtes pour te coucher tôt et que tu as envie de profiter de tes soirées – et tu n'as pas tort –, mais il existe de nombreux moyens naturels pour doper ton énergie et ton cerveau – sans pour autant te coucher avec les poules.

Ⓐ Mange mieux !

Ce que tu manges a une influence CAPITALE sur ta fatigue, ton système immunitaire mais aussi sur tes capacités cognitives !

Suis donc les recommandations de Santé Publique France.

Augmente ta consommation de :

- légumineuses (pois chiches, lentilles, haricots, pois cassés, soja...) ;
- céréales complètes (pain, pâtes et riz complets, quinoa, sarrasin...) ;
- noix, amandes, noisettes, pistaches... ;
- fruits et légumes.

Évite les aliments qui ralentissent l'activité du cerveau et de la mémoire :

- Les sucres raffinés (sucre blanc, sodas, gâteaux et viennoiseries, céréales du petit déjeuner) dont l'ingestion entraîne une surproduction d'insuline et provoque une hypoglycémie au bout de 15 minutes (traduction : les sucres raffinés te fatiguent et t'empêchent de te concentrer).
- La viande et les viandes transformées (charcuterie, saucisses, jambon, salami...), ces dernières ayant été classées par ailleurs comme cancérogènes par l'OMS.

Mets en place des réflexes simples pour substituer aux aliments nocifs des aliments qui te donnent de l'énergie et te protègent :

- Demande à tes parents de remplacer les céréales blanches par des céréales complètes : par exemple, du pain, des pâtes et du riz complets.
- Diminue ta consommation de viande au profit des légumineuses (pois chiches, lentilles, soja, haricots, pois cassés...).
- Mange tous les jours des fruits et des légumes.

Ça te semble difficile ? Tu n'es pas obligé(e) de changer drastiquement ton alimentation du jour au lendemain. **Introduis ces nouvelles habitudes au fur et à mesure,** en prenant plaisir à varier tes assiettes et à essayer de nouveaux aliments.

B Dors mieux !

Le sommeil est primordial pour permettre à ton cerveau de récupérer et de se développer. La raison est simple : **c'est pendant la nuit que le cerveau active les connexions neuronales qui aident à la mémorisation et à l'apprentissage.**

Tu ne peux donc pas te passer de bonnes nuits de sommeil si tu veux réussir tes études.

Bien sûr, on l'a déjà dit, tu n'as pas envie de te coucher à 20 heures avec une tisane et des chaussettes en poil de lama.

Mais figure-toi que ce n'est pas du tout ce que j'allais te conseiller.

Voici ce que je te propose pour bénéficier d'un sommeil réparateur tout en profitant de tes soirées.

1 Prévois 8 heures de sommeil

Si tu te lèves à 7 heures, couche-toi au plus tard à 23 heures. Tu te lèves à 6 heures ? Alors couche-toi à 22 heures. La base, c'est de prévoir 8 heures de sommeil tous les jours car, en-deçà, tu ne peux pas être au sommet de ta forme.

2 Déconnecte-toi des écrans 40 minutes avant de te coucher

La lumière blanche et bleue des écrans (ordinateur, téléphone, tablette...) trompe ton horloge biologique et retarde ton sommeil d'au moins une heure.

Le matin, les écrans ne posent donc pas de problème puisqu'ils te réveillent, mais le soir, ils perturbent ton rythme naturel et même si tu ne t'en rends pas compte, ils réduisent la qualité de ton sommeil et donc de ta mémoire.

Heureusement, des études montrent que si tu te déconnectes des écrans 40 minutes avant de te coucher, ton sommeil s'améliore : meilleur endormissement, moins de réveils nocturnes, sommeil de meilleure qualité...

L'astuce n'est donc pas de te priver d'écran durant toute la soirée (ce serait un peu difficile), mais uniquement durant les 40 minutes qui précèdent ton coucher.

PAS DE STRESS !

40 minutes, ce n'est pas tant que ça finalement !

Durant ces 40 minutes, consacre-toi à des **activités qui ne nécessitent aucun écran.** Par exemple :

- une douche ou un bain ;
- un scan corporel ;
- la relecture de tes fiches ;
- 20-30 minutes de lecture-plaisir.

Seule règle d'or : éteins ton ordinateur et ne regarde plus ton téléphone portable jusqu'au lendemain matin.

C Fais du sport !

Le sport libère dans ton cerveau des endorphines aux vertus euphorisantes, anxiolytiques, antalgiques et favorise un sommeil profond. Pas étonnant si certains sont accros.

Toi aussi, pratique une activité sportive, quelle qu'elle soit. Si tu ne trouves aucun sport à ton goût, marche le plus souvent possible.

Le mémo d'Amélie

Être en forme n'est pas un bonus dans la vie, c'est une base pour réussir. Pour prendre soin de toi :

- **Augmente ta consommation de céréales complètes, de fruits et légumes, de noix, de graines et légumineuses.**
- **Diminue ta consommation de sucres raffinés et de viande.**
- **Fais du sport.**
- **Améliore ton sommeil en te déconnectant des écrans 40 minutes avant de te coucher et en terminant ta journée par des activités relaxantes.**

Si tu n'arrives pas à appliquer tous ces conseils d'un coup, ne te décourage pas : garde-les à l'esprit et introduis ces nouvelles habitudes en douceur, petit à petit.

Rome ne s'est pas fait en un jour !

7

LA BOÎTE À QUESTIONS

Il est normal de te poser beaucoup de questions à l'approche des épreuves et il n'existe pas de questions « bêtes » : toutes les questions qui te tracassent méritent d'être posées.

J'ai donc essayé de répondre ici aux questions les plus fréquentes :

- **Comment doit-on s'habiller à l'oral ?**
- **Que faut-il apporter avec soi le jour J ?**
- **Combien de pages doit faire ma copie ?**
- **Que se passe-t-il avec mes notes si je redouble ?**
- **etc.**

Si tu as d'autres questions, tu peux me les poser par email sur **amelie@commentairecompose.fr :** j'essaierai de te répondre et j'ajouterai ta question dans les prochaines éditions de cet ouvrage.

? Combien de pages doit faire une copie de bac ?

Il n'existe pas d'instructions officielles concernant la longueur de ton devoir.

Mais ne te fais pas d'illusion : un commentaire ou une contraction de texte et essai de deux pages ne serait pas assez approfondi pour satisfaire aux exigences de l'examen.

Pour être dans les clous, ton devoir doit faire **au moins une copie double**.

Mais **c'est toujours la qualité qui prime sur la quantité** et le remplissage ne rapporte pas de points. Au contraire, les copies trop bavardes ou redondantes agacent les correcteurs ; ne cherche pas à gonfler artificiellement ton devoir. **Bannis la paraphrase, évite les répétitions, coupe les phrases trop longues.**

Bref, **soigne la qualité de ton écrit** sans te focaliser sur la longueur de ta copie !

? Faut-il obligatoirement faire des plans en trois parties ?

Contrairement à une idée reçue, le plan en trois parties n'est pas une exigence en français.

En séries technologiques, **les plans en deux parties** sont même **parfaitement admis,** que ce soit pour le commentaire ou l'essai.

En revanche, prends soin de proposer des sous-parties.

En effet, un commentaire ou un essai doit contenir au minimum 2 grandes parties composées chacune de 2 sous-parties. Ton devoir comprend donc toujours **au moins 4 sous-parties.**

? Comment savoir si la contraction de texte et l'essai vont tomber sur l'une des œuvres et parcours que j'ai étudiés ?

Le jour de l'épreuve écrite, **trois sujets de contraction de texte suivie d'un essai** seront proposés, un sujet par œuvre intégrale et parcours au programme de l'objet d'étude « La littérature d'idées du XVIe au XVIIIe siècle ».

Ainsi, cette année, trois sujets seront proposés : un sujet pour *Gargantua* de Rabelais, un sujet pour le livre XI des *Caractères* de La Bruyère et un sujet pour *La Déclaration des droits de la femme et de la citoyenne* d'Olympe de Gouges. Tu choisiras donc le sujet qui correspond à l'œuvre que tu as étudiée en classe.

? Puis-je utiliser le « je » dans un essai ?

Oui. L'essai est un exercice qui **admet l'utilisation de la première personne du singulier.** Tu es donc autorisé(e) à employer le « je », avec des formules comme : « Je pense donc que… », « Il me semble que… ».

Néanmoins, je te conseille d'éviter l'emploi du « je » dans ton essai. En effet, dans toutes les autres matières – histoire-géographie, économie, philosophie… – l'emploi du « je » est interdit. Mieux vaut donc prendre l'habitude de ne pas l'utiliser !

Peut-on s'aider d'Internet ?

On trouve beaucoup de ressources sur Internet mais fais attention à deux points.

❶ Utilise des ressources fiables et de qualité (publiées par des professeurs).

Sur mon site commentairecompose.fr, tu trouveras fiches d'auteurs, fiches de lecture, vidéos sur les mouvements littéraires, commentaires rédigés, etc.

Tu peux ainsi approfondir tes connaissances et utiliser mes analyses de texte pour compléter tes fiches pour l'oral.

❷ Ne plagie pas de corrigés en ligne dans tes devoirs maison.

Non seulement ton professeur s'en rendrait compte (et tu risques le zéro), mais tu raterais en plus l'opportunité de t'entraîner à l'écrit.

Si tu utilises Internet pour un devoir maison, voici mes conseils :

- Prends des notes sur ce que tu trouves (des idées d'analyse, des mots clés), mais sans recopier des phrases entières.
- Ferme ton ordinateur et construis ton devoir en t'aidant de tes notes, **mais sans les recopier telles quelles.** Rédige ton devoir avec tes propres mots.

À quoi sert le carnet de lecture ?

Le carnet de lecture t'aide à construire un rapport personnel avec les œuvres lues dans l'année.

Ton professeur va te demander d'y effectuer un **travail individuel,** en consignant par exemple :

- Tes impressions de lecture au fil de l'œuvre.
- Tes impressions sur les personnages.
- Des citations qui t'ont marqué(e).
- Ton point de vue justifié sur l'œuvre.
- La sélection de tes passages préférés.
- Ta réflexion sur certains thèmes.
- Tes idées d'illustrations ou de mises en scène.

Ce carnet de lecture est donc un outil très souple, un **objet personnel** que tu vas remplir au fil de l'année, **en suivant les consignes de ton professeur.**

C'est aussi un outil précieux, en fin d'année, pour relire tes notes et **préparer ta présentation de l'œuvre de ton choix à l'oral.**

Le carnet de lecture peut être évalué par ton enseignant, dans le cadre du contrôle continu, mais il n'est pas communiqué à l'examinateur le jour de l'oral.

? Quand vais-je connaître la date de mon passage à l'oral de français ?

Tu vas recevoir par courrier au mois de mai une **convocation** avec la date et l'heure de ton oral de français.

Le plus souvent, les oraux commencent juste après les écrits (aux alentours du 20 juin) et se poursuivent jusqu'au 4 juillet environ.

Dans certaines académies, l'oral a lieu avant les écrits (mais c'est plus rare).

? Peut-on demander à changer de texte le jour de l'oral ?

L'examinateur a choisi un texte qui ne te plaît pas ? N'essaie pas de le faire changer d'avis !

Aucune raison – grève prolongée, professeur absent, invasion par les schtroumpfs – ne viendra à bout de son choix.

Tous les textes mentionnés sur ton descriptif sont censés avoir été travaillés. Accepte (avec le sourire) le choix de l'examinateur !

Dois-je apprendre toutes mes lectures linéaires par cœur ?

Non, et heureusement !

Les examinateurs n'apprécient pas le par cœur qui donne souvent l'impression que l'élève répète l'analyse de son enseignant sans l'avoir comprise.

Un des enjeux du nouveau programme est d'ailleurs d'éviter cet écueil grâce à la lecture linéaire qui t'amène à rendre compte de ta compréhension du texte sans te référer à un plan préalable appris par cœur.

Par ailleurs, n'oublie pas que tu bénéficies de 30 minutes de préparation le jour J. Tu n'as donc pas besoin de tout apprendre par cœur : **tu auras largement le temps de retrouver les procédés dans le texte lors de la demi-heure de préparation.**

Comment s'habiller pour l'oral de français ?

La règle est de choisir une tenue correcte et neutre, une tenue passe-partout.

Tu n'es pas encore en vacances : oublie les shorts, les minijupes, les débardeurs et les tongs.

Tu ne passes pas un concours de beauté : si tu te maquilles, fais-le sobrement, évite les talons aiguilles et les décolletés.

Tu ne passes pas une épreuve de sport : laisse le jogging à la maison.

Pour autant, pas besoin de dépenser tes économies dans un costume-cravate ou un tailleur en flanelle.

Adopte une tenue de tous les jours, simple et neutre : un tee-shirt à manches, un jean ou un pantalon classique, des tennis ou des ballerines : tout cela fera très bien l'affaire.

À partir du moment où l'examinateur ne prête pas attention à ta tenue vestimentaire, c'est que tu es bien habillé(e) pour l'oral !

Que faut-il apporter le jour de l'oral de français ?

Voici les 5 choses à apporter IMPÉRATIVEMENT le jour de l'oral.

❶ Ta convocation

Vers le mois de mai, tu vas recevoir par la poste ta convocation. Garde-la précieusement et apporte-la le jour de l'oral.

❷ Une pièce officielle d'identité

Ce peut être ta carte d'identité ou ton passeport. Quoi qu'il en soit, la pièce d'identité est obligatoire pour que l'examinateur s'assure d'interroger la bonne personne !

❸ Le descriptif d'activités

Il t'a été remis par ton professeur entre les mois d'avril et de juin.

❹ Les textes pour l'explication linéaire en double exemplaire

Tous les textes qui peuvent faire l'objet de la première partie de l'épreuve (l'explication linéaire) doivent être apportés en double exemplaire le jour de l'oral.

Veille à ce que tes textes ne portent aucune annotation.

❺ L'œuvre intégrale choisie pour l'entretien

Apporte aussi l'**œuvre intégrale que tu as sélectionnée pour l'entretien.** Même s'il est rare de l'utiliser pendant l'entretien, l'examinateur pourrait avoir besoin de la feuilleter.

Pense aussi à certains détails qui faciliteront ton oral :

• Une grosse montre ou un minuteur

Réussir son oral de français, c'est avant tout bien maîtriser son temps : maîtriser son temps de préparation (30 minutes c'est très court) et maîtriser le temps consacré à l'explication linéaire (10 minutes).

Il te faut donc un moyen fiable de mesurer ton temps. Le mieux est un petit minuteur électronique.

ATTENTION : tu ne pourras pas utiliser ton téléphone portable comme minuteur. Les portables sont impérativement éteints et rangés dans ton sac lors de l'oral.

• Des bouchons d'oreilles

Tu n'imagines pas à quel point la réussite au bac de français peut reposer sur des petits détails. Et notamment celui-ci : les bouchons d'oreilles.

Difficile sans eux de ne pas être happé pendant tes 30 minutes de préparation par la prestation du copain devant toi. Des bouchons d'oreilles te permettront de rester concentré.

• **Des surligneurs de plusieurs couleurs**

En 30 minutes, pas le temps de rédiger un commentaire au brouillon. Il te faut prendre des notes efficaces et surligner directement les citations dans ton texte.

Dois-je lire les didascalies à l'oral ?

Généralement, on considère que les didascalies et le nom des personnages d'un texte théâtral ne se lisent pas. Tu dois uniquement les prendre en compte pour choisir le ton approprié lors de la lecture des répliques.

Mais certains professeurs conseillent de lire les didascalies. Pour eux, elles font partie intégrante du texte, notamment pour les extraits appartenant au théâtre de l'absurde où les didascalies constituent parfois plus de la moitié du texte.

Alors, que faire ?

Le plus simple est de **demander à ton examinateur**, juste avant de débuter ta lecture, s'il souhaite que tu lises les didascalies.

Sois simple et souriant(e) : « Je vais procéder à la lecture du texte. Souhaitez-vous que je lise les didascalies et le nom des personnages ? »

QUESTIONS-RÉPONSES

Lors de l'oral, j'ai l'impression de me répéter. Est-ce normal ?

C'est **normal de te répéter un peu.** La présentation de ton exposé oral suit le schéma suivant :

❶ Introduction : voici ce que je vais dire.
❷ Développement : voici ce que je suis en train de dire.
❸ Conclusion : voilà ce que je viens de dire.

Ce schéma – introduction, développement, conclusion – t'amène à **répéter** plusieurs fois les **idées directrices** de ta présentation.

Ces répétitions structurent ta lecture linéaire. Elles montrent à ton jury que tu sais exactement où tu vas. Ce sont des points de **repère.**

Pour autant, le **contenu de ta lecture linéaire ne doit pas se répéter.**

Dans chaque sous-partie, développe une **idée distincte,** commente de **nouveaux procédés,** fais **avancer la réflexion.**

Que se passe-t-il si je redouble ma Première ?

Le redoublement de ton année de Première annule les notes obtenues lors des épreuves anticipées.

Seules les notes obtenues aux épreuves l'an prochain compteront pour toi.

Le conseil d'Amélie

Même si tu redoubles, passe les épreuves du bac de français cette année : c'est un entraînement inestimable. Peu importe les notes obtenues, elles ne compteront pas pour toi et elles ne reflètent ton niveau qu'à un instant T. Tu auras une année supplémentaire pour progresser !

Que se passe-t-il si je suis malade le jour du bac ?

L'Éducation nationale a tout prévu ! Une session de remplacement est organisée chaque année au mois de septembre pour les élèves qui n'ont pas pu passer les épreuves en juin.

Mais attention, ton absence au mois de juin doit être due à une **force majeure** (maladie, accident) : un justificatif (comme un certificat médical) est obligatoire.

Aucune chance de participer à la session de remplacement si tu ne t'es pas présenté(e) à l'examen en juin sans raison valable.

Quels mouvements littéraires faut-il connaître pour le bac ?

Pour l'**essai,** maîtrise les **mouvements littéraires des œuvres au programme.** Par exemple, il te sera utile de savoir expliquer pourquoi *Gargantua* se rattache à l'humanisme, *Les Caractères* au classicisme ou la *Déclaration des droits de la femme et de la citoyenne* aux Lumières !

Pour le **commentaire,** connaître les **principaux mouvements** t'aidera à mieux cerner les textes et leurs enjeux. Mais ce ne doit pas non plus être ta priorité. En effet, pour réussir le commentaire, pas besoin de connaître toute la littérature française. Il est même fréquent que les textes qui tombent au bac ne s'inscrivent dans aucun mouvement ! Révise donc en priorité les procédés littéraires, la méthode de l'analyse et complète, si tu as le temps, avec les mouvements littéraires.

Retrouve toutes mes fiches sur les mouvements littéraires en allant sur **https://commentairecompose.fr/mouvement-litteraire/** ou en flashant ce QR Code :

Notes personnelles

PAPIER À BASE DE FIBRES CERTIFIÉES

hachette s'engage pour l'environnement en réduisant l'empreinte carbone de ses livres. Celle de cet exemplaire est de : 800 g éq. CO_2 Rendez-vous sur www.hachette-durable.fr

Achevé d'imprimer en juin 2024 en Espagne par Macrolibros
Dépôt légal . juillet 2024 - Édition 01

DEVIENS MEMBRE

- Accède à TOUT le contenu
- Reçois ma formation GRATUITE en 10 vidéos sur le bac de français

Prénom

Ta meilleure adresse email

Je deviens membre !

Inscris-toi sur **commentairecompose.fr** et accède à :

- **10 vidéos inédites pour réussir le bac de français**
- **265 lectures linéaires et commentaires composés**
- **Mes résumés et analyses d'œuvres**
- **Mes vidéos sur les auteurs et les mouvements littéraires**

BIBLIO LYCÉE

BAC 2025

Découvrez les œuvres au programme du Bac de français, dans notre collection Bibliolycée

Toutes les clés pour réussir votre BAC 2025

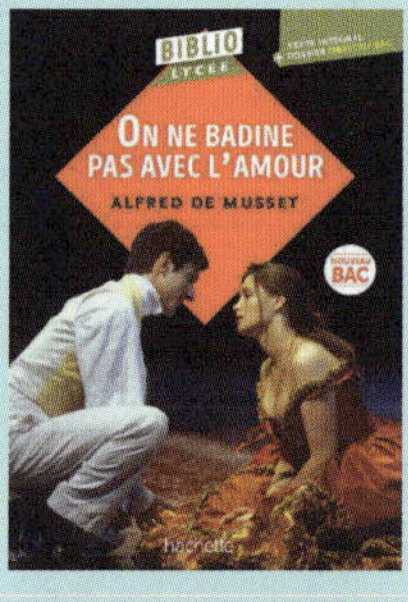

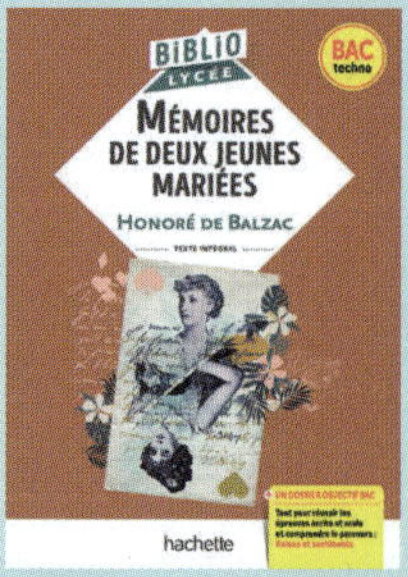

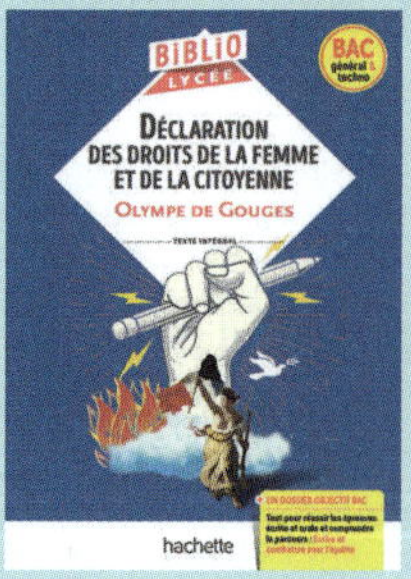

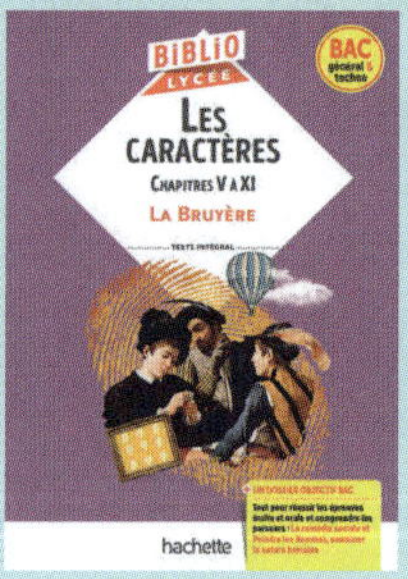

- **Le texte de l'œuvre**
  clarifié grâce à de nombreuses notes explicatives
- **L'essentiel sur l'œuvre**
  - La biographie de l'auteur
  - Le contexte historique, artistique et culturel d'écriture de l'œuvre
  - Le genre de l'œuvre
- **La préparation au Bac**
  - Des explications linéaires pour se préparer à l'oral du Bac
  - Un dossier SPÉCIAL BAC proposant des sujets d'écrit et d'oral corrigés
- **L 'étude du parcours**
  - Un groupement de textes sur le parcours associé à l'œuvre
  - Des citations clés

hachette
ÉDUCATION